Manfred Lurker

Lexikon der Götter und Symbole der alten Ägypter

Handbuch der mystischen und magischen Welt Ägyptens

Scherz

Erste Auflage der Sonderausgabe 1998.
Alle Rechte der Verbreitung, auch durch Funk, Fernsehen, fotomechanische
Wiedergabe, Tonträger aller Art und auszugsweisen Nachdruck, sind vorbehalten.
Copyright © 1974 und 1987 by Scherz Verlag, Bern · München · Wien.
Schutzumschlag unter Verwendung eines Fotos aus dem
Bildarchiv Preußischer Kulturbesitz, Berlin.

Inhalt

Vorwort zur Neuausgabe 7

Einführung in die ägyptische Symbolwelt 9

Zur ägyptischen Kultur- und Religionsgeschichte 20

Zeittafel 31

Götter und Symbole in alphabetischer Reihenfolge 35

Kurze Erklärung der Fremdwörter 235

Literaturverzeichnis 239

Register 245

Vorwort zur Neuausgabe

> *Jetzt werde ich über Ägypten sprechen, weil es sehr viele Wunder enthält und vor allen Ländern Werke darbietet, die man kaum beschreiben kann.*
>
> Herodot

Dank der ägyptologischen Forschung verstehen wir heute manche Eigenheit altägyptischen Glaubens und Gestaltens besser als der griechische Geschichtsschreiber des fünften vorchristlichen Jahrhunderts. Unsere Darlegungen halten sich streng an die wissenschaftlichen Ergebnisse. Trotz des beschränkten Raumes hoffen wir, den Freunden des alten Ägyptens einen hilfreichen Führer durch die in Religion und Kunst zum Ausdruck kommende Symbolwelt geben zu können.

Wegen der Fülle des Materials und des gerade dadurch bedingten Gebotes der Übersichtlichkeit entschlossen wir uns zu der Form eines Wörterbuches. Um dem Leser einen Einblick in die Problematik einzelner Symbolinterpretationen zu geben, wurden in einigen Fällen auch abweichende Deutungen aufgenommen. Neben den Symbolerscheinungen wurden die Symbolträger (vor allem die wichtigeren Gottheiten) berücksichtigt. Das ausführliche Sachregister ließ Einzelhinweise auf bestimmte Stichworte als überflüssig erscheinen.

Die vorliegende Neuausgabe (zugleich vierte Auflage des Werks) wurde um neue Stichwortartikel und zahlreiche Abbildungen vermehrt, das Literaturverzeichnis auf den neuesten Stand der Ägypten-Literatur gebracht.

Möge das Werk wiederum all denen nützlich sein, die bei Studienreisen im Nilland, bei Museumsbesuchen oder zu Hause bei der Lektüre sich um ein besseres Verständnis altägyptischer Kunst und Religion bemühen.

Januar 1987   M. L.

Einführung in die ägyptische Symbolwelt

Die geistige Welt der alten Ägypter ist uns Abendländern des 20. Jahrhunderts nicht ohne weiteres zugänglich. Magische und symbolische Vorstellungen laufen nebeneinander her und sind manches Mal unentwirrbar miteinander verschlungen. Siegfried Schott spricht geradezu von «Symbol und Zauber als Grundform altägyptischen Denkens». Selbst die Staatshandlungen waren durch symbolhaften Zauber und mythischen Bericht festgelegt.[1] Bei all unseren Betrachtungen dürfen wir nicht vergessen, daß dem Bewohner des Nillandes unsere Verstandeslogik fremd war. Nicht in einer Welt von Begriffen lebte er, sondern in einer Welt von Bildern. Oft will uns die ägyptische Bildwelt in sich widerspruchsvoll erscheinen, aber sicher nur deshalb, weil wir nicht den Maßstab der damaligen Zeit anlegen können.

Wir mögen es töricht finden, wenn der Himmel von Künstlerhänden als Kuh dargestellt wird oder wenn ein Käfer als Sinnbild des Sonnengottes verehrt wird; aber in Zeiten und bei Völkern mit mythischem Weltbild ist eben nicht die Logik, sondern die bildhafte Anschauung das formende Prinzip. Wenn die Sonne im Westen untergeht, um am Morgen erneut wieder ihre Reise anzutreten, dann begräbt man den Toten im Westen des Kulturlandes, damit auch ihm ein neues Leben beschieden sein möge. Die ganze Symbolgebung beruht auf der angenommenen – und im letzten ja tatsächlichen – Korrespondenz der Dinge, auf dem intuitiv erahn-

---

[1] S. Schott: Symbol und Zauber als Grundform altägyptischen Denkens (Studium Generale 6/1953, S. 287).

ten und erschauten Zusammenhang zwischen Mikrokosmos und Makrokosmos. Für den Menschen des Altertums war die Welt nicht weniger eine Ganzheit als für uns; und genaugenommen birgt das All für uns nicht weniger Rätsel als für den archaischen oder auch für den antiken Menschen. Auch das «Größerwerden der Welt», mit anderen Worten, die Erweiterung unseres geistigen Horizontes, ist nur ein Relativum. Der moderne Mensch versucht durch Messen und Berechnen die Welt zu begreifen; er zerlegt, analysiert. Die alten Ägypter, die Babylonier und zum Teil noch die Griechen bedienten sich der Bilder; für sie war die Welt ein Synoptikum. Bevor der Mensch die Sterne zu zählen versuchte, verband er sie zu Bildern. So wurde das sternenübersäte Firmament zum gewaltigsten Bilderbuch der Menschheit. Aus dieser imaginativen Welt trat dem Menschen das Göttliche entgegen, der Sinn des Seins. Und der Mensch versuchte, den Sinn im Bild festzuhalten.

Sinnbilder sind letztlich irreal, abstrakt; sie sprengen den Rahmen der konkreten Form. Es wäre falsch zu glauben, der in Symbolen denkende Mensch nähme seine Sinnbilder immer für Realitäten; wohl aber erblickt er in allem wahrnehmbar Vorhandenen ein Sinnbild. Anders der Mensch mit magischem Weltbild; für ihn ist das Bild real; Abbild und Urbild sind ihm eins. So gilt die rote Farbe nicht nur als Symbol des Lebens, sondern soll das Leben selbst erhalten oder nach dem Tode eine Wiedergeburt ermöglichen. Der Name eines Menschen dient nicht nur zur Kennzeichnung, sondern ist Wesensbestandteil seiner selbst; die Verunstaltung des Namens wird auch den Namensträger schädigen. In den Pyramidentexten wurde das hieroglyphische Zeichen «Schlange» mit mehreren Messern versehen, wodurch das gefährliche Tier unschädlich gemacht werden sollte. Die ganze Magie der alten Ägypter wurzelte in dem Glauben an eine geheimnisvolle Kraft, die übernatürliche Wirkungen hervorbringt; die Ägypter nannten sie Hike. Diese Kraft gehört zum Wesen der Götter, kann aber auch vom kundigen Menschen in Dienst genommen werden, so vom Totenpriester, der die Mächte des Todes bannen und dem Verstorbenen ein seliges Weiterleben sichern soll.

Magie und Religion müssen einander nicht ausschließen, da ersterer *Begriff* mehr zu einem bestimmten Weltbild gehört, während die Religion das Verhältnis des Menschen zu Gott umreißt. Wie es verschiedene Vorstellungen von der göttlichen Wesenheit gibt, so auch verschiedene Weltbilder. Grundlegend lassen sich unterscheiden das magische, das mythische und das rationale Weltbild, die man schon mit Schlaf, Traum und Wachzustand zu vergleichen versuchte. Das magische *Denken* findet sich besonders bei schriftlosen Völkern, die alle Seinsgegebenheiten durch eine «participation mystique» miteinander verbunden wissen. Mit dem Aufkommen der Schrift – und damit der Kultur – geht meistens ein Übergang zum mythischen *Denken* einher; der Mensch tritt aus der Ursprungseinheit heraus und erkennt sein Eingespanntsein in die kosmische Polarität. Im Mythos zeigt sich die Emanzipation des Ich von der Umwelt; jetzt erst «erfährt» der Mensch Raum und Zeit. Für die alten Ägypter waren die Mythen «doings of the gods at the beginning of the world, but these events were symbols expressing the present organization of things»². Der Luftgott Schu

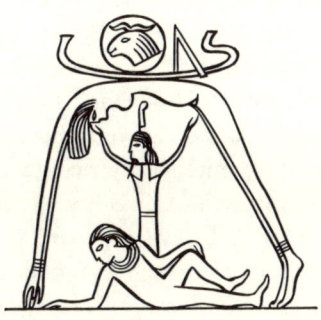

Der Luftgott Schu trennt
Himmel und Erde.
Am Himmel fährt das Schiff des
Sonnengottes (Sonnenscheibe
mit Widderkopf).

trennt Himmel (Nut) und Erde (Geb) – ein symbolischer Akt für die Bewußtwerdung von Oben und Unten, von Licht und Finsternis, von Gut und Böse. Wenn im mythischen Weltbild das magische *Denken* auch zurückgedrängt ist, so ist es doch noch wirksam; ja es äußert sich selbst noch im rationalen Weltbild des Abendlandes.

2 R. T. Clark: Myth and Symbol in Ancient Egypt. London 1959, S. 261.

Das magische Weltbild fand im Nilland seinen ersten künstlerischen Niederschlag in der geometrischen Ornamentik der Jungsteinzeit. Die Fischgrätenmuster aus dem unterägyptischen Fundort Merimde oder die mit weißer Paste gefüllten Ritzlinien auf schwarzen Gefäßen der oberägyptischen Tasa-Kultur sind nicht allein «aus den Bedingungen des Werkstoffes und der Technik vermöge des menschlichen Spiel- und Nachahmungstriebes hervorgegangen». Das geometrische Ornament aus der vordynastischen Zeit ist vielmehr symbolisch zu verstehen.[3]

Die gesamte ägyptische Kultur ist religiösen Ursprungs. Die Astronomie entstand aus dem Bedürfnis, für das Ritual unentbehrliche Zeiteinteilungen (Frühaufgang der Sothis, Mondphasen) zu erhalten. Die ältesten kartographischen Darstellungen beziehen sich auf die «Jenseitsgeographie», sie wurden auf Sargböden als Wegweiser in die andere Welt aufgemalt. Die Ärzte gehörten meistens dem Priesterstande an. Für Hygiene und Krankheitsvorbeugung gab es Regeln in Form religiöser Gebote. Die Verwaltung des Staates war durch das Gottkönigtum festgelegt; dem Pharao dienen, bedeutete Gott dienen. Die juristischen Beamten führten den Titel «Priester der Maat». Das Recht wurde vom Schöpfergott selbst gegeben und vom König gewahrt. Schließlich sind auch die bildenden Künste nur von dem religiösen Wurzelgrund aus ganz zu verstehen. Die ägyptische Kunst hatte weniger einer ästhetischen Befriedigung zu dienen als vielmehr kultischen und magischen Zwecken. Strenggenommen kann damit aber gar nicht von Kunst im abendländischen Sinne gesprochen werden. Die Statuen aus der Pyramidenzeit oder die Malerei in den thebanischen Gräbern dürfen nicht als Wiedergabe der sichtbaren Wirklichkeit verstanden werden, nicht Abbild, sondern Sinnbild sollten sie sein.

Der Hohepriester des Schöpfergottes Ptah hatte den Titel eines «Ältesten der Vorsteher der Künstler». Die Hieroglyphen, in Ton und Stein geritzt oder auf Holz gemalt, dienten der Beseelung der

---

[3] W. Wolf: Die Kunst Ägyptens. Gestalt und Geschichte. Stuttgart 1957, S. 32 u. 34 f.

Kunstwerke; die handwerkliche Arbeit erhielt durch die heiligen Schriftzeichen eine rituelle Weihe.

Die von der ägyptischen Kunst her hinreichend bekannte Traditionstreue ist auch für die Erfassung symbolischer Motive von Bedeutung. Selbst die Kunst der Amarna-Zeit ist mit ihren Einzelmotiven nicht so neu, wie man zunächst glauben möchte. Erik Hornung weist darauf hin, daß gerade die typischen Motive dieser Epoche – wie z. B. die Vorstellung von den Armen der Sonne – sich bereits im Mittleren Reich vorfinden, wenn auch nicht ikonographisch, so doch als «literarisches Bild»[4]. Überhaupt sind Gehalt und Gestalt der ägyptischen Kunst zu keiner Zeit wirklich erstarrt, sondern bleiben – bei allem Beharrungsvermögen – doch abwandlungsfähig. Nach Wolfhart Westendorf entwickelte sich das ursprüngliche Bild des «Fliegenden Panthers», das Symbol von Himmel (Panther) und Sonne (Falke am Morgen als Sohn, Mensch am Abend als Vater), zur «Fliegenden Sonnenscheibe» (Flügelsonne)[5]. Edelstein und Lotosblüte, Frosch und Reiher, Boot und Pyramide bewegten dem durch die Oberfläche schauenden Ägypter die Seele, weil er durch ihren Anblick eine Begegnung mit dem Unendlichen empfand. So tritt dem Betrachter der ägyptischen Religion und Kunst eine Fülle von Symbolmotiven entgegen. Da alle echten Sinnbilder den Menschen von einer peripheren Seinsbefangenheit auf die Seinsmitte hinweisen sollen, fallen alle symbolischen Erscheinungen in wenigen typischen Symbolgruppen zusammen. Alle Symbolik kristallisiert sich um die Pole des Seins: um Werden und Vergehen, um Licht und Finsternis, um Gut und Böse. Das echte Symbol weist immer über das Hier und Jetzt hinaus; es ist Wegweiser in eine «andere» Welt. Alles Niedere weist sinnbildlich auf etwas Höheres, jedes Bruchstück auf eine Ganzheit, und alles Vergängliche ist letztlich nur ein Gleichnis des Ewigen.

Wenn ein Teil das Ganze andeuten kann (pars pro toto!), so kann es ihn doch nie ersetzen. Auch das Symbol ist immer weniger

---

4 E. Hornung: «Gedanken zur Kunst der Amarnazeit», in: Zeitschrift für ägypt. Sprache und Altertumskunde 97/1971, S. 74 ff.
5 W. Westendorf: Das alte Ägypten. Baden-Baden 1968, S. 3.

als das, worauf es hinweisen soll. Die Symbole sollen den geheimnisvollen Zusammenhang der Welt nicht rational erklären, sondern gerade auf die Irrationalität hinweisen. Das Wissen um die Ordnung des Kosmos gehört zu den vor dem profanen Bereich gehüteten Geheimnissen. So ist der im Alten Reich häufig anzutreffende Titel «Hüter des Geheimnisses» zu verstehen. Das Symbol soll den Eingeweihten auf etwas Höheres hinweisen, es ihm gleichsam erschließen; es hat aber zugleich dem Unwissenden gegenüber eine verhüllende Funktion. Das Wissen um den Sinn der Bilder ist nicht allen zugänglich. Greifen wir als Beispiel den «Hüter des Geheimnisses des königlichen Ankleideraumes» heraus; er ist nicht nur einer der wenigen, die wissen, wie und bei welcher Gelegenheit die verschiedenen Teile des königlichen Ornates angelegt werden müssen, sondern er weiß um die Verankerung jedes einzelnen Kleidungs- oder Schmuckstückes im Mythos; das Ankleiden selbst ist eine symbolische Handlung.[6]

Das Symbol ist mehrdeutig und läßt sich daher oft nicht befriedigend seiner Herkunft und Bestimmung nach erklären. Manchmal scheint das Symbol sich selbst zu widersprechen. Ja, es gibt Symbole, die beide Seinspole – Leben und Tod, Gut und Böse – andeuten. Dieser Ambivalenz begegnen wir des öfteren im Nilland. Nicht nur zahlreiche Symbole, auch mancher Symbolträger ist bipolar gekennzeichnet. So galt Osiris als Unterwelts- und Totengott, zugleich aber auch als Herr des Himmels; er war die sinkende Abendsonne und die aufgehende Morgensonne; er konnte von seinem Bruder Seth getötet werden und war doch unsterblich.

Besonders auffallend ist der Ambivalenzcharakter bei einigen weiblichen Gottheiten. Die Göttin Bastet kann als freundliche Katze auftreten, von den Frauen mit Tanz und Musik gefeiert; ihre Priester waren Ärzte. Dann aber konnte dieselbe Göttin unter dem Namen Sachmet als grausame Verschlingerin, als blutrünstige Schlachtenherrin, in der Gestalt einer Löwin erscheinen.

6 R. Anthes: Ägypten (Historia Mundi. Ein Handbuch der Weltgeschichte. Band 2, S. 159). München 1953.

Bei einem ersten Bekanntwerden mit der kaum übersehbaren Fülle symbolischer Erscheinungen wird wohl mancher annehmen, daß die Symbolbildung willkürlich und nach individuellen Verschiedenheiten vor sich geht. Dem ist entgegenzuhalten, daß die Entstehung der Symbole nicht an Zeit und Ort gebunden ist und daß sie großenteils unabhängig von Volkstum und Religion bestimmten Gesetzen folgt. Die Psychologie hat festgestellt, daß die Bilder nicht nur von den sichtbaren Dingen her an den Menschen herantreten, sondern sich auch in der Tiefe seiner eigenen Seele, im Unbewußten, finden. Der Schweizer Tiefenpsychologe Carl Gustav Jung hat diese urtümlichen Bilder, die auch heute noch dem Einzelmenschen im Traum oder in Dämmerzuständen erscheinen können, Archetypen genannt. Der Archetyp kann in Form des Symbols und des Mythos ins Bewußtsein treten. So gehören die Symbole Katze und Löwe zu dem Archetyp der «Großen Mutter», der Gebärerin und Verschlingerin, zu der Erdgöttin, aus der alles Leben kommt und in die alles Leben wieder zurückkehrt. Da die Urbilder in der Seele aller Menschen ruhen, können sie bei allen Völkern und zu allen Zeiten an die

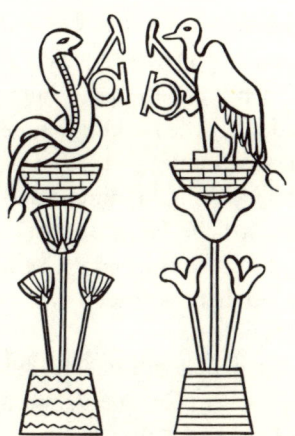

Schlangengöttin Uto und Geiergöttin Nechbet über den Wappenpflanzen ihrer Länder.

Oberfläche des Bewußtseins treten. Die aus anderen Religionen bekannten Archetypen der Magna Mater, des Gottes auf Erden, des Lebenswassers, der heiligen Lade oder des Weges in die andere Welt, finden sich daher auch in der altägyptischen Vorstellungs- und Bildwelt.

Der Archetyp des Gottes auf Erden fand seinen sichtbaren Niederschlag in der Königssymbolik. Nach mythischer Überlieferung regierten in der Urzeit einzelne Götter über das Land am Nil. Besondere Bedeutung wurde Osiris, dem Sohn des Erdgottes Geb, und der Himmelsgöttin Nut zugeschrieben. «Kaum war er auf den Thron gelangt, da befreite er alsbald die Ägypter von ihrem entbehrungsreichen Leben und von den wilden Tieren. Er zeigte ihnen die Früchte der Erde, gab ihnen Gesetze und lehrte sie die Götter achten»[7]. Nach des Osiris Tod trat sein Sohn Horus die Herrschaft über Ägypten an. Die ganze ägyptische Königssymbolik baut sich nun auf den zwei Gleichungen auf, daß Osiris der jeweils verstorbene Gottkönig ist, Horus aber der König «auf dem Thron der Lebenden». So mußte dem einfachen Gläubigen eine jede Königsherrschaft als Gottesherrschaft erscheinen: der König war seinen Untertanen die sichtbare Inkarnation des Gottes Horus.

Als Nachkomme des Osiris, der einst ja auch über die Irdischen herrschte, wird der König nach seinem Lebensende zum Osiris. Seit der 4. Dynastie wird der König noch zusätzlich als Sohn des Sonnengottes Re bezeichnet oder einfach als des Vaters «lebendes Bild auf Erden». Der Tempel des Amenophis III. in Luxor zeigt, wie der Sonnengott – diesmal ist es Amun – die Gestalt des regierenden Königs annimmt und sich mit der Königin vereinigt; so ist die göttliche Nachfolge des nächsten Herrschers gesichert. Einen letzten, allerdings auf schwachen Füßen stehenden Ausläufer dieses Archetyps finden wir im Gottesgnadentum abendländischer Monarchen.

Da der ägyptische König nicht nur eine zentrale Gestalt der politischen Geschichte, sondern auch im religiösen Leben war, wollen wir bei ihm und der ihn umgebenden Symbolik noch etwas verweilen. Wir haben hier einen vorzüglichen Ansatz zur Einfüh-

---

[7] G. Posener: Lexikon der ägyptischen Kultur. München 1960, S. 191.

rung in die vielschichtige Symbolwelt.[8] Mit jedem neuen König begann eine neue Ära, jede Thronbesteigung war die Wiederholung dreier mythisch-geschichtlicher Ereignisse: der Einführung von Wohlstand und Ordnung durch Osiris, des Sieges des Horus über seinen Feind, der ihm die Herrschaft über Ägypten nehmen wollte, und schließlich der Einigung von Ober- und Unterägypten. Als die Symboltiere der beiden Länder galten der Geier der oberägyptischen Stadt Elkab und die Schlange von Buto im Delta. Auf dem kostbaren Sarkophag des jung verstorbenen Herrschers Tutench-amun sehen wir auf der Stirn Geier und Königsschlange als Sinnbilder der beiden Länder. Der Geier galt als heiliges Tier der Göttin Nechbet und sinnbildete die weiße Krone Oberägyptens, die Schlange wies auf ihre Herrin Uto und war Symbol der roten unterägyptischen Krone. So äußert sich hier in den beiden Wappentieren, in den Kronen und in den zwei Göttinnen die dualistische Vorstellung der alten Ägypter, nämlich daß die mit den Sinnen wahrnehmbare Welt durch die Aufspaltung ursprünglicher Einheit entstanden sei.

Während es in der griechischen Mythologie zahlreiche Übergänge von der Region der Götter in die der Sterblichen gibt, sind in der ägyptischen Religion beide Welten streng getrennt. Es gibt nur eine verbindende Klammer, und das ist der König. Wir haben bisher bewußt die Bezeichnung Pharao vermieden. Im Alten und Mittleren Reich bedeutete pir-o den königlichen Palast («das große Haus»). Seit der 18. Dynastie wurde damit auch die königliche Person bezeichnet, und seit der 22. Dynastie diente das Wort als Titel vor dem Königsnamen. Die rituellen Handlungen bei der Thronbesteigung waren voller Symbolik. Zuerst wurde der Thronanwärter mit dem Wasser des Lebens gereinigt, «daß er jung wird wie Re», der sich ja auch reinigt, bevor er seine Fahrt über den Himmel antritt. Am Vorabend des Krönungstages wurde der sogenannte Djed-Pfeiler aufgerichtet – möglicherweise ein Fruchtbar-

---

8 Vgl. dazu besonders P. Derchain: «Le Rôle du Roi d'Egypte dans le Maintien de l'Ordre cosmique», in: Annales du Centre d'Etudes des Religions I, Brüssel 1962, S. 61–73, und H. Brunner: Die Geburt des Gottkönigs. Studien zur Überlieferung eines altägyptischen Mythos. Wiesbaden 1964.

keitsritus. Die Krönung selbst wurde – nach Darstellung erhaltener Reliefs – von Göttern vollzogen. Nach der Krönung schoß der König in jede der Himmelsrichtungen einen Pfeil ab, womit er symbolisch die Herrschaft über die Welt ergriff. Der König ist Garant der irdischen wie auch der kosmischen Ordnung. Wie die Götter ist er Träger des Lebens, dessen Sinnbild, das Henkelkreuz, er in seinen Händen hält. Er trägt an seinem Diadem oder an der Krone die goldene Stirnschlange (Uräus), ein Symbol des feurigen Sonnenauges, das alle Feinde des Lichtes vernichtet. Nach einer längeren Regierungszeit, gewöhnlich dreißig Jahre nach seiner Thronbesteigung, bedarf der Herrscher einer erneuten Zufuhr göttlicher Kräfte. Diesem Zweck dient das Jubiläumsfest (heb-sed). «Am Vorabend scheint man eine Königsstatue begraben zu haben, jedoch ist auch diese Handlung nur noch in umgedeuteter Form erhalten. Es dürfte wahrscheinlich sein, daß wir in diesen ältesten Szenen des Jubiläumsfestes die Reste eines rituellen Königsmordes vor uns haben» (Wolfgang Helck)[9]. Die rituelle Königstötung wurde auch bei anderen nilotischen Völkern vollzogen, so in dem Kulturreich Meroe, wo die Priester bis in die Ptolemäerzeit hinein die Zeit des Opfertodes bestimmten. Wenn wir den rituellen Königsmord als Opfertod bezeichnen, so sind wir uns der Bedeutung des Wortes voll bewußt. Das Volk, das sein höchstes Gut als Opfer darbrachte, hoffte sich dadurch neue Lebenskraft zu erwerben. Wie aus dem ermordeten Osiris neues Leben hervorkam, so sollte der König durch seinen Tod den Weiterbestand seines Volkes sichern. Im Jubiläumsfest wurde die prähistorische Sitte des Tötens des Königs umgewandelt in ein Verlängern seines Lebens. Daß das Fest dreißig Jahre nach der Thronbesteigung stattfand, dürfte seinen Grund in der dreißigjährigen Umlaufszeit des Saturn haben, der als äußerster Planet die Sonne umkreist. Im Altertum Südindiens gab es eine rituelle Tötung des Königs, wenn zwölf Regierungsjahre vorüber waren; hier war die Revolution des Planeten Jupiter bestimmend[10]. Daß die Konstella-

---

9 W. Helck/E. Otto: Kleines Wörterbuch der Ägyptologie. Wiesbaden 1956, S. 164.
10 J. Campbell: Der Heros in tausend Gestalten. Frankfurt 1953, S. 90 f.

tion der Gestirne für die Zeit des Ritualtodes ausschlaggebend war, bezeugt Frobenius selbst für kulturell tieferstehende Völker. In Kordofan wurden alle Feuer gelöscht bis zur Inthronisation des neuen Königs. Mit dem Tod des Herrschers gehen Recht und Ordnung (durch die Flamme symbolisiert) unter. Bei dieser Betrachtungsweise erhält die Zeremonie des «Feuer-Anzündens» beim ägyptischen Hebsed-Fest ihre besondere Bedeutung: der König selbst entfacht ein neues Feuer und garantiert so Licht und Leben.

Abschließend zu unserer Einführung in die altägyptische Symbolwelt sei mit allem Nachdruck davor gewarnt, aus jedem Bild und aus jedem Text einen «unterschwelligen» Sinn herauslesen zu wollen. Die Betrachtungen der ägyptischen Kunst und Religion weisen zahlreiche Fehleinschätzungen und Mystifizierungen auf. Schon die Antike hat ihr eigenes Anliegen mit dem im Nilland vorgefundenen Stoff verbunden; es war zwar «ein bewußtes Ergreifen Ägyptens, aber das genaue Gegenteil eines maßstabgerechten Begreifens.»[11] Die Vorstellung Horapollons (um 400) von den Hieroglyphen als rein symbolische Zeichen und damit Ausdruck tiefer Gedanken regte die Hieroglyphik der Renaissance an. Im Gewande der Gelehrsamkeit schlichen sich in größerem Ausmaß phantastische Vorstellungen über Ägypten in Europa ein; als Hermes Trismegistos hielt Thot seinen Einzug in das abendländische Geistesleben: hermetische Lehren befruchteten Alchemie, Rosenkreuzertum, Freimaurerei und Theosophie. Mit dem in breiteren Kreisen geweckten Interesse an den archäologischen Forschungen kamen neue Phantastereien auf, obwohl die zahlreichen wissenschaftlichen Veröffentlichungen das Gegenteil hätten bewirken müssen; so etwa die Mär vom «Fluch des Pharao» oder die der Cheopspyramide angedichtete Zahlenmystik.[12]

11 Im einzelnen siehe S. Morenz: Die Begegnung Europas mit Ägypten (Sitzungsberichte der Sächs. Akademie der Wissenschaften zu Leipzig, Phil.-hist. Kl. 113,5). Berlin 1968.
12 Eine wissenschaftliche Auseinandersetzung und Richtigstellung bei J.P. Lauer: Le Problème des Pyramides d'Egypte. Paris 1948, S. 110–161.

Zur ägyptischen Kultur- und Religionsgeschichte

Während der europäischen Eiszeiten dürfte das Niltal ein von Menschen nur strichweise bewohntes Sumpfgebiet gewesen sein. Mit der allmählichen Versteppung Nordafrikas gelangten die dem Wasser nachziehenden nomadisierenden Stämme in den Fruchtlandstreifen am Nil, wo sie mit jungsteinzeitlichen Ackerbaukulturen in Berührung kamen. Eine der ältesten erforschten bäuerlichen Kulturen des Neolithikums ist nach dem am westlichen Deltarand gelegenen Fundort Merimde genannt. Die Menschen wohnten in ovalen Hütten aus Schilfrohr und Lehm. Zur materiellen Kultur gehörten neben Steinwerkzeugen und Schmuck aus Steinperlen, Knochen und Elfenbein auch primitive Tongefäße, ohne Töpferscheibe hergestellt und nur selten dekoriert (etwa durch fischgrätenähnliche Muster). Die Toten wurden in der Siedlung, teilweise unter dem Boden der Behausungen, in Hockerlage beigesetzt. Wahrscheinlich ist diese Bestattungsart – der Tote bleibt bei den Lebenden – eine Wurzel des für Ägypten so charakteristischen Wohnhausgedankens im Grabbau. Besonders interessant sind die Funde einer aus Ton gebrannten menschlichen Figur und eines Stierkopfes, den Eberhard Otto in einen Zusammenhang stellt mit den als Amulette dienenden vor- und frühdynastischen Stierköpfen und mit den historischen Stierkulten.[13] Religionsgeschichtlich aufschlußreich sind die aus der etwas späteren Badari-Kultur (Oberägypten) stammenden plastischen Frauenfiguren, unbekleidet und großenteils mit besonderer Betonung der Genita-

13 E. Otto: Der Weg des Pharaonenreiches. Stuttgart 1955, S. 20.

lien; wir haben hier eine der vorgeschichtlichen Dokumentationen des über den ganzen Orient verbreiteten Kult- und Bildgedankens der Großen Göttin, die bald danach in die göttlichen Gestalten der Hathor und Isis einmündet und in ihnen weiterlebt.[14]

In ihrer bildhaften Sprache nannten die Ägypter ihr Land «Das Schwarze und das Rote». Das schwarze Land (ta kemet) war das fruchtbare, alljährlich vom Nil überflutete Gebiet; der abgelagerte Schlamm war das beste Düngemittel. Schon im Altertum regnete es spärlich, so daß Ägypten nicht zu Unrecht als «Geschenk des Nils» bezeichnet wurde. Das von malerischen Sumpfdickichten durchzogene Delta war die Heimat der Papyruspflanze und der Lotosblüte, die beide die Säulenformen der ägyptischen Architektur beeinflußten. Das rote Land ist eine Metapher für die unfruchtbare, sonnendurchglühte Wüste, deren Gebirge im Osten und Westen als heller Streifen über dem Fruchtland zu sehen sind. Alles, was nicht zum Niltal gehörte, bezeichnete der Ägypter mit dem gleichen Wort und schrieb es mit dem Bildzeichen für Gebirge, das Ausland genauso wie die Wüste. Diese Gegensätzlichkeit innerhalb der Landesnatur spiegelt sich in einem mythologischen Dualismus wider. So steht dem Fruchtbarkeitsgott Osiris der Wüstengott Seth gegenüber. Osiris, der den Menschen die Früchte der Erde und die Gesetze des Himmels gab, wurde von seinem Bruder, dem finsteren Seth, ermordet. Aber aus dem Körper des toten Osiris sprießt eine neue Saat hervor, wie es zahlreiche Darstellungen der Pharaonenzeit zeigen. Im Volksbrauch hat man kleine Osirisfiguren aus Nilschlamm geformt und Getreidekörner hineingesteckt; das Hervorsprießen der Körner war ein Sinnbild für das Wiedererwachen nach dem Tode. Wie der Gott, so stirbt jedes Jahr die ägyptische Erde unter der sommerlichen Sonnenglut, um nach der Zeit der Dürre und der sich anschließenden Überflutung durch den Nil (Wasser des Lebens!) erneut wieder eine üppige Vegetation aus sich hervorkommen zu lassen. Wir können nicht vorsichtig genug mit mythologischen Gleichungen sein, aber das

14 Vgl. W. Helck: «Betrachtungen zur Großen Göttin und den ihr verbundenen Gottheiten», in: Religion und Kultur der alten Mittelmeerwelt in Parallelforschungen, Bd. 2. München 1971.

ungleiche Brüderpaar Seth und Osiris hat doch manchen Berührungspunkt mit Kain und Abel. Sollte auch im Nilland – bewußt oder unbewußt – die Kontroverse zwischen dem nomadisierenden Hirten und dem seßhaften Ackerbauer motivbildend gewesen sein? Vielleicht lassen sich auch einander widersprechende Gedanken des Totenglaubens auf diesen Gegensatz zurückführen.

«Das für schweifende Völker kennzeichnende Hügelgrab mit Stele bildet eine Vorstufe ägyptischer Gräber ebenso wie das hausförmige Grab der Siedler.»[15]

Die Regelmäßigkeit des Jahreslaufes, in welchem Saat und Ernte in unaufhörlicher Reihenfolge einander ablösen, und der ständige Kampf mit den Fluten des Nils und mit dem Sand der Wüste, das alles trug dazu bei, die geistigen Konturen des alten Ägypters zu prägen. Er verehrte die göttlichen Mächte, die ihm die Früchte gedeihen ließen und das Vieh vermehrten; und er fürchtete die unheimlichen Gewalten, die seine Saat zerstörten, seine Herden dahinrafften und sein eigenes Leben bedrohten. Bald wuchs aus dem Staunen über das Dasein und Sosein das Fragen nach dem Werden und Vergehen der Dinge hervor. Über dem schwarzen und über dem roten Lande wölbte sich der Himmel, an dem bei Tage die Sonne, bei Nacht der Mond und die Sterne sichtbar waren. Sind sie nicht Hinweis auf die helle und auf die dunkle Hälfte des Lebens?

Der Glaube an das Totenreich im Westen ist doppelt begründet. Erstens durch den Sonnenuntergang (Symbol des Sterbens!) und zweitens durch das westlich des Niltals gelegene Wüstenland, in dem alles Leben erstirbt. Die bedeutendsten Begräbnisstätten wurden daher im Westen des Niltals angelegt, die Pyramiden zu Gizeh oder zu Abusir genauso wie rund ein Jahrtausend später die Nekropole Theben im Tal der Könige. Die ältesten jungsteinzeitlichen Leichenfunde aus Oberägypten (Fundort: Tasa) lassen erkennen, daß der Kopf des in Nord-Süd-Richtung und auf der linken Seite liegenden Körpers nach Westen blickte; dort war das «Reich

---

15 R. Anthes: Ägypten (Historia Mundi. Ein Handbuch der Weltgeschichte. Bd. 2, S. 136). München 1953.

der Toten». Seit Beginn des Alten Reiches ging die Blickrichtung des Toten nach Osten, wo sich nach jeder Nacht das unüberwindbare Licht der Sonne zeigt. Die 18. Dynastie begann dann mit der West-Ost-Richtung des Toten, wobei das Haupt im Westen lag (symbolische Andeutung für den Eingang in das Totenreich), die Augen aber der aufgehenden Sonne entgegenblickten.[16]

Die Vorstellungen über den Tod und das Jenseits lassen sich an Hand von Texten gut verfolgen. Aus dem Alten Reich sind es die Pyramidentexte, deren gemeinsames Thema – bei größeren Abweichungen im einzelnen – die jenseitige Existenz des toten Königs ist. Manche Sprüche der Pyramidentexte sind in die auf Holzsärgen des Mittleren Reiches aufgezeichneten Sargtexte übernommen worden. Seit dem Neuen Reich wurde dann dem Verstorbenen ein Papyrus mit ausgewählten Kapiteln aus dem sogenannten Totenbuch ins Grab mitgegeben; verschiedene dieser Kapitel stammen aus dem Bestand der Sargtexte. Während in den Pyramidentexten das Ziel der Jenseitsreise der Himmel ist, hat sich im Neuen Reich die Unterwelt als Totenreich durchgesetzt.

Neben den Sammlungen an sich selbständiger Sprüche (Pyramidentexte, Sargtexte, Totenbuch) sind im Neuen Reich noch die an Wänden der Königsgräber angebrachten Unterweltsbücher (auch «Jenseitsführer» genannt) von Bedeutung; in ihnen sind Wort und Bild zu einer Einheit verschmolzen; thematische Mitte ist die nächtliche Unterweltsfahrt und Erneuerung des Sonnengottes, an der der verstorbene König bei seiner Durchwanderung des Jenseits teilnimmt. Das älteste und bis zu Echnatons Zeit einzige Unterweltsbuch ist das «Amduat» (d. h. «Das, was in der Duat – Unterwelt – ist»). Bis gegen Ende des Neuen Reiches dienten die Unterweltsbücher nur als königliche Totentexte, fanden dann aber im Zuge einer Demokratisierung auch auf Särgen und in Papyri von Privatleuten Eingang.[17] Ikonographisch bedeutsam ist, daß im Amduat und im «Pfortenbuch» die Sonne im Bild der Barke darge-

---

16 H. Bonnet: Reallexikon der ägyptischen Religionsgeschichte. Berlin 1952, S. 564.
17 E. Hornung: Ägyptische Unterweltsbücher. Zürich/München 1972, S. 19, sowie Das Amduat. Die Schrift des verborgenen Raumes. 3 Bde. Wiesbaden 1963–67.

stellt ist, während sie im «Höhlenbuch» und im «Buch von der Erde» als Scheibe wiedergegeben wird.

Die drei wichtigsten «Himmelsbilder» lassen sich wahrscheinlich auf die Umwelt einzelner Gaue zurückführen. «Vielleicht an der Küste war der Himmel ein Meer, auf dem der Sonnengott in einem Boot fuhr. Den anderen, vielleicht im Inneren des Deltas, war die Himmelsgöttin eine gewaltige Kuh, von der der kleine Mensch nur den Bauch sah, der auf vier Beinen als den Stützen an den Ecken der Erde ruhte. Den dritten, vielleicht Wüstenbewohnern, war sie eine Frau, die wie eine Laube auf ihren Füßen und Händen stand, um zwischen ihren Beinen im Osten jeden Morgen von neuem das Sonnenkind zu gebären.»[18]

Die älteste Form staatlichen Zusammenschlusses war die Vereinigung benachbarter Stämme zu Gauen. Jeder Gau bildete eine religiöse Einheit mit einem göttlich verehrten Wesen, das auf einer «Standarte» (bestehend aus Stange mit Querbalken) bildlich dargestellt wurde. Das Schriftzeichen für Gau (sapat) stellt ein Stück Land dar, das regelmäßig von Kanälen durchzogen ist. Der älteste Titel der Gauverwalter bedeutete wörtlich «Der, der die Kanäle anlegt» – ein Hinweis auf das staatenbildende Faktum der in dem regenarmen Land so wichtigen Bewässerung. Die ursprüngliche Zahl von 38 Gauen wurde später auf 42 erhöht, um sie mit der Zahl der dem Osiris helfenden Totenrichter in Übereinstimmung zu bringen. Alle ägyptischen Gaue lagen am Nil, der wie eine Achse das Land von Süden nach Norden durchzieht. Von den ägyptischen Bauern wurde der Fluß als göttlicher Gabenspender aufgefaßt. Der Nil wie auch seine Personifikation wurden Hapi genannt. Die für eine gute Ernte so wichtige Überschwemmung wurde als «das Kommen des Hapi» durch Lieder und Opfer gefeiert. Da die alles umfassende Fruchtbarkeit das Zusammenspiel männlicher und weiblicher Potenzen bedingt, wurde der Nil verschiedentlich als Hermaphrodit, als Mann mit den Brüsten einer Frau, dargestellt.

Durch die Abgeschlossenheit von der übrigen Welt – Ägypten

---

18 G. Roeder: Volksglaube im Pharaonenreich. Stuttgart 1952, S. 37.

hatte eigentlich nur zwei Nachbarn: die Wüste und das Meer – konnte sich hier eine Oasenkultur im wahrsten Sinne des Wortes bilden. Trotzdem führte das Land am Nil kein Einsiedlerleben; es hatte zu allen Zeiten seiner Geschichte Kontakt mit anderen Völkern. Das ägyptische Volk selbst beweist bereits für die Frühzeit den Schnittpunktcharakter des Landes am Isthmus zweier Kontinente. Es lassen sich für das vierte vorchristliche Jahrtausend drei Rassen nachweisen: die kleinwüchsige grazile Mittelmeerrasse, eine etwas großwüchsigere und robuster gebaute cromagnoide Rasse, deren Spuren auch im übrigen Nordafrika zu finden sind, und eine negroide Rasse (nicht zu verwechseln mit negrid, also keine Neger). Mit Beginn der eigentlichen Geschichte in der Thinitenzeit traten noch die Angehörigen einer kurzschädeligen Rasse in das Blickfeld; sie waren zahlenmäßig zwar unbedeutend, möglicherweise aber haben wir in ihnen einen greifbaren Hinweis auf die um diese Zeit nachweisbare Berührung mit Mesopotamien.

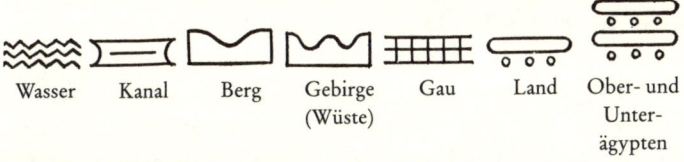

Wasser　Kanal　Berg　Gebirge (Wüste)　Gau　Land　Ober- und Unterägypten

In der Geschichte Ägyptens stoßen wir des öfteren auf den Dualismus von Ober- und Unterägypten. Nach der Überlieferung hat ein König Menes die bis dahin rivalisierenden Länder vereinigt. Er ist der erste Herrscher, der aus dem Dunkel der Frühzeit in das Licht der Geschichte eintritt. Als «Herr der beiden Länder» trug er neben seiner eigenen oberägyptischen Krone in weißer Farbe auch die rote Krone Unterägyptens. Die allgemeine Hieroglyphe für «Land» bedeutete verdoppelt «Ägypten» (die beiden Länder). Als Wappenpflanze für den Norden diente die Papyrusstaude, für den Süden eine Art blühender Binse, auch als Lilie bezeichnet. Der Dualismus Ober- und Unterägyptens zeigt sich auch in der soziologischen Struktur: Der von Steppen bedeckte Süden beherbergte vor allem viehzüchtende Nomaden, die bei der ägyptischen Staatsbildung der aktivere Teil waren und den ackerbautreibenden Norden unterwarfen. Verschiedene Teile des Königsornates – wie der Krummstab, die sogenannte Geißel und der Stierschwanz, vielleicht auch das königliche Kopftuch – sind noch Relikte aus der Nomadenkultur.[19]

Wenden wir uns nun dem schon kurz zuvor angedeuteten Einfluß Asiens zu! Schon lange vor der geschichtlichen Zeit vermittelten vorderasiatische Einwanderer der ägyptischen Sprache ihre semitischen Elemente. Das uns bekannte Ägyptisch nimmt eine Zwischenstellung ein zwischen Semitisch und Hamitisch. Im ausgehenden vierten Jahrtausend haben wir in der Kulturstufe Negade II (nach einem bei Theben gelegenen Ort genannt) einige verblüffende Parallelen zu der sumerischen Kultur in Mesopotamien, u. a. bildliche Darstellungen eines bestimmten Schiffstyps (Bug und Heck sind fast senkrecht in die Höhe gezogen) oder heraldische Tiergruppen wie etwa die schlangenhalsigen Großkatzen, die genauso schnell aus der ägyptischen Bildwelt verschwanden, wie sie auftauchten. Ob auch die bei Leichen gefundenen Siegelzylinder mesopotamischen Ursprungs sind, ist noch ungeklärt. Einige Ägyptologen, z. B. Alexander Scharff, halten es für möglich, daß die Hieroglyphen von der kurz zuvor erfundenen sumerischen Bilderschrift angeregt wurden. Die nicht unwesentlichen Querverbindungen zwischen dem Niltal und dem vorderasiatischen Raum und ihr sichtbarer Niederschlag gerade auch in der Kunst rückten in der Zeit nach dem 2. Weltkrieg immer mehr in das Blickfeld der Forschung.[20]

Eine spätere Brandungswelle asiatischen Einflusses bildete die Invasion der Hyksos im 17. Jahrhundert. Ihre Volkszugehörigkeit ist noch nicht erwiesen; feststehen dürfte nur, daß sie einen Ausläufer der großen vorderasiatischen Völkerbewegung bildeten, in dessen Aktionsradius auch die Hethiter und die in Babylonien einfallenden Kassiten lagen. Durch die Hyksos gelangten neue Waffen, das Pferd, der Kampfwagen und gewisse Ornamentfor-

---

19 W. Wolf: Die Kunst Ägyptens. Gestalt und Geschichte. Stuttgart 1957, S. 23.
20 Vgl. dazu W. St. Smith: Interconnections in the Ancient Near East. A Study of the Relationships between the Arts of Egypt, the Aegean, and Western Asia. New Haven, London 1965.

men nach dem Nilland. Der Hauptgott der Hyksos namens Baal (also syrischer Herkunft) wurde von den Ägyptern als Seth interpretiert. Unter der 18. Dynastie wurde Syrien erobert und dadurch die Übernahme syrischer Kulturgüter (wie Musikinstrumente) und Göttervorstellungen (so z. B. die meist hüllenlos dargestellte Liebesgöttin Kadesch) angebahnt.

Werfen wir noch einen Blick auf die in der Geschichte besonders hervortretenden Gottheiten. Bis in die frühgeschichtliche Zeit zurück lassen sich zwei Gruppen von Göttern nachweisen. Erstens die besonders mit einem bestimmten Ort verbundenen Gottheiten, die alten Gaugötter, als Tier oder mit Tierkopf dargestellt. In Dendera zum Beispiel wurde Hathor als Kuh verehrt, in Hermopolis Thot als Ibis, und der widderköpfige Chnum galt als «Herr von Elephantine». Die nicht an räumliche Bezirke gebundenen Gottheiten vertraten die verschiedenen Teile und Erscheinungen des Kosmos und wurden in der Regel in menschlicher Gestalt wiedergegeben. Zu ihnen gehören die Himmelsgöttin Nut, der Erdgott Geb, der Vegetationsgott Osiris und der Schöpfergott Ptah. Die theriomorphen (tiergestaltigen) Gottheiten gehören dem nordafrikanisch-hamitischen Kulturkreis an, die anthropomorphen dagegen stehen in einem Zusammenhang mit der westsemitischen Vorstellungswelt.[21]

Schon zu Beginn des Alten Reiches wurde der König als Inkarnation des Falkengottes Horus aufgefaßt. Er galt als der von den Göttern begnadete Träger der Krone, ja, er war selbst Gott; um dies allen kundzutun, stand an der Spitze der königlichen Titulatur der Gottesname Horus. Seit der 5. Dynastie wurde Horus von dem Sonnengott Re zurückgedrängt. Der neue Reichsgott verdankte seine Vormachtstellung im ägyptischen Pantheon dem Einfluß der Priester von On (von den Griechen Heliopolis genannt). Nun wurde der König als leiblicher Sohn des Re verstanden. Als Kultsymbol des Re fanden die Obelisken im ganzen Land Verbreitung.

Pharao Amenemhet I. erhob den thebanischen Gott Amun zum

---

21 A. Scharff/A. Moortgat: Ägypten und Vorderasien im Altertum. München 1950, S. 18 f.

neuen Reichsgott. In seiner tierischen Erscheinungsform als Widder oder als Nilgans war er auch einfachen Volksschichten erreichbar; in dem theologischen System seiner Priesterschaft jedoch war er der «Unsichtbare», die Seele (Ba) aller Dinge. Die Namen der ägyptischen Gottheiten könnte man als symbolträchtige Lautgestalten kennzeichnen. Es ist durchaus möglich, daß einzelne Götternamen aus Furcht vor dem wahren Namen entstanden – also ein Namenstabu ähnlich wie bei den Hebräern. Andererseits charakterisieren die ägyptischen Namen sehr treffend ihre Träger. Amun ist der «Verborgene», ursprünglich Gott des Windes. Chons ist der «Durchwandler», der als Mondgott den Himmel überquert; und der Name der Göttin Isis läßt sich von dem «Thronsitz» ableiten, den sie ursprünglich verkörperte.[22] Unter den Königen Thutmosis III. und Amenophis III. machte sich eine rationalistische Geisteshaltung bemerkbar, der andererseits eine erstarrte Dogmatik gegenüberstand. Beides löste vielleicht Echnatons ernstgemeinten Reformversuch aus, bei dem nur ein Gott überlebte: Aton, als dessen Sinnbild die Sonnenscheibe galt. Doch trug dieser Monotheismus dem vielschichtigen religiösen Empfinden des ägyptischen Volkes keine Rechnung und stieß auf den erbitterten Widerstand der Amun-Priester. Durch die nach des «Ketzerkönigs» Tod erfolgte Restauration wurde das geistige Leben erneut von der Erstarrung befallen.

Unter den Ramessiden trat der seit Ende des Alten Reiches über die Toten herrschende Osiris stärker in den Vordergrund; durch seinen Mythos war er menschlich begreifbarer als Re oder Amun. Mit diesem sterbenden und wiederauferstehenden Gott verband sich die Hoffnung auf ein eigenes Weiterleben nach dem Tode. Mit dem Niedergang der ägyptischen Großmachtstellung nahm die Magie überhand; was menschliche Tatkraft und an die Adresse der Götter gerichtete Gebete und Opfer nicht bewirkten, hoffte man durch Zauber zu erreichen. In der Spätzeit des alten Ägyptens griff der Tierkult immer mehr um sich. Erblickte man bis dahin in den heiligen Tieren vor allem Offenbarungsträger der Götter oder ein-

---

22 S. Morenz: Ägyptische Religion. Stuttgart 1960, S. 22 f.

fach ihre Symbole, so wurden im ersten vorchristlichen Jahrtausend die Tiere selbst Verehrungsobjekte. Es ist die Zeit, aus der der griechische Geschichtsschreiber Herodot berichtet, wie ein Ägypter sein ganzes Eigentum den Flammen überließ, aber unter Einsatz seines Lebens eine heilig gehaltene Katze aus der Glut rettete. Besondere Bedeutung gewann jetzt auch der Kult des Apis-Stieres, der schon in der Thinitenzeit ein Sinnbild der Fruchtbarkeit war und dessen Verehrerkreis von seinem ursprünglichen Kultort Memphis ausgehend, bald ganz Ägypten umfaßte. In der Perser-, Ptolemäer- und Römerzeit wuchs das Ansehen der an magischen Künsten so überreichen Isis, der es einmal durch List gelang, den Namen des höchsten Gottes zu erfahren, wodurch sie selbst Macht über die ganze Welt erhielt. Als treue Gattin und vorbildliche Mutter wurde Isis bald die volkstümlichste Göttin, deren Mysterien schließlich im ganzen antiken Mittelmeerraum Eingang fanden.

Osiris mit Atef-Krone, Krummstab und Geißel.

Isis mit Kuhgehörn (darin Sonnenscheibe und Thronsitz), Geierhaube und Lebensschleife

Es kann hier nicht auf die Rezeptionsgeschichte ägyptischer Götter, Kulte und Symbole in der Antike eingegangen werden, doch sei ein Motiv als Beispiel herausgegriffen: das Uzat-Auge, dessen Übernahme durch die Griechen von Joseph Wiesner neuerdings nachgewiesen wurde.[23] Das heilbringende Augenpaar fand

---

23 J. Wiesner: «Göttliche Augen», in: Beiträge zu Geschichte, Kultur und Religion des Alten Orients. In memoriam Eckhard Unger. Baden-Baden 1971, S. 181–188.

über die sogenannten Augenschalen aus Naukratis im 7. vorchristlichen Jahrhundert den Weg in die ostgriechische Keramik. Waren die Augen ursprünglich dem Gotte Horus zugehörig, so wurden sie von den Griechen dem das Übel abwehrenden Phoibos Apollon zuerkannt.

Zeittafel

Chronologische Angaben nach Eberhard Otto: Ägypten, der Weg des Pharaonenreiches. Stuttgart 4. Auflage 1966 (stützt sich auf E. Drioton, J. Vandier: L'Egypte. 4. Auflage Paris 1962).

Zeit	Politische Geschichte	Religions- und Kunstgeschichte
Prähistorische Zeit	5000–4000 Jungsteinzeit 4000–3000 Kupfersteinzeit	Totemistische Vorstellungen. Tier- und pflanzengestaltige Lokalgottheiten.
5./4. Jahrtausend	Gegenübertreten von oberägyptischem Nomadentum und unterägyptischem Bauerntum.	Verehrung der Muttergöttin. Geometrische Ornamentik der Jungsteinzeit.
Frühzeit etwa 3000 bis 2650	Vormachtstellung der Städte Buto, Hierakonpolis und Abydos. Vorthinitische Könige: «Skorpion», Narmer. 1.–2. Dynastie, Thinitenzeit, etwa 2850–2650 Könige der 1. Dynastie: Menes, «Schlange»	Antropomorphisierung der Gottesgestalt. Personifizierung der Naturkräfte. König = Inkarnation des Weltgottes Horus. Erste Schriftsymbole auf Denkmälern von Hierakonpolis. Schminkpaletten (berühmt die des Narmer). Höhepunkt der Elfenbeinschnitzerei.
Altes Reich etwa 2650 bis 2189	3.–8. Dynastie. Hauptstadt Memphis. 3. Dynastie: König Djoser 4. Dynastie um 2600–2480: Snofru, Cheops, Chephren, Mykerinos. 5. Dynastie um 2480–2350: Sahure, Unas. 6. Dynastie: Phiops II.	Theologische Systeme von Heliopolis (Sonnengott Re, Ortsgott Atum) und von Memphis (Ortsgott Ptah). König = Sohn des Re. Erbauung der Pyramiden ab der 3. Dynastie. Stufenpyramide des Djoser ist erster großer Steinbau der Welt. Sphinx von Gizeh (4. Dynastie). Offene Sonnentempel (5. Dynastie). Reliefs im Grab des Ti.

Zeit	Politische Geschichte	Religions- und Kunstgeschichte
Erste Zwischenzeit etwa 2189 bis 2040	9.–10. Dynastie. Herakleopolitenzeit. Zerfall des Reiches in die Machtgebiete von Herakleopolis und Theben.	Lehre vom Ba. Sich anbahnende Entwicklung, daß jeder Verstorbene zum Osiris wird. Abydos = Hauport der Osirisverehrung. Gedanke des Totengerichts. Ältere Sargtexte. Verfall bzw. Stagnierung der Plastik.
Mittleres Reich etwa 2040 bis 1658	11. bis frühe 14. Dynastie. 11. Dynastie: Königsnamen Mentuhotep. Hauptstadt wird Theben. 12. Dynastie (um 1991 bis 1786): Residenz beim Fayum. Königsnamen Amenemhet und Sesostris. 13. Dynastie: Königsnamen Sebekhotep.	Aufkommen des Amun-Kultes in Theben. Jüngere Sargtexte. Zu Heliopolis ältester erhaltener Obelisk. Gaufürstengräber von Beni Hasan. Erstes Vorkommen der sogenannten Würfelhocker und der Hathorsäule. Totentempel Amenemhets III. (bekannt als «Labyrinth»).
Zweite Zwischenzeit etwa 1658 bis 1552	15.–16. Dynastie: Fremdherrschaft der Hyksos; Residenz Auaris. In Theben einheimische 17. Dynastie.	Eindringen syrischer Götter; Baal wird Seth gleichgesetzt (Reichsgott unter den Hyksos). Letzte Königsgräber in Pyramidenform (17. Dynastie).

Zeit	Politische Geschichte	Religions- und Kunstgeschichte
Neues Reich 1552 bis 1070	18.–20. Dynastie. 18. Dynastie (1552–1306): Könige Amenophis I., Thutmosis I., Königin Hatschepsut, Thutmosis III. (unterwirft große Teile Syriens), Amenophis III., Amenophis IV. = Echnaton (Residenz: Amarna), Tut-ench-Amun. 19. Dynastie (1306–1186): Sethos I. Ramses II. (Ausgleich mit den Hethitern. Neue Residenz: Ramses-Stadt). 20. Dynastie (1186–1070) Könige Ramses III. (letzte große Machtentfaltung) bis Ramses XI.	Amun wird Reichsgott. Unter dem «Ketzerkönig» Echnaton an den Monotheismus grenzender Atonglaube. Das Totenbuch gehört zur Grabausstattung. Totentempel der Hatschepsut zu Der el Bahri. Memnonskolosse = Sitzstatuen Amenophis III. Gräber des Nacht und Ramose. Naturalistische Kunst der Amarna-Zeit. Totentempel Sethos I. zu Abydos. Felsentempel zu Abu Simbel. Bau des «großen Tempels» von Medinet Habu (von Ramses III. begonnen).
Übergang zur Spätzeit 1070 bis 663	21.–25. Dynastie. 21. Dynastie residiert in Tanis. In Oberägypten der «Gottesstaat des Amun». 22. Dynastie (950–730) durch libysche Söldnerführer in Bubastis gegründet. 23. Dynastie und in Sais die 24. Dynastie (ebenfalls Libyer). 25. Dynastie äthiopischer (nubischer) Fremdherrscher. 671 Assyrer erobern Ägypten.	Die bisher als Offenbarungsträger heilig gehaltenen Tiere werden nun selbst Verehrungsobjekte, besonders Stier, Krokodil und Katze (zunehmende Bedeutung der Göttin Bastet). Häufige Darstellung von Figuren, die einen Naos tragen. Äußerst realistisch gestaltete Statuen unter der 25. Dynastie.

Zeit	Politische Geschichte	Religions- und Kunstgeschichte
Spätzeit 663 bis 332	26.–30. Dynastie. 26. Dynastie (663–525) Könige Psametich I. und Necho residieren in Sais.	Die Theologisierung der Religion führt zu einer volkstümlichen Gegenströmung, getragen von magischen Vorstellungen und Praktiken.
	27. Dynastie = Fremdherrschaft der Perser. 28.–30. Dynastie mit den letzten einheimischen Fürsten im Delta. König Nektanebos I.	Sogenanntes Serapeum (= Anlage für die Apis-Gräber) des Psametich I. zu Sakkara.
Griechische Zeit 332 bis 30 v. Chr.	332 Eroberung Ägyptens durch Alexander d. Gr. Dynastie der Ptolemäer mit der Hauptstadt Alexandria.	Ptolemaios I. prägt das Bild des hellenistisch-ägyptischen Mischgottes Serapis. Ausbreitung des Isis-Kultes über Ägypten hinaus. Chnum-Tempel in Esne. Horus-Tempel in Edfu. Hathor-Tempel in Dendera. Doppeltempel für Suchos und Haroeris in Kom Ombo.

GÖTTER UND SYMBOLE

in
alphabetischer
Reihenfolge

Achtheit

Nach der Götterlehre von Hermopolis herrschten vor Entstehung der Welt acht Götter; es sind dies die personifizierten Urkräfte des Chaos: Nun und Naunet, seine Gattin, symbolisieren das Urwasser, Huh und Hauhet die Ewigkeit des Raumes, Kuk und Kauket die Finsternis, Amun und Amaunet die Unsichtbarkeit. Als dem Ursprung zugehörige Mächte erhielten sie die Gestalt chthonischer Tiere; die männlichen Gottheiten wurden als Frösche gedacht, die weiblichen als Schlangen. Gelegentlich werden die acht Urgötter als Affen dargestellt, die die aufgehende Sonne begrüßen; der Sonnenaufgang dürfte hier symbolhaft für die Weltschöpfung sein. Amun erhielt in seiner Eigenschaft als Urgott auch die Gestalt einer Schlange und den Namen Kematef (von den griechischen Autoren Kneph genannt). Die Achtheit hatte westlich von Theben in dem kleinen Tempel von Medinet Habu eine Kultstätte.

Acker, Feld

Wie die Früchte des Feldes Opfergaben für die Gottheit darstellen, so kann der Acker selbst zum Symbol des Opfers werden. Ramses III. zählte es zu seinen Verdiensten, daß er dem Sonnengott Re-Harachte die Äcker des Tempels vermehrte, «um das Gottesopfer zu verdoppeln mit reicher Anzahl für deinen gewaltigen, ehrwürdigen und geliebten Namen». Ein Denkstein des Königs Tef-nacht (23. Dyn.) zeigt, wie der König der Göttin Neith von Sais und

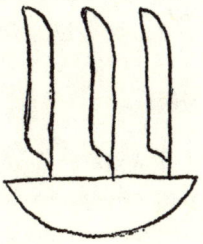

Das Zeichen für «Feld».

dem Gott Atum je ein Zeichen für «Feld» (Korb mit drei Schilfblättern) darbringt; aus der Beischrift ist ersichtlich, daß «das Geben des Feldes» mit der Hoffnung verbunden ist, daß die Götter dem König (ewiges) Leben gewähren. Nach dem osirianischen Jenseitsglauben muß der Tote neben der Erfüllung anderer Lebensfunktionen auch auf dem Jaru-Feld, dem «Gefilde der Binsen» arbeiten. Das in den Totenbuch-Illustrationen dargestellte Pflügen, Säen und Ernten ist Ausdruck der Hoffnung auf ein Weiterleben; der überirdisch hohe (gleichsam paradiesische) Wuchs von Gerste und Spelt (Totenbuch, Kap. 109) gehört zu den Vorstellungen von der Stätte der Seligen.

Affe

In der Frühzeit gab es einen Paviansgott, der «Große Weiße» (Hez-ur) genannt, der jedoch schon in der Pyramidenzeit als eine Form des Gottes Thot galt. Dieser war der Schutzpatron der Schreiber und Herr der heiligen Schriften; es gibt mehrere Darstellungen, bei denen das ihm geweihte Tier auf den Schultern oder dem Hinterkopf eines Schreibers sitzt und diesen beaufsichtigt. Über der Ausflußöffnung von Wasseruhren sitzende Affen sinnbilden Thot als Gott der Zeitrechnung. Thot dürfte ursprünglich Mondgottheit gewesen sein; so wundert es nicht, daß Paviane häufig die Mondscheibe auf dem Kopfe tragen. Noch bekannter ist die Beziehung der Affen zur Sonne; das Affengeschrei bei Tagesanbruch wurde als Huldigung gedeutet. Bei bildlichen Darstellungen findet sich daher die aufgehende Sonne oft von Pavianen mit erhobenen Vorderpfoten begrüßt.

Ägis

Die unexakte Bezeichnung Ägis meint einen kragenförmigen Halsschmuck, dem die Bedeutung eines Schutzsymbols zukommt. Im Totenbuch gibt es einen Spruch für den «Halskragen von Gold, der am Tage der Beerdigung an den Hals des Verklärten gelegt wird». Diese Halskragen haben häufig eine Falkenkopf- oder Uräus-Ornamentierung. Das Umlegen des Kragens ist symbolischer Ausdruck für das Umfaßtwerden von göttlichen Armen. Im Tempel Sethos I. bei Abydos fand sich in der Kammer des Re-Harachte ein Bild, auf welchem der König einen Halskragen mit daranhängender Brusttafel für die Bekleidung des Götterbildes darbringt. Dieser Ritus gehört zum morgendlichen Gottesdienst, wobei der Priester spricht: «O Atum, mögest du deine Arme um Re-Horachti legen, damit er zusammen mit seinem Ka in Ewigkeit lebe!»

Halskragen mit darübergesetzten Tierköpfen (= Göttersymbole) zieren auch die Vorder- und Hintersteven der Götterbarken. Als Ägis werden weiter bezeichnet: an einem Kollier getragene Schmuckstücke mit dem Gesicht einer Gottheit. Bei den Mumiensärgen kann an die Stelle des Halskragens in der gleichen Bedeutung das Bild eines seine Flügel entfaltenden Geiers treten, so z. B. bei dem Sarg von Thutmosis I.

Akazie

Unter der heiligen Akazie der Göttin Saosis nördlich von Heliopolis sollen die Götter geboren worden sein. Nach einem Pyramidentext (436) ist Horus aus der Akazie hervorgekommen. Spätere Überlieferung verbindet den Baum nicht nur mit der Geburt, sondern auch mit dem Tod. Im Totenbuch (Kap. 125) wird der Verstorbene von Kindern zur Akazie geleitet. Nach dem Ritual der Sargtexte werden Teile der heiligen Akazie der Saosis von dem Toten zerquetscht und zerstoßen; diesen Teilen wurde eine übernatürliche Heilwirkung zugeschrieben.

Aker

Der Gott Aker verkörpert die Erde. Er ist dargestellt als schmaler Landstreifen mit jeweils am Ende einem Menschen- oder einem Löwenkopf oder einfach in Gestalt zweier sich den Rücken zukehrender Löwen. Das eine Tier blickt nach Westen, wo die Sonne

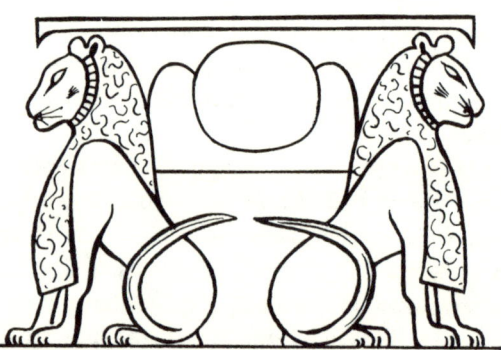

Das Löwenpaar mit dem Zeichen für den Sonnenaufgang, darüber die Himmels-Hieroglyphe.

untergeht, ihre Nachtfahrt beginnt, wo das Reich der Toten ist; das andere Tier schaut gen Osten, wo allmorgendlich die Sonne wieder aus dem Reich der Finsternis aufsteigt. Bilder zeigen den die Sonnenbarke tragenden Aker, womit die Nachtfahrt der Sonne – durch Akers Reich – symbolisiert ist. Die beiden Löwen(-köpfe) hüten den Ein- und Ausgang der Unterwelt. Wem die Pforte in die Unterwelt geöffnet ist, von dem heißt es in einem Pyramidentext: «Geöffnet sind dir die Türflügel des Aker.»

Amulett

Die kleinen, an Ketten um den Hals gehängten oder den Verstorbenen in das Grab mitgegebenen Figürchen sollten dem Träger ein Schutzmittel sein. Aus dem Totenbuch sind mehrere Formeln bekannt, durch deren Rezitation das Amulett zauberkräftig werden sollte. Die wichtigsten Amulettformen sind Göttergestalten (z. B. Osiris, Bes, Toeris), Tierfiguren (wie Löwe, Widder, Skarabäus), menschliche Körperteile (Uzatauge, Hand), Herrschaftszeichen (besonders Kronen) und eigentliche Symbole wie Lebensschleife und Djedpfeiler. Besonders herausgreifen wollen wir die Kopfstütze – ein Schutzmittel gegen das Verlieren des Hauptes; im Totenbuch (Kapitel 166) heißt es: «O du, der du lahmgelegt bist, leidend... Dein Kopf, in die Höhe gehoben, schaut nach dem Himmel... Nach dem Blutbad der Schlacht gibt er (= Ptah) dir wieder dein Haupt; dir wird es nicht weggenommen in alle Ewigkeit.»

Amun

Schon in den Pyramidentexten wird Amun mit seiner Gattin Amaunet als Urgott erwähnt. Aber erst seit der 11. Dynastie scheint er als Gott von Theben aufzutauchen. Die Ägypter deuten seinen Namen als «der Verborgene»; er war der im unsichtbaren Lufthauch Wirkende. Aber auch an eine Ableitung von dem li-

Amun von Theben.

bysch-berberischen aman, d. i. Wasser, ist zu denken, zumal Amun als urzeitlicher Schöpfergott häufig im Bild einer Gans verehrt wird. In der Regel gilt der Widder mit gedrehten Hörnern als sein heiliges Tier – ein Hinweis auf den Charakter als Fruchtbarkeitsgott (darauf deuten auch ithyphallische Darstellungen). Eine weitere tierische Erscheinungsform ist die als Schlange, wobei der Gott den Beinamen Kematef, d. h. «der, welcher seine Zeit vollendet hat», führt. Als Gott der Hauptstadt Theben erlangte Amun im Neuen Reich die Stellung eines Reichsgottes, der als Amon-Re das Wesen des Sonnengottes an sich zog. Schließlich denkt man sich den Gott «Der in allen Dingen bleibt» als Seele (Ba) aller Erscheinungen.

Anat

Die westsemitische Göttin wurde seit der Ramessidenzeit auch in Ägypten verehrt und besaß in der unterägyptischen Stadt Tanis einen Tempel. Wie die ebenfalls aus Vorderasien übernommene Astarte galt sie als Kriegsgöttin; beiden oblag der Schutz des im Kampfe befindlichen Königs und der Pferde des königlichen Streitwagens. Die Attribute der Anat sind Schild, Speer und Streitaxt; auf dem Haupt trägt sie eine hohe Krone mit zwei Straußenfedern. Im Volksglauben wurde sie zu einer Schutzgottheit gegen wilde Tiere.

Anch-Zeichen → Lebensschleife

Androgynität

In mehreren Mythen tauchen die Urgötter als doppelgeschlechtliche Wesen auf, sie zeugen und gebären. Die Androgynität ist ein Sinnbild für die Absolutheit des Schöpfers, der zur Erschaffung der Welt an kein Geschlecht gebunden ist und keines Partners bedarf. So erzeugt Atum aus sich heraus die Götter Schu und Tefnut. Horapollon berichtet, daß der memphitische Urgott Ptah als mann-weiblich gelte. Bilder aus der Spätzeit zeigen den Gott öfters mit weiblichen Brüsten. Der Nilgott Hapi wird als zweigeschlechtliches Wesen dargestellt, mit Bart und den Brüsten einer alten Amme. Die thebanische Göttin Mut war «Mutter ihres Erzeugers» – ein sprachliches Symbol für ihre Allmutterschaft, die notwendig die Vaterschaft mit einschließt (eine Darstellung zeigt sie sogar mit dem Phallus). Die Göttin Neith «schuf den Samen der Götter und Menschen» und hat den Beinamen «Vater der Väter und Mutter der Mütter». In Esne konnte der Schöpfergott Chnum auch als Neith angesprochen werden, wobei diese das in ihm vorhandene weibliche Komplement darstellt. Nach einem im Louvre befindlichen Papyrus (3079) sagt Isis in der Totengeschichte des Osiris-Schauspiels von sich selbst: «Ich machte mich zum Manne, obwohl ich eine Frau war, um deinen (– Osiris –) Namen auf Erden leben zu lassen.» Für die alten Ägypter war es nichts Widernatürliches, wenn den Göttern die Sexualpotenz beider Geschlechter zu eigen war. Auch dem Horuskind Imset wurden androgyne Züge zuerkannt, sonst hätte es nicht im Mittleren Reich noch bartlos und mit der gelben Hautfarbe der Frauen und im Neuen Reich als Mann dargestellt werden können.

Antilope

Eine weiße Antilope ist das alte Gauzeichen des 16. oberägyptischen Gaues. Ursprünglich dürfte die Göttin Satis, die Spenderin des kühlen Kataraktwassers und «Herrin von Elephantine», in Gestalt einer Antilope verehrt worden sein; daher in geschichtlicher Zeit ihr Kopfputz, der aus der oberägyptischen Königskrone und zwei geschweiften Antilopenhörnern besteht. Im Symboldenken bestand eine Beziehung zwischen Antilope und Wasser; so war der anderen Kataraktengöttin Anuket die Gazelle, eine Antilopenart, heilig; in Südarabien war die Antilope Symboltier des Gottes Attar, der dem Land den Regen spendet. In Ägypten erlitt die Antilope das Schicksal der meisten Wüstentiere; als dem Seth zugehörig wurden sie verfemt und verfolgt. Das Gauzeichen des 16. oberägyptischen Gaues zeigt deshalb in späterer Zeit über der Antilope den siegreichen Falken des Horus.

Anubis

Der Totengott mit dem Beinamen «Herr des heiligen Landes» (d. i. die Nekropole) und «Der vor der Gotteshalle» (in der die Mumifizierungen vorgenommen wurden) hat gewöhnlich die Gestalt eines Caniden, wobei die zoologische Art, ob Hund oder Schakal,

Der schakalköpfige Gott Anubis.

von dem Ägypter nicht genau gekennzeichnet wurde. In der Nacht bewacht Anubis die Mumie vor den bösen Mächten. An den Türen zahlreicher Felsengräber ist das Bild eines liegenden schwarzen Hundes; es ist der wachehaltende Gott. Beim Balsamieren der Leiche vertritt ein Priester mit der Maske eines Schakals die Stelle des Anubis. Durch das Aufkommen des Osiris wird Anubis ein Untergebener des neuen Totenherrschers; er leitet nun die Wägung der Herzen beim Totengericht.

Anuket → Gazelle

Apis

Unter den im Nilland verehrten Stieren ist der Apis am bedeutendsten. Ursprünglich ein Symbol der Fruchtbarkeit, wurden ihm später noch andere Charakterzüge hinzugefügt. Durch seinen Kultort Memphis kommt er mit dem memphitischen Stadtgott Ptah in Berührung, er wird dessen Herold und schließlich des Ptah «herrliche Seele», die auf Erden in Gestalt eben dieses Stieres erscheint. Nach seinem Tode geht Apis in den Gott Osiris ein, man spricht daher von Osiris-Apis (in gräzisierter Form Serapis). Apis wurde selbst zum Totengott. Seit der Spätzeit ist auf vielen Särgen dargestellt, wie der heilige Stier in schnellem Lauf die Mumie des Toten zum Grabe trägt. Seit dem Neuen Reich ist die Sonnenscheibe sein Kopfschmuck.

Apophis

Jeden Morgen und jeden Abend bedroht der Schlangendämon den Sonnengott und gefährdet damit den Bestand der Welt. Die «Riesenschlange» verkörpert den Gegenspieler Gottes und ist Sinnbild der in der Finsternis herrschenden Mächte. So ist es zu verstehen, daß Apophis mit dem Götterfeind Seth gleichgesetzt wird. Jeden Morgen, wenn die Sonne aus der Unterwelt hervorkommt, und

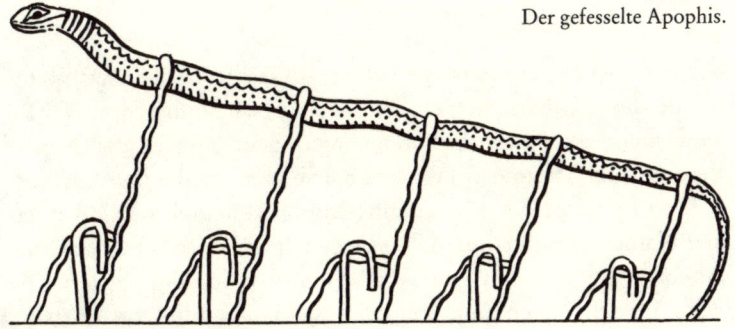

Der gefesselte Apophis.

jeden Abend beim Beginn der Nachtmeerfahrt wird das Sonnenschiff von der Schlange angegriffen; dabei färbt das Blut des besiegten und verwundeten Apophis den Himmel rot. Die Schlange versucht auch durch ihre Körperwindungen, als «Sandbänke» umschrieben, die Fahrt der Sonne zu hemmen. Mehrere überlieferte Ritualtexte beschäftigen sich mit der «Niederwerfung des Apophis» und bilden einen magischen Schutz, von dem es heißt: «Es rettet ihn wirklich vor allem Bösen.»

Astarte

Seit der 18. Dynastie bis in die Ptolemäerzeit hinein verehrte Göttin westsemitischer Herkunft. Die ursprüngliche Funktion als Göttin des Liebeslebens ermöglichte ihre Annäherung an Hathor, ja schließlich die völlige Gleichsetzung mit dieser, was durch das Sistrum als Kopfschmuck unterstrichen wird. Doch überwiegen die Züge einer Kriegsgöttin; sie ist die «Herrin der Pferde und Wagen», die zusammen mit Anat den König im Kampfe beschützt. In dieser Eigenschaft trägt sie eine mit Federn (und manchmal einem Bänderpaar) geschmückte Krone und ist mit Schild und Speer bewaffnet. Als syrische Göttin ist sie dem Gott des Auslandes, Seth, zugesellt. Sie wurde besonders in Memphis verehrt, wo sie als Tochter des Ptah galt.

Aton

Mit Aton wurde zunächst die Sonne als Gestirn bezeichnet. Später wurde die sichtbare Sonnenscheibe als Erscheinungsform des Re angesehen; es heißt vom Sonnengott: «Sein Leib ist der Aton.» Bereits unter Thutmosis IV. wird die Sonnenscheibe personifiziert – Aton ist selbst der Sonnengott. König Amenophis IV., der seinen Namen in Echnaton (d. h. «Es gefällt dem Aton») umänderte, erhebt Aton zur einzigen Gottheit und entmythologisiert sein Bild. In den ersten fünf Regierungsjahren wird Aton noch als

Echnaton und Nofretete bringen der Sonnenscheibe Atons Weihgaben dar.

Mensch mit Falkenkopf dargestellt (also wie bisher der heliopolitanische Re-Harachte), danach gibt es nur noch die Sonnenscheibe, deren Arme handförmig enden und die Lebensschleife halten.

Atum

Der Schöpfergott von Heliopolis ist eine recht spekulative Gestalt. Er ist eine Personifikation des urzeitlichen Chaos, aus dem alles Seiende hervorging. Er ist der «Selbstentstandene»; bevor Himmel und Erde getrennt wurden, war er der «Einherr». In den Pyramidentexten erscheint er als Urhügel; auch im Bild des Skarabäus, der scheinbar aus einer Erdkugel entsteht, wird er gedacht. Der große Skarabäus aus Granit am heiligen See in Karnak ist dem Atum geweiht. Eine weitere Erscheinungsform des Gottes kann die Schlange als chthonisches Tier sein. Im Totenbuch (Kap. 175) spricht Atum zu Osiris vom Weltende und verkündet, daß er alles

Geschaffene wieder zerstören und sich selbst in die Urschlange zurückverwandeln werde.

Atum zeugte durch Selbstbegattung (um das anstößige und der ägyptischen Mythologie nicht gerecht werdende Wort Masturbation zu vermeiden) das erste Götterpaar Schu, den Lufthauch, und Tefnut, die Feuchtigkeit. Die an der Selbstbegattung beteiligte Hand wurde als das in Atum ruhende weibliche Element personifiziert; «Atum und seine Hand» erscheinen auf Särgen der Herakleopolitenzeit als Götterpaar.

Auge

Als Organ zur Aufnahme des Lichtes, der Farben und der Bilder wurde das Auge zu einem der wichtigsten Symbole im Nilland. Besonders häufig tritt es als Amulett in Form des Uzatauges auf. In den Pyramidentexten (1266) wird von zwei «bösen Augen» gesprochen, die den Türverschluß versiegeln. Auch die Ägypter wußten schon um das Strahlen und Leuchten, um das Blitzen und die Glut der Augen, so daß diese als Herrschaftszeichen und als Symbol des Feuers gebraucht wurden. Die Uräusschlange galt als feuerspeiendes Auge des Sonnengottes. Sonne und Mond waren die Augen des Gottes Horus, von dem es heißt: «Wenn er die Augen aufschlägt, füllt er das All mit Licht, wenn er sie aber schließt, entsteht Finsternis.» Des Osiris Name bedeutet «Stätte des Auges»; seine Hieroglyphe ist ein Auge über dem Sitz. Ein bis in die 18. Dynastie häufiger Schmuck der linken Sargaußenwand ist die Darstellung eines Augenpaares; es soll dem Toten ermöglichen zu sehen, wie er den Himmel durchfährt. Im ausgehenden Neuen Reich und in der Saitenzeit findet es sich auf Mumiensärgen (auch in der Brust- oder in der Fußgegend), jetzt aber mehr in der Bedeutung als Amulett bzw. als Horusaugen, die dem Toten dargebracht werden.

Verschiedene Forscher wollen die ägyptischen Augendarstellungen vom Falkenauge (des Falkengottes Horus) ableiten. Eine neuere Arbeit weist dagegen auf das Stierauge, dessen Abgrenzung durch das Nasenbein und die untere Lidpartie mit schwarzer und grüner Schminke nachgezogen wurde. Die Zusammengehörigkeit von grünem Unterlid und weißem Augapfel symbolisiert nun tatsächlich die Vereinigung der grünen (oder roten) Krone Unterägyptens und der weißen Krone Oberägyptens. Schließlich wird das Auge auch mit der Barke gleichgesetzt: «dein rechtes Auge ist die Abendbarke, dein linkes Auge ist die Morgenbarke».

Ba

Der Ausdruck Ba wurde von Horapollon mit Psyche wiedergegeben, hat aber zunächst mit dem antiken Seelenbegriff noch wenig

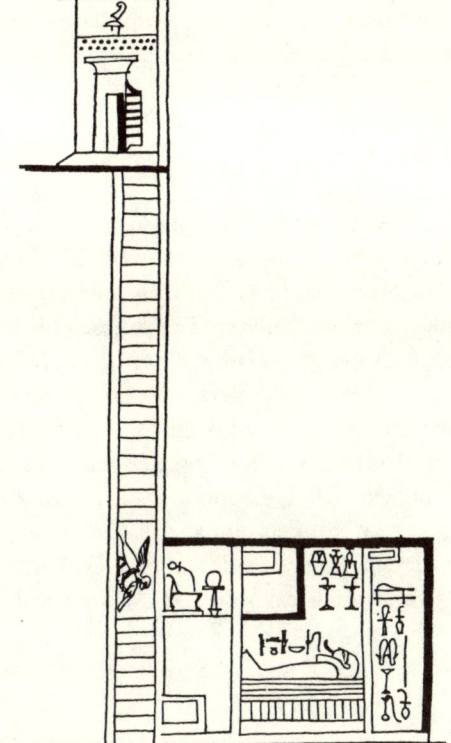

Ba, um ein Grab fliegend.

Ähnlichkeit. Der Ba bezeichnet eine geistige Kraft; in den ältesten religiösen Texten werden anonym auftretende Götter einfach mit Ba umschrieben. Dann wird dieses Wort als Synonym für die Erscheinungsform eines Gottes angewandt. So erblickt man in dem Phönix in Heliopolis den Ba des Sonnengottes Re, den Apis in Memphis verehrt man als Ba des Osiris. Es finden sich aber auch Stellen, nach denen ein Gott die Erscheinungsform eines anderen ist, so wenn Osiris «Seele des Re» genannt wird. In Beziehung auf den König deutet der Begriff Ba die herrscherliche, ja göttliche «Macht» an.

Ausgangs des Alten Reiches wird die Bezeichnung Ba auf alle Menschen bezogen; er wird nunmehr zum Träger der unvergänglichen Kräfte. Grabmalereien des Neuen Reiches zeigen, wie die Ba-Seele in Vogelgestalt auf den beim Grab gepflanzten Bäumen sitzt. Die magisch wirkenden Totensprüche sollen es der Seele ermöglichen, «alle Gestalten anzunehmen, die sie wünscht».

Barke

Die im Kult verwendeten Barken entsprechen in ihrer Form großenteils den Nilbooten. An Stelle der Kajüte steht der Naos mit dem Götterbild; Heck und Bug werden von dem Haupt des Gottes oder seines heiligen Tieres geschmückt. Die Barke wird gewöhnlich bei Prozessionen von Priestern auf der Schulter getragen. Berühmt ist die Barke des Osiris mit dem Namen Neschmet, in welcher der Gott zu Beginn der Festspiele auszieht, um dann als vom Tode Erwachter wieder zurückzukehren. Die Ägypter wünschten sich, nach ihrem Tode an der Fahrt der Neschmet teilnehmen zu können, um so mit Osiris der Auferstehung teilhaftig zu werden. Sonst wurde mit dem Gedanken von der Übersetzung des Toten auch das Bild vom Sonnenschiff verbunden.

Bart

Dem Bart kam keine religiös-symbolische Bedeutung zu, doch galt er als Zeichen der Würde. Deshalb gehörte ein künstlicher Kinnbart regelrecht zum königlichen Ornat, und selbst die kraftvoll regierende Königin Hatschepsut ließ sich auf Statuen und Reliefs mit einem solch männlichen Attribut darstellen. Auch die Würde der Götter wurde durch einen Bart unterstrichen; er ist länger als der des Königs, zopfartig geflochten und – da man den Göttern Haare aus leuchtendem Lapislazuli zuschrieb – meistens von blauer Farbe.

Bastet

Die besonders in Bubastis verehrte Göttin ist schon früh mit den Löwengöttinnen Tefnut und Sachmet zusammengestellt worden. Seit dem Alten Reich wird Bastet löwenköpfig dargestellt. Aus einer Inschrift Ramses IV. wissen wir, daß es verboten war, am Fest der Bastet auf die Löwenjagd zu gehen. Die Göttin gilt als

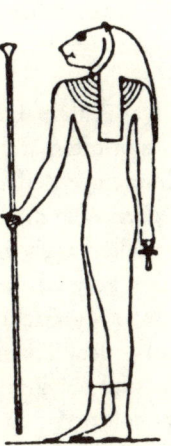

Die Katzengöttin Bastet.

Mutter des «wildblickenden» Löwengottes Miysis, der den Beinamen «Herr des Gemetzels» hat. Mit dem Mittleren Reich tritt die

Katze als heiliges Tier der Bastet auf; seit dem Neuen Reich wird sie selbst mit Katzenkopf dargestellt. Die Göttin erhält immer freundlichere Züge; sie hat eine Beziehung zum Mond und wird im Mythos zum Mondauge. Das in der früheren Zeit «wütende» Wesen wird an die Göttin Sachmet abgegeben, die damit zur negativen, zerstörenden Seinshälfte der Bastet wird.

Baum

Von verschiedenen Göttern heißt es, daß sie aus einem Baum hervorkamen, so Horus aus der Akazie, Re aus der Sykomore und Upuaut aus der Tamariske. Nach thebanischen Tempelinschriften hat die Himmelsgöttin Nut den Osiris unter dem – botanisch nicht bestimmbaren – Kesbetbaum geboren. Baumkulte waren im ganzen Nilland verbreitet. In Heliopolis wurde eine Akazie verehrt, in der «Tod und Leben beschlossen ist» und die damit eine Parallele zum Ischedbaum bildet. Am Rand der Wüste von Memphis wurde der Gott Cheribakef (d. h. «der unter seinem Ölbaum») verehrt, der schon im Alten Reich mit Ptah verschmolz. Zwei oberägyptische Gaue führten heilige Bäume als Gauzeichen: der «Sykomorengau» (zerfiel in den 13. und 14. Gau) und der «Baumgau» (20./21. Gau).

Das Aufeinanderbezogensein von Baum und Mensch zeigt das Zweibrüdermärchen; es erzählt vom Herz des Bata, das in der Blüte einer Zeder ruhte; als der Baum gefällt wurde, mußte Bata sterben. Wie die Lebenden sich im Schatten der Bäume erfrischen, so sollten auch die Seelen der Toten sich auf den Bäumen niederlassen können. Immer wieder zeigen Bilder, wie weibliche Baumnumen – gedacht wurde an die Himmelsgöttinnen Nut und Hathor – dem Toten oder seiner vogelgestaltigen Seele Wasser spenden und Früchte reichen. Der Baum, besonders Dattelpalme oder Sykomore, ist damit eine Art Lebensbaum; wer von dem Lebenswasser trinkt und von den Himmelsfrüchten ißt, wird auch nach dem Tode weiterleben. Zahlreiche Gräber hatten ihren heiligen Baum. Zu dem von mehreren Städten gehüteten Osirisgrab gehörte ein Hain, der als Aufenthaltsort von des Gottes Ba galt; direkt am Sarg war ein Baum symbolischer Hinweis für die Wiederauferstehung – in Texten heißt es, daß «der Sarg grünt».

Begräbnis

Der eigentlichen Bestattung gingen die Trauerzeremonien voraus. Die Nekropolen lagen gewöhnlich im Westen der Wohnsiedlungen, da dies die Himmelsrichtung der untergehenden (= sterbenden) Sonne ist. Während der Überfahrt der mumifizierten Leiche über den Nil nahmen zwei Frauen die symbolische Stellung der um Osiris weinenden Göttinnen Isis und Nephthys ein. Der Fahrt des Toten über das Wasser wurde große Bedeutung zugemessen. Schon aus dem Alten Reich ist ein «Befahren des Sees» bekannt; und in der Spätzeit ließ man Mumien oder Nachbildungen von solchen auf dem Rücken eines Krokodils im Wasser schwimmen, letzteres wohl in Anlehnung an die Errettung des toten Osiris durch den in Krokodilsgestalt auftauchenden Horus. Die Überfahrt im Nilboot soll an die Götterbarken erinnern, auch Anspielungen auf das Sonnenschiff gibt es, so wenn es im Totenbuch (Kap. 67) heißt: «Hierauf schreit ich zu meinem Thron im Re-Boot. Gegen die Kräfte des Bösen geschützt, möge ich segeln in Frieden!... O göttliches Strahlen des himmlischen Sees.» Selbst beim Transport über Land ruht der Sarg in einem Nachen, der auf einem von Stieren oder Kühen gezogenen Schlitten liegt. Vor dem Hinablassen in das Grab wurde der mumienförmige Sarg aufgerichtet und die Mundöffnung vollzogen. Der Glaube an ein mögliches Weiterleben, diesem auf der Erde nicht unähnlich, führte zur Sitte, dem Toten alles Lebensnotwendige ins Grab mitzugeben. Man fand Weinkrüge und Milchnäpfe, die aber nicht gehöhlt sind, was offenkundig bedeuten soll, sie mögen immer voll bleiben. Kleine Modelle von Häusern und Schiffen wurden mitgegeben. Reliefs und Malereien in den Gräbern sollen weniger dem Nachkommen aus dem Leben der Verstorbenen erzählen, als vielmehr das erloschene Leben selbst weiterführen, gleichsam als magische

Kraft, und so dem Toten den Genuß seines irdischen Besitzes in die Ewigkeit hinein verlängern.

Bein

Das linke Bein galt als Reliquie des zerstückelten Osirisleibes, aus dem der Nil entströmt und das Land befruchtet. Bei der Wasserspende sprach der Priester: «Ich spende dir das Naß, das aus dem Bein kommt, um deinen Acker mit seinen Speisungen zu überfluten.» Das linke Bein wurde auch mit dem linken Auge des Himmelsgottes Horus, also mit dem Mond, gleichgesetzt. So ist im Horustempel zu Edfu ein Gemach mit dem Namen «Haus des Beines» zu verstehen. Das Bein ist Symbol der Mondsichel und damit des beschädigten linken Horusauges, dessen verlöschender Glanz wieder erhellt werden muß. Herr, Schützer und Retter des Mondauges ist Thot, der selbst nach alter Überlieferung «aus dem Bein hervorkam».

Berg

Felsen und Berggipfel sind den Göttern näher. In dem oberägyptischen Gau XVII wurde die «Bergspitze des Amun» in Gebeten des Volkes angerufen. Westlich Thebens war auf der höchsten Erhebung des Wüstengebirges ein Tempel, der Thot und seinen Pavianen geweiht war. Die Götter hießen «Herren der Berge». In der Unterwelt gibt es einen «großen Berg, oberhalb dessen sich der gestirnte Himmel erstreckt. Dreihundert Maße ist seine Länge, zweihundertdreißig seine Breite, siebzig Ellen die Schlange, die ihn bewohnt». Auch der Gedanke des Weltberges findet sich, der jedoch nach ägyptischer Vorstellung in einen westlichen Berg (namens Manu) und in einen östlichen (namens Bakhau) gespalten ist; beide dienen als Stütze des Himmels. Nach einem Pyramidenspruch (271) wird der tote König über die «Leiter» zum «Großen Sitz» auf dem Berge geführt. Das Gebirge im Westen des Nils ist der Eingangsort in die Unterwelt; dort gebietet Hathor, die Herrin der Nekropole. Das Bergland war für den Ägypter Wüstenland; die dafür verwendete Hieroglyphe (drei runde, durch Einschnitte getrennte Hügel) diente auch zur Determination von «Friedhof», «Steinbruch» und der Namen fremder Länder.

Bes

Der mißgestaltete Bes mit seinem fratzenhaften Gesicht galt als das Böse abwehrender Schutzgeist. Streng betrachtet sind unter seinem Namen mehrere zwergenhafte Dämonen zu verstehen, alle mit verkrüppelten Beinen und mit einem meist tollpatschig-gutmütigen Greisengesicht, öfters mit heraushängender Zunge. Ur-

Bes mit Federkrone.

sprünglich trugen diese Wesen ein Löwenfell auf dem Rücken, von dem in späterer Zeit nur noch die Tierohren und der Schwanz blieben. Seit dem späten Neuen Reich trägt Bes häufig das Fell eines Panthers – und zwar Kopf und Tatzen auf der Brust. In der 18. Dynastie waren geflügelte Bes-Darstellungen beliebt. Die wichtigsten Attribute sind die Sa-Schleife (ein Schutzsymbol), Messer als Abwehrmittel und Musikinstrumente, deren Klang die bösen Geister verscheuchen. Eine besondere Art von Bes ist der Aha genannte Typ, d. h. Kämpfer; mit seinen Händen würgt er ein Schlangenpaar oder packt eine dem Seth zugeordnete Gazelle. Bes sollte die bösen Mächte abwehren; sein Bild wurde angebracht an Kopfstützen und Betten, an Spiegeln und Schminkgefäßen (Salben und Schminken dienten neben der Schönheitspflege auch zur Abwehr des bösen Blicks) und besonders bei den Mammisi, das sind Seitengebäude von Tempeln aus der Spätzeit, in denen alljährlich das Mysterium der Geburt des göttlichen Sohnes gefeiert wurde, so beim «Geburtshaus» von Dendera.

Biene

Eine ätiologische Mythe erzählt, wie der Sonnengott Re einmal weinte, seine Tränen auf den Boden fielen und sich in Bienen verwandelten. Der Honig hatte eine gewisse Bedeutung bei der Herstellung von Salben. Eine sehr frühe Darstellung der Bienen-

Binse und Biene zur Kennzeichnung des Königs von Ober- und Unterägypten.

zucht stammt von einem Relief eines Re-Heiligtums aus der 5. Dynastie. Die prä- und frühdynastischen Könige Unterägyptens hatten den Beinamen Fürst Biene. Im Gegensatz dazu wurden die oberägyptischen Herrscher mit Fürst Binse bezeichnet. Biene und Binse gingen dann in die Königstitulatur der folgenden Zeit ein. In der Deltastadt Sais wurde der Tempel der Neith «Haus der Biene» genannt.

Bild

Bei dem künstlerischen Schaffen spielten in Ägypten ästhetische Gesichtspunkte keine Rolle. Malerei und Skulptur trugen ihren Sinngehalt nicht in sich, sondern allein in ihrem magischen Bezug. Der Bildhauer hieß «der lebendig macht», und seine Tätigkeit wurde mit dem Wort «gebären» bezeichnet. Die Bilder sollen nicht nur Abbild sein, sondern selbst Leben in sich tragen oder das Leben des Dargestellten auf unbegrenzte Zeit erhalten. Sollte trotz aller Vorsorge die Mumie eines Menschen verwesen oder geschändet werden, so kann der Ka, dieses zweite Ich, in einem Bild von sprechender Ähnlichkeit eine Zuflucht finden. Die Statuen konnten jedoch auch als Weihegeschenk in einem Tempel aufgestellt werden, damit der Verstorbene an den lebenspendenden Riten teilzunehmen vermochte. Die Grabmalereien dienten dazu, dem Toten seinen Besitz in die Ewigkeit hinein zu verlängern. Was der Abendländer als nur symbolisch ansprechen möchte, hat beim Ägypter Realitätscharakter. Auch die Götterbilder sind Träger der Wirklichkeit; so heißt es von Amun: «seine Seele ist im Himmel, sein Leib ist im Westen (– das bedeutet im Totenreich –), sein Bild aber an seinem Kultort.» Und von Osiris: «er kommt als Geist... er erblickt sein Heiligtum. Er sieht seine geheime Gestalt an ihren Platz gemalt, seine Figur auf die Mauer graviert; da tritt er ein in seine geheime Gestalt, läßt sich nieder auf sein Bild.»

Blumen

Den Göttern und Toten wurden Blumen dargebracht. In Sträußen vereinigt, dienten sie als Opfergabe. Der siegreich heimkehrende König wird mit Blumen empfangen. Verschiedentlich wurden die Blumensträuße in Halter gestellt, die die Form der Lebensschleife hatten. Dieser Brauch weist auf eine tiefere Bedeutung. In den Sträußen denkt man sich die Götter selbst gegenwärtig; in dem Duft der Blumen offenbart sich der göttliche Wohlgeruch. Blumen sind auch Träger von Gottheiten, so erscheint der Schöpfergott

Harsomtus (in Gestalt eines Kindes oder einer Schlange) auf dem Lotos, und Uto – in Anlehnung an sie auch Hathor – wird als «die auf ihrem Papyrus» bezeichnet. Schließlich ist noch die Blume anzuführen, die hinter dem Gotte Min auf einem kleinen Tempel steht.

Der Name für Strauß hat im Ägyptischen den gleichen Lautbestand wie das Wort Leben. Blumensträuße sind ein Symbol des Lebens und spielen deshalb im Totenkult eine wichtige Rolle. Bilder aus dem Neuen Reich setzen gelegentlich an die Stelle des verklärten Toten einen Strauß, womit doch wohl angedeutet werden soll, daß der Verstorbene in den ewigen Frühling eingegangen ist. Als Symbol der Lebensentfaltung ist die Blume mit dem Weltbeginn verbunden: der Lotos war die Blüte, die aus dem Urwasser auftauchte.

Blut

Den «Ausflüssen» der Gottheit wird schöpferische Kraft zugesprochen. Von den Göttern Hu und Sia erzählt der Mythos, daß sie – während der Beschneidung von Re – aus herabfallenden Blutstropfen entstanden. Aus dem Blut des Erdgottes Geb kommt die Zeder hervor, und aus den Blutstropfen des Bata entsprießen zwei Perseabäume. Inwieweit der Isisknoten, im Totenbuch «O Blut der Isis» (Isisblut) genannt, mit dem Blut als Lebensträger zusammenhängt, ist unsicher; vielleicht ist die Auffassung von einer Beziehung zu dem Menstruationsblut der Göttin nicht ganz abwegig.

Bock → Ziege

Bogen

Aus der ältesten geschichtlichen Zeit stammt das Bild von neun Bogenwaffen als Symbol der dem König untertanen Völker. Die oberägyptische Landesgöttin Nechbet führt den Beinamen «die, welche die Bogen zusammenbindet» – ein Hinweis für die Vereinigung mehrerer Völker oder Volksstämme unter der Herrschaft des Königs. Im Totentempel Sesostris I. bei Lischt wird der Triumph des Königs über seine Feinde dadurch veranschaulicht, daß er auf neun Bogen steht. Der Bogen ist ein das Wesen der Kriegsgöttin Neith kennzeichnendes Attribut.

Brettspiel

Ursprünglich dürfte das Brettspiel ein symbolischer Hinweis auf den Kampf zwischen den kosmischen Mächten gewesen sein. Ein Nachklang davon ist noch in einer von Plutarch erzählten Geschichte zu finden. Danach soll die auf ehelichen Abwegen ertappte Himmelsgöttin Nut von ihrem Gatten, dem Sonnengott Re, verflucht worden sein, so daß sie nur an einem Tage gebären könnte, der nicht im Kalender steht. Da wandte sich Nut an den klugen Thot, welcher zur Mondgöttin ging und ihr im Brettspiel je ein Siebzigstel von jeder Tageslänge abgewann und daraus fünf neue Tage bildete, während welcher Nut gebären konnte. Im Neuen Reich nahm die magische Bedeutung überhand; die Brettspiele wurden den Verstorbenen zur Sicherung des Jenseitslebens mitgegeben. Aus dem Gewinnen im Spiel – wobei die einzelnen Felder mit göttlichen Personen verknüpft wurden – folgerte man einen glücklichen Ausgang des Weges ins Jenseits.

Brot

Das auf den Altar gebrachte Brot wurde von Priestern gesegnet und galt dann als heiliges Brot. Die Darbringung des Opfers konnte eine direkte Verbindung mit der Gottheit herstellen; auf einer Statue eines Priesters von Der el Bahri steht geschrieben: «Legt Kuchen vor mich, daß ich zu Hathor spreche.» Die zentrale Stellung des Brotes als Opfergabe zeigt sich in einem Papyrustext, nach dem die geheiligten Brote in der Pupille des Horusauges – allgemein Symbol des Opfers – gefunden werden.
Als Totenbeigabe nahm Brot eine wichtige Stelle ein; als Naturalgabe fand es sich auch im Grabe Tut-ench-Amuns. Im Totenbuch (Kap. 108) heißt es: «Ich sehe die Götter mir entgegenschreiten, sieben Brote tragend, die mir bestimmt sind, die mir das Leben verleihen.» Den Toten hungert nach dem Brot des Lebens, wenn er Re anfleht: «Ich komme zu dir, sei gnädig, Antlitz des Re... Gib mir Brot, denn ich hungre.» Häufig sind auf den Opfertischen zuunterst runde oder ovale Brote bzw. Kuchen.

Bukranien

In der Vor- und Frühzeit herrschte der Brauch, den Göttern geweihte Bauwerke und Altäre mit den Schädeln geopferter Rinder (oder Antilopen) zu schmücken. Diese Bukranien sollten wahrscheinlich ein Abwehrmittel gegen die bösen Mächte sein. In der geschichtlichen Zeit werden nur noch vereinzelt die Schädel der Opfertiere angebracht, hier können auch die auf Stangen gesetzten Rinderköpfe am Eingang zum Grabe Ramses III. angeführt werden. Das Kultsymbol der Hathor, «Bat mit den zwei Gesichtern», hatte ursprünglich statt der menschlichen Häupter zwei Rinderköpfe; die Hathorsäule läßt sich auf diesen Stabfetisch zurückführen.

Cheker-Zeichen

Die sogenannten Cheker-Zeichen sind Nachbildungen von Knoten, durch die Pflanzenstengel an einen Holzrahmen befestigt waren, um so als Wand zu dienen. Die Zeichen sind an Tempel- und Grabkammerwänden in Deckennähe angebracht und haben neben ihrer dekorativen Aufgabe noch eine symbolische Bedeu-

Cheker-Zeichen.

tung: hinzuweisen auf das Götterhaus der Vorzeit, auf das Reichsheiligtum. Die Cheker-Zeichen sind somit ein Rückgriff auf die Zeit des Ursprungs, in welcher die Götter über Ägypten herrschten.

Chepre

Chepre bezeichnet den Skarabäus als Urgott. Er ist «der (von selbst) Entstandene», der ohne Zeugung aus der Erde hervorkam. Schon früh gilt Chepre als eine Erscheinungsform des Atum und wurde schließlich auch mit Re gleichgesetzt. Der käfergestaltige Gott steigt als Morgensonne aus der Unterwelt hervor, nachdem er aus dem Schoß (= der östliche Horizont) seiner Mutter Nut (= der Himmel) geboren wurde. Chepre ist auch mit der Auferstehungssymbolik verbunden, so wenn es im Totenbuch (Kap. 83) heißt: «zu Chepre werde ich, in den Urstoff tauchend; ich keime durch die Weltallkraft des Keimens.»

Chnum

Bis in die Frühzeit des Alten Reiches wurde Chnum in der Gestalt eines Widders verehrt, dann jedoch als Mann mit Widderkopf dargestellt. In Elephantine gilt er als der Nilquelle Wächter, der die Überschwemmung hervorbringt. Die wichtigere Funktion ist die des Schöpfers; Chnum gestaltet den Leib des Kindes auf einer

Der Schöpfergott Chnum bei der Erschaffung eines Prinzen und seines Ka auf der Töpferscheibe. Links die Göttin Hathor mit dem Lebenszeichen Anch.

Töpferscheibe und läßt ihn im Samen in den Leib der Mutter gelangen. Sein Beiname ist «Bildner, der belebt». Auch die Götter hat er so erschaffen. Er ist der «Vater der Väter, die Mutter der Mütter». Zusammen mit der Geburtsgöttin Heket hilft er bei der Entbindung. Im südägyptischen Esne ist Chnum der Schöpfer aller Wesen, ja, er ist Inbegriff der ganzen Welt. In ihm sind vereinigt Re (Sonne, Himmel), Schu (Luft), Osiris (Unterwelt) und Geb (Erde). So sind vierköpfige Darstellungen von Chnum zu verstehen. Der Name des Gottes dürfte soviel wie Widder bedeuten und bezeichnete zunächst verschiedene Widdergötter, die in geschichtlicher Zeit großenteils zusammenfielen.

Chons

Der Name des thebanischen Gottes bedeutet «Durchwandler». Gemeint ist das Durchwandern des Himmels; denn Chons ist Mondgott. Dargestellt wird er als junger Mann in mumienförmiger Gestalt mit geschlossenen Beinen, auf dem Kopf trägt er die Mondscheibe und die Mondsichel. Durch seine Gotteskindschaft – Vater ist Amun, Mutter ist Mut – verbindet sich Chons mit zwei anderen Göttersöhnen: mit Schu, dem Himmelsträger, und mit dem Königsgott Horus. Von letzterem übernimmt er die Symbole der Herrschaft, Krummstab und Geißel. In Anlehnung an den Falkengott Horus erhält Chons oft selbst einen Falkenkopf, wobei die Mondscheibe über der Mondsichel zur Sonnenscheibe wird. Unter der Bezeichnung «Chons das Kind» ist eine Form des jugendlichen Sonnengottes zu verstehen, der zum Schutz gegen böse Tiere angerufen wurde. In dieser Eigenschaft wurden Chons und Horus auf Krokodilen stehend dargestellt. Als «Chons der Ratgeber» (von den Griechen Chespisichis genannt) ward er in Krankheitsfällen um Hilfe angerufen.

Dämonen

Die Ägypter hatten für die Dämonen keinen eigenen zusammenfassenden Namen, sondern stellten sie unter den Allgemeinbegriff der Götter und versahen sie in der Schrift mit dem Gottesdeterminativ. Neben guten Dämonen, wie z. B. zwerghaften männlichen Wesen (vgl. Bes), überwiegen doch die bedrohlichen, Krankheit, Unheil und ewigen Tod bringenden Mächte, die ihr Wesen im Dunkel treiben; ihrer Abwehr dient im alltäglichen Leben das Schlagen von Zweigen in der Luft und das Entzünden von Fakkeln. In der Sprache des Kultes verbergen sich die bösen Dämonen hinter dem Namen des Seth.

Eine besondere Rolle spielen die Dämonen im Totenglauben. Hier ist zunächst jenes weibliche Monstrum namens Ammit («Totenfresser») zu nennen, dessen Vorderteil einem Krokodil, dessen

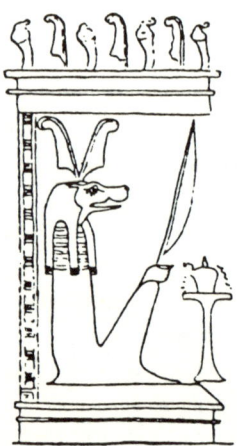

Mit einem Messer bewehrter dämonischer
Wächter vor einem Tor zur Unterwelt.

Mittelteil einer Raubkatze und dessen Hinterteil einem Nilpferd ähnlich ist und das den beim Jenseitsgericht nicht bestehenden Toten verschlingt. Dämonischen Charakter haben auch die 42 dem Osiris assistierenden Totenrichter und die an Toren und Wegen der Unterwelt stehenden oder sitzenden Wächter; sie «leben von den Übeltätern und trinken ihr Blut»; der Tote erzwingt sich ihnen gegenüber mit den (im Totenbuch enthaltenen) Formeln seiner «Rechtfertigung» den Eingang in das Jenseits. Attribute der Dämonen sind Messer, Schlangen und Feuerfunken, aber auch Szepter als Zeichen ihrer Macht.

Djed, Djedpfeiler

Der Djedpfeiler ist ein prähistorischer Fetisch, dessen Bedeutung noch immer nicht restlos geklärt ist. Vielleicht ist er die stilisierte Nachbildung eines entlaubten Baumes, oder es soll ein mit Kerben versehener Pfahl sein. Am wahrscheinlichsten ist die Auffassung, daß der Djed ursprünglich ein Pfahl war, um den stufenweise Getreideähren kreisförmig gebunden wurden. Der Pfeiler spielte bei ländlichen Fruchtbarkeitsriten eine Rolle; er war ein Machtzeichen, in dem die Kraft des Getreides bewahrt werden sollte. Dar-

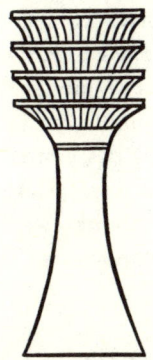

Djedpfeiler.

über hinaus wurde er ganz allgemein zum Symbol für «Dauer» und ging als solches auch in das Schriftbild ein. In Memphis gab es schon im Alten Reich eigene Priester des «ehrwürdigen Djed», ja, der memphitische Hauptgott Ptah wurde selbst als «ehrwürdiger Djed» bezeichnet. In Memphis entstand auch das Ritual von der «Aufrichtung des Djedpfeilers», welches der König mittels Strikken und unter Beihilfe von Priestern selbst vornahm; die symbolische Handlung deutet auf die erhoffte Dauer des Königtums.

Osiris als Djed.

Durch die Gleichsetzung des Ptah mit dem Nekropolengott Sokaris und des letzteren wieder mit Osiris wurde mit Beginn des Neuen Reiches der einstige Fetisch zu einem Symbol des Osiris. Dabei wurde der Djed als Wirbelsäule des Gottes gedeutet. In

Gleichsetzung des Toten mit Osiris zeigen Sargböden aus dem Neuen Reich an der Stelle, wo des Toten Rückgrat liegt, häufig einen aufgemalten Djedpfeiler. Die Aufrichtung des Pfeilers symbolisiert neben der oben aufgezeigten Bedeutung auch den Sieg des Osiris über seinen Widersacher Seth, der den Djed «auf die Seite gelegt hat». Durch seine Einmündung in die Jenseitssymbolik wird der Djed schließlich zu einem sinnreichen Schmuck der Toten.

Dreiheit → Triade

Dualismus

Der Ägypter erlebte das Zwiefache weniger unter dem Aspekt des Gegensatzes als unter dem der Ergänzung. Das Gewahrwerden der Zweiheit ist nichts anderes als eine Entfaltung der Einheit. Was der Abendländer als Gegensatzsymbolik auffaßt, ist dem Ägypter Ergänzungssymbolik. Eines der schönsten Beispiele ist das Bild der Sonnenbarke. In Wirklichkeit ist die Barke die Mondsichel, die die Sonnenscheibe trägt. Die Zusammengehörigkeit von Tag- und Nachtgestirn zeigt sich auch beim Apisstier, zwischen dessen Gehörn (= Symbol der Mondsichel) die Sonnenscheibe ruht; ähnlich beim Kopfschmuck der Göttinnen Hathor und Isis. Wie auf mythologischer Ebene Osiris und Isis zusammengehören, so auf irdischer Mann und Frau; und der Kampf zwischen Horus und Seth entspricht dem Auf- und Abwogen von Licht und Finsternis. Himmel und Erde sind keine Gegensätze, sondern ergänzen sich zum Weltganzen, wie auch die «beiden Länder» in ihrer Einheit Ägypten bilden. Durch das Gesetz der Dualität wurden selbst Gottheiten in einen oberägyptischen und in einen unterägyptischen Vertreter gespalten; so der Nilgott und die Göttin des Kultgesanges namens Meret, die jeweils durch die ober- bzw. unterägyptische Wappenpflanze (Lilie bzw. Papyrus) auf ihrem Haupt gekennzeichnet waren. Das Totenreich war doppelt (Amenti und Duat), wie auch das Paradies (Sekht-Hotep und Sekht-Jaru).

Ei

Als Sitz des aus ihm hervorgegangenen Lebens spielt das Ei eine Rolle in den Vorstellungen über den Weltbeginn. Nach altem Mythos war der erste Gott aus einem Ei entstanden, das im Sumpfdickicht lag. Im Totenbuch wird von dem «verborgenen» Ei des «großen Schnatterers» gesprochen, wobei unklar ist, an welchen Gott gedacht wurde (möglich wäre der Erdgott Geb, aber auch Amun). Nach einer anderen Stelle des Totenbuches (Kap. 77) kam der Sonnengott selbst als Falke aus dem Ei hervor, und schon in den Sargtexten des Mittleren Reiches heißt es: «O Re, der sich in seinem Ei befindet.» Als Urheber des Eis wird Ptah angesprochen; Bilder zeigen den Gott, wie er das Ei auf der Töpferscheibe formt. Beliebt waren eiförmige Amulette, durch die man sich die Kraft des in ihm ruhenden Urgottes aneignen wollte. Solche Amulette wurden auch den Toten mitgegeben. Bedeutungsvoll ist die Bezeichnung des inneren, mumienumschließenden Sarges als «Ei», woraus eine Jenseitshoffnung abzulesen ist.

Erdhacken

Das Erdhacken war den Ägyptern eine symbolische Opferhandlung. Beim Fest des Totengottes Sokaris, der mit Osiris kontaminierte, zogen schwarze Rinder den Pflug, während ein Knabe Gerste, Flachs und Spelt aussäte. Der Mythos erzählt, daß bei dem Erdhacken des Gottesfeldes bei Busiris Seth und seine Anhänger in Gestalt von Ziegen das Werk stören wollten; doch die über Osiris wachenden Götter schlachteten die Ziegen und düngten mit ihrem Blut die Erde. Der Ritus des Erdhackens weist aber auch auf den Tod des Osiris hin, der in der Symbolgestalt des Kornes in die Erde gesenkt wird. Und wenn in Busiris anschließend an die Aussaat Ziegen über das Feld getrieben werden, um das Korn einzustampfen, so ist dies eine bewußte Anspielung auf die typhonischen Mächte. Der Ritus des Erdhackens wurde sinnbildlicher Ausdruck von Tod und Beerdigung des Osiris, darüber hinaus durch das keimende Korn ein Hinweis auf die Auferstehung.

Esel

In der Redeweise des Ägypters ist der Esel eine Metapher des geplagten Lastträgers. Im Jenseits gibt es eselsköpfige Dämonen, die die Tore der Unterwelt bewachen. Mit wenigen Ausnahmen erscheint der Esel als Widersacher der göttlichen Mächte. 77 Esel stellen sich der Sonne entgegen, um ihr den morgendlichen Aufgang zu verwehren. Schon im Mittleren Reich werden die das Korn vom Felde schleppenden Tiere als dem Seth zugeordnete Wesen betrachtet, die den im Korn gegenwärtigen Osiris wegtragen. Mit der Verfemung Seths wird sein Tier zum Sündenbock. Seit dem Neuen Reich gehört zu einem Osirisfest ein Ritus, bei welchem der «Esel des Seth» mit einer Lanze niedergestochen wird. In Busiris begnügt man sich mit einem symbolischen Opfer, indem man das Bild eines Esels auf die Opferbrote drückt. Um die typhonische Macht dieses Tieres unschädlich zu machen, wurde die Hieroglyphe «Esel» mit einem zwischen den Schultern steckenden Messer versehen.

Fächer

Neben der praktischen Bedeutung als Schattenspender und Luftbeweger hat der Fächer auch einen Symbolwert. Er ist Mittler des göttlichen Schutzes und ist bei bildlichen Darstellungen häufig hinter den heiligen Tieren zu finden. Der Fächer gehört zu den Kultsymbolen des Fruchtbarkeitsgottes Min. Schließlich ist der Fächer ein Sinnbild für den Schatten des Menschen, den er – in Verbindung mit dem Ba-Vogel – andeutet.

Falke

Der hohe Flug und die kühne Angriffsfreudigkeit des Falken räumten ihm in der kultischen Verehrung eine besondere Stelle ein. Bereits in der Pyramidenzeit dient das Bild des Falken in der Schrift als allgemeines Gottesdeterminativ. Als König der Lüfte wird der Falke das heilige Tier des Königs der Götter, Horus, und auch ein Symbol des göttlichen Königtums. So sind Falkenstatuen

Der falkenköpfige Gott Horus.

mit der Doppelkrone auf dem Haupt zu verstehen (z. B. im Horustempel zu Edfu). Horus ist der Himmelsgott, der mit seinen Fittichen die Erde beschützt. Neben ihm gibt es noch andere Falkengötter: den falkenköpfigen Kampfgott Month mit einer hohen Doppelfederkrone, den Sonnengott Re mit der Sonnenscheibe auf dem Haupte und den Totengott Sokaris. In Gleichstellung mit Horus als Himmelsgottheit wird Hathor als Falkenweibchen bezeichnet. In der Pyramidenzeit wird die Himmelfahrt eines Königs als Flug eines Falken dargestellt; auch der Ba-Vogel (= das Bild für die Seele) wird in der Regel in Gestalt eines Falken gezeichnet. In der ägyptischen Spätzeit haben die mumienförmigen Särge oder die Mumien selbst häufig eine Falkenmaske.

Farben

Das Wort «Farbe» bedeutet den Ägyptern gleichzeitig «Wesen»; die Farbe ist nichts Zufälliges, sondern etwas Arteigenes. Wenn es von den Göttern heißt, daß man ihre Farbe nicht kennt, dann besagt das die Unergründlichkeit ihres Wesens. In der Malerei wird den Farben über die flächenfüllende Funktion hinaus auch Bewegungscharakter zuerkannt; so steht dem aggressiven lebenfördernden und zugleich lebenbedrohenden Rot das in sich zurücksinkende und doch wieder ins Unendliche ausfließende Blau gegenüber. Die blaue Bemalung des Amun deutet auf sein kosmisches Wesen. Andere Götter tragen blaue Perücken oder blaue Bärte. Die Ambivalenz der Farben zeigt sich besonders im Schwarz: Hinweis auf den Tod und die Unterwelt, zugleich aber auch auf die Wiedergeburt. Die Farbe ist auch ein Mittel zur Unterscheidung; den rotbraunen Männern werden die hellgelben Frauen gegenübergestellt. In dieser Weise werden schon die Statuen des Rahotep und der Nofrit zu Beginn der 4. Dynastie bemalt.

Als farbliches Gegensatzpaar gelten Rot und Weiß; in ihrer Zusammenstellung sind sie Ausdruck der Ganzheit, der Vollkommenheit. Die weiße Krone Oberägyptens und die rote Krone Unterägyptens wurden von dem einen Herrscher über ganz Ägypten in Gestalt der Doppelkrone getragen. Brot aus weißem Getreide bereitet und Bier aus rotem Getreide gebraut, bilden Speise und Trank in der Unterwelt. Bei Nilpferden wird das «rote», männliche Tier (als feindlich verfemt) vom «weißen» weiblichen Tier (hilfreich und heilig) unterschieden.

Fell

Tierfelle sind ein wichtiges Requisit bei der äußerlichen Verwandlung, durch die der Mensch ja letztlich eine innere Wandlung andeuten beziehungsweise erreichen will. Das Fell ist dabei Symbol des Übergangsstadiums. Als Schriftzeichen für Geburt dienen drei Fuchsfelle. Der über die Geburt wachende Schutzgeist Bes trug zunächst ein Löwenfell auf dem Rücken, später ein Pantherfell auf der Brust. Mit dem Fell, unter dem der Tekenu (d. i. die Ersatzfigur des Toten) lag, dürfte der Gedanke der Wiedergeburt verknüpft gewesen sein. Den für das Weiterleben nach dem Tode so

Das Schriftzeichen für «Geburt», bestehend aus drei zusammengeknüpften Fuchsfellen.

wichtigen Ritus der Mundöffnung vollzog der sogenannte Sempriester; als Amtstracht trug er ein Pantherfell. Mehrere Sarkophage aus dem Alten Reich zeigen auf ihrer Deckplatte das Relief eines Pantherfells.

Feuer

Die religiöse Bedeutung des Feuers beruht auf dem Erlebnis seiner als zerstörend, aber auch als wohltätig empfundenen Macht. Das alles verzehrende Element verkörpert sich in der Uräusschlange, die das feuerspeiende Auge des Sonnengottes ist. Ein Mythos bezeichnet die Heimat und Geburtsstätte des Sonnengottes als «Flammeninsel», sicher eine bezeichnende Metapher für die Morgenröte, aus der alltäglich das Licht der Sonne hervorbricht.

Die Flamme galt als Sinnbild der Reinheit und der Reinigung; sie vertreibt die Macht des Seth und vertilgt das Böse. Unter den Attributen der nilpferdgestaltigen Schutzgöttin Toeris findet sich eine Fackel, deren Flamme die gefährlichen Dämonen bannen soll. Um die Verstorbenen von ihrer irdischen Befleckung zu reinigen, wurden sie in der Spätzeit häufig verbrannt.

Die unheimliche, zerstörende Macht des Feuers spielt in den

Jenseitsvorstellungen der Sargtexte eine große Rolle: Feuerströme und feuerspeiende Wesen bedrohen das Weiterleben nach dem Tode und erinnern geradezu an mittelalterlich-christliche Höllenvisionen. Andererseits vermag der Tote die dämonischen Mächte des abgründigen Jenseits zu überwinden, wenn er sich selbst in eine züngelnde Flamme zu verwandeln vermag. In der 59. Szene des Pfortenbuches sind die Verdammten wehrlos dem Gluthauch der Riesenschlange Wamemti ausgesetzt, die bereits im Amduat als feuerspeiende Schlange erscheint. Götter mit dem Zeichen «Feuer» auf Haupt bzw. Perücke verzehren die Feinde des Sonnengottes. Im Amduat (5. Stunde) deuten rote Wellenlinien den «Feuersee» an, dessen Glut die Verdammten vernichtet, dessen Wasser aber die seligen Toten erquickt.

Finsternis

Das undurchdringliche Dunkel gehört zusammen mit dem Wasser zu den Urwirklichkeiten. Nach einem ptolemäischen Text ist Kuk, der Gott der Finsternis, die erste Gestaltwerdung aus der noch amorphen Urfinsternis. Mit dem Hervorkommen des Lichtes – als Sonne auf dem Urhügel oder als Sonnenkind aus der Lotosblume – wird die geordnete, gestaltete Welt sichtbar, die aber immer wieder mit den chaotischen, den Göttern und dem Leben feindlichen Mächten der Finsternis kämpfen muß. Der Herrschaftsbereich des Pharaos erstreckt sich «bis zum Bereich der Urfinsternis», wie es öfters in Texten des Neuen Reiches heißt. In der Finsternis haust der Sonnenfeind Apophis. In der 10. Stunde des Amduat schärft der Sonnengott seinen Bewaffneten ein: «Flink seien eure Pfeile, spitz eure Speere und gespannt eure Bögen, damit ihr mir meine Feinde bestraft, die in der Finsternis außerhalb des Horizontes sind.» Die verdammten Toten müssen in ewiger Dunkelheit weilen; «sie sehen nicht die Strahlen des Sonnengottes und hören seine Stimme nicht; sie sind in der Finsternis» (Höhlenbuch). Als Herrscher der Unterwelt ist Osiris zwar Oberhaupt der Finsternis, die er aber – wie der selige Tote – zu überwinden hofft.

Fisch

Die Fische galten allgemein als unreine Tiere; geweihten Personen wie dem König, den Priestern und den verklärten Toten durften sie nicht als Nahrung gereicht werden. Mit der Ausbreitung des Osirisglaubens wurden die Fische dem bösen Seth zugesellt. Nach einer Überlieferung Plutarchs glaubte das Volk, daß der Lepidotos (Nilkarpfen), der Oxyrhinchos (Mormyrus) und der Phragos (eine Brassenart?) gemeinsam den Phallus des zerstückelten Osiris gefressen haben. An bestimmten Festtagen wurden daher den Göttern Fische geopfert, indem man diese typhonischen Tiere verbrannte oder zerstampfte.

Andererseits galten die Fische auch wieder als heilige Tiere. In Mendes wurde die Göttin Hatmehit als «Erste der Fische» verehrt; der Fisch, den sie als Symbol auf ihrem Haupt trägt, ist nicht genau bestimmbar (Delphin oder Schilbe?). Der Latos (Nilbarsch) war der Neith geweiht. Besondere Verehrung fand der Oxyrhinchos, der entgegen oben erwähnter Überlieferung ein Osiristier ist, da er aus den Wunden des Gottes entstanden sein soll. Dieser Fisch wurde auch der Hathor von Esne zugeordnet und findet sich deshalb ab und zu mit der Hathor-Krone dargestellt. Fische wurden sogar in Beziehung zur Sonne gesetzt: der Chromis mit seinen rötlichen Flossen und der lapislazuliblaue Abdu (Abydosfisch) geleiten die Sonnenbarke und melden das Nahen der feindlichen Schlange.

Fliege

Im Alten und Mittleren Reich hat die Nachbildung der Fliege Amulettcharakter. Das Insekt findet sich auch auf Zauberstäben. Im Neuen Reich droht ein Zauberer: «Ich dringe in deinen Leib ein als Fliege und sehe deinen Leib von innen.» Berichte aus dem Neuen Reich lassen die – bekanntlich nicht leicht abzuwehrende – Fliege als Symbol der Tapferkeit erscheinen; bewährte Soldaten wurden mit der Verleihung goldener Fliegen ausgezeichnet.

Flügel

Das Bild des seine Flügel schützend über seine Jungen ausbreitenden Vogels führte zu der Vorstellung, daß der Himmelsvogel, hinter dem sich die Gestalt des Himmelsgottes verbirgt, seine Schwingen ebenso über den König hält. Bekannt ist die Statue des Königs Chephren, dessen Haupt von dem hinter ihm sitzenden Falkengott Horus beschützt wird. Spätere Darstellungen zeigen die oberägyptische Landesgöttin Nechbet, wie sie mit ihren ausgebreiteten Flü-

Die ihre Flügel zum Schutz ausbreitende Geiergöttin Nechbet.

geln den Pharao schützt. Auch der Tote bedarf des göttlichen Schutzes, und so umspannen die vier Göttinnen Isis, Nephthys, Neith und Selket mit ihren durch Flügel verlängerten Armen den Sarkophag. Eines der beliebtesten Motive auf den Sargdeckeln des Neuen Reiches war die ihre Flügel ausbreitende Himmelsgöttin Nut. Isis hat den toten Osiris wieder zum Leben erweckt, indem sie ihm mit ihren Fittichen Luft zufächelte.

Flügelsonne

Eine alte Himmelsvorstellung war, daß die Fittiche eines Falken sich über die Welt erstrecken. Eine Zeichnung auf einem Kamm aus der 1. Dynastie zeigt die Sonnenbarke (mit dem Horusfalken) auf einem Flügelpaar als Bild des Himmels. Von der 5. Dynastie an wird zwischen die beiden Flügel die Sonnenscheibe gesetzt. Damit wird das Sinnbild für den Himmel zu einem solaren Symbol. Ursprünglich eignete die Flügelsonne dem Gott Behedti (mit dem Beiwort «der Buntgefiederte»), der jedoch schon früh mit Horus zusammenfiel. Damit rückt Behedti auch in die Rolle des mit Horus identifizierten Königs. Zur Königssymbolik gehören die beiden Uräen, die gegen Ende des Alten Reiches die Sonnenscheibe um-

Flügelsonne.

winden; ja es gibt Darstellungen des Neuen Reiches, bei denen die Schlangenköpfe die oberägyptische beziehungsweise die unterägyptische Krone tragen. Als Schutzzeichen erscheint die Flügelsonne seit dem Mittleren Reich besonders über den Tempeltüren und als krönender Abschluß auf Denksteinen.

Frosch

Der Frosch ist ein chthonisches Tier und weist auf die Kräfte der Lebensentstehung. Die männlichen Urgottheiten von Hermopolis werden öfters froschköpfig dargestellt; der Frosch ist auch das heilige Tier der Geburtsgöttin Heket. Die zahlreichen, im ältesten Bezirk des Chontamenti-Tempels zu Abydos gefundenen Froschfigürchen aus Fayence, Stein oder Elfenbein dürften Weihegaben an Heket gewesen sein. Das Bild des Frosches wurde auch auf Zaubermessern des Mittleren Reiches angebracht, die als magischer Schutz über den Mutterleib der Frau oder über das neugeborene Kind gelegt wurden. Schließlich wäre noch der Frosch zu erwähnen, der auf späteren Bildern ein Begleiter des die Fruchtbarkeit gewährenden Nilgottes ist. In der Spätzeit wird das Bild des Frosches zu einem Symbol der Wiedergeburt – vom frühen Christentum aufgegriffen und mit der Beischrift «Ich bin die Auferstehung» versehen.

Gans

Durch die Symbolik des Eies wird die Gans in den Kreis der Ursprungsmythen gestellt (zumal die ja ebenfalls eierlegenden Hühner erst durch die Kriegszüge Thutmosis III. in Syrien bekannt wurden). Der erste Gott soll aus dem Ei des «großen Schnatterers» hervorgekommen sein. Dieses kosmische Urwesen wird gerne mit dem Urgott Amun gleichgesetzt. Ja, ab und zu wird der Gott selbst als Gans dargestellt. In der griechisch-römischen Epoche findet sich die Gans auch als Attribut des Harpokrates (= Horus als Kind). Da im Opfer der Gedanke der Vertilgung der Gottesfeinde eine Rolle spielte und die Gans eines der beliebtesten Opfertiere war, wurde sie auch als Verkörperung der bösen Mächte, als Symboltier Seths betrachtet.

Garten

Der im Auftrag des Pharao (irdischer Horus) angelegte Garten ist für seinen himmlischen Vater bestimmt. Ein mit Bäumen und Dattelpalmen bepflanzter Garten, «versehen mit Lotos, Papyrus, Schilf und Blumen jedes Landes», gehört zu den Stiftungen Ramses' III. für den Tempel in Heliopolis. In einem von Wüsten umgebenen Land gehört der Garten mit seinem schatten- und früchtespendenden Baumbestand zu den begehrtesten irdischen Gütern, deren Genuß man sich auch in der Zeit nach dem Tode sichern will. Die Grabinschrift für den Wesir Rechmire und seine Gattin lautet: «Nimm dir Lotosblüten, die aus deinem Garten kommen. Man hat ihn dir nicht geraubt... Du erfrischt dich im Schatten seiner Bäume und tust in ihm, was du willst, in alle Ewigkeit.» In den Grabmalereien der hohen Beamten der 18. und 19. Dynastie fallen immer wieder die Gartendarstellungen auf; am häufigsten sind Sykomoren, Dattel- und Dumpalmen wiedergegeben. Der Garten – ein sprechendes Bild für das Leben – wird zum Symbol für das Weiterleben nach dem Tode.

In den jenseitigen Gefilden der Seligen liegt die «Gottesstadt» (Totenbuch Kap. 110); zusammen mit dem Morgenstern wohnen dort die «östlichen Seelen».

Gauzeichen

Gewöhnlich dienten die ursprünglichen Bilder der meist tier-, seltener pflanzengestaltigen Gaugötter oder sakraler Gegenstände als Gauzeichen, die bis in die früh-, ja vorgeschichtliche Zeit zurückreichen. Die an dem Nordwestrand des Deltas und im Süden Oberägyptens liegenden Provinzen entstanden später, weshalb ihre Gauzeichen nicht mehr auf Standarten stehen. Die Gaue wurden nach ihren Symbolen benannt; als Beispiel seien die unterägyptischen Gauzeichen auf Tafel II angeführt. Besondere Bedeutung erlangte das Zeichen des 8. oberägyptischen Gaues als Osiris-Symbol (siehe dort). In den ägyptischen Tempeln wurden die Gausymbole über den Köpfen der nun als Personifikation des Gaues menschengestaltigen Gaugötter dargestellt: auf der südlichen Tempelmauer die 22 oberägyptischen, auf der nördlichen Mauer die 20 von Unterägypten. Die letzteren Zeichen sind folgende:

1. «Weiße Burg» nach der Hauptstadt Memphis – neben dem Ideogramm für «Mauer» steht das Schriftzeichen für «weiß».
2. «Schenkel». Hauptstadt Letopolis – ursprünglich die als Opfer dargebrachte Rinderkeule.
3. «Westgau» – Gauzeichen ist das Schriftbild für «Westen» (in anderen Wortzusammensetzungen auch ohne Vogel).
4. «Südlicher Schild» – Schild der Göttin Neith, daneben die stilisierte Binse als Zeichen für «Süden».
5. «Nördlicher Schild» – die Papyruspflanze deutet auf «Norden».
6. «Bergstier» – Zeichen für «Berg» und «Stier».
7. «Harpune», westlicher Gau – neben dem Boot mit der Harpune das Zeichen für «Westen».

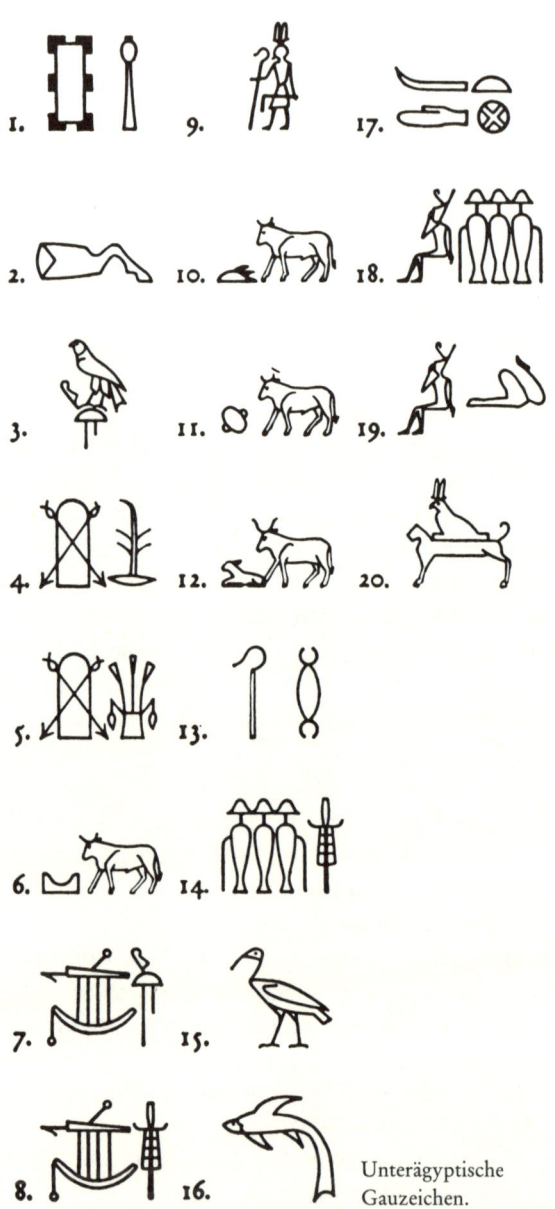

Unterägyptische Gauzeichen.

8. «Harpune», östlicher Gau – neben dem Boot mit der Harpune das Zeichen für «Osten».
9. «Anezti», d. i. der Name des Gaugottes. Hauptstadt Busiris.
10. «Schwarzer Stier». Hauptstadt Athribis.
11. «Heseb-Stier».
12. «Kuh mit Kalb». Hauptstadt Sebennytos.
13. Name nicht eindeutig geklärt; teils «Unversehrtes Szepter», teils «Beherrscher des Anezti» gelesen. Hauptstadt Heliopolis.
14. «Ostgau» – eigentlich «Vorderer Ostgau», da neben dem Zeichen für Osten das Schriftbild für «vor, vorne, vorder» (im Bild des Krugständers) steht.
15. «Ibis». Hauptstadt Hermopolis.
16. «Spitze der Fische». Hauptstadt Mendes – Gauzeichen bildet der Fisch Lepidotos. Gaugöttin ist Hatmehit (mit einem Fisch auf dem Kopf dargestellt).
17. «Behdet», d. h. Thronstätte – das Gauzeichen wird hier nicht durch den heiligen Gegenstand, sondern durch die Zeichen seiner Lautfolge geschrieben: links oben «bh» (im Bild des Zahns), darunter «d», rechts oben «t», darunter das Deutzeichen für «Stadt».
18. «Königskind. Vorderer Gau». Hauptstadt Bubastis – der Krugständer ist das Schriftzeichen für «vorn».
19. «Königskind. Hinterer Gau». Hauptstadt Tanis – das Hinterteil des Tieres bedeutet «Ende».
20. «Sopdu», d. i. der Name des Gaugottes, dessen heiliges Tier ein hockender Falke mit aufragendem Federpaar ist.

Gazelle

Im oberägyptischen Komir (südlich von Esne) wurde die Gazelle als heiliges Tier der Göttin Anuket (griech. Anukis) verehrt. Die Göttin ist fast immer menschengestaltig wiedergegeben; auf einem Ostrakon wird sie in Gestalt einer Gazelle als «Herrin des Himmels» und «Fürstin der Götter» bezeichnet. Für die frühe Verehrung des Tieres spricht, daß bereits die Triumphkeule des Königs

Narmer drei Gazellen in einem Gehege in der Nähe eines Heiligtums zeigt. Welche Symbolbedeutung der Gazelle, die ja zu den Antilopen gehört, im einzelnen zukam, ist ungewiß. Wahrscheinlich war sie ein Bild für Schnelligkeit (– der altmesopotamische Gott Dumuzi verwandelte sich auf seiner Flucht in eine Gazelle –) und im Falle der Anuket für leichtfüßige Anmut. Der seit der 18. Dynastie in Ägypten heimische Kriegsgott Reschef trägt an seiner Krone statt der Uräusschlange einen Gazellenkopf. Als gejagtes Tier wurde die Gazelle auch mit Seth gleichgesetzt.

Geb

Geb ist die Personifikation der Erde. In einem Pyramidentext (308) heißt es, daß der Tote in Geb eintritt. Als Erdgott ist er Träger der Pflanzen, die auf seinem Rücken gedeihen; auch das Wasser quillt aus ihm hervor. Nach altem Mythos zeugte Geb mit der Himmelsgöttin Nut die Sonne. So wird er zum «Vater der Götter»; seine irdische Herrschaft überträgt er zunächst Osiris, dann Horus, und schließlich dem König, der sich deshalb «Erbe des Geb» nennt. Wie alle kosmischen Götter ist Geb anthropomorph dargestellt; sein Schriftzeichen ist allerdings eine Gans, weshalb seine Tochter Isis auch einmal das «Ei der Gans» genannt wird. Es kann auch vorkommen, daß Geb eine Gans auf dem Haupt trägt; sonst ist sein Kopfschmuck meist die unterägyptische Krone. (Abb. siehe Seite 178.)

Gebärden

Der die Gottheit Begrüßende sinkt in die Knie und neigt den Oberkörper zu Boden, den er mit Nase und Stirn berührt; diese Haltung wurde «Erdküssen» genannt. Als eigentliche Gebetshaltungen finden sich das Knien und vor allem das Stehen mit erhobenen Armen, die offenen Handflächen dem Gott entgegengestreckt. Ob der seit der 21. Dynastie verbreitete Gebetsgestus mit seitlich abgestreckten und dann rechtwinklig nach oben gebogenen Armen bewußt an das Ka-Zeichen anknüpft, ist nicht erwiesen.

Von besonderer Bedeutung sind die starr wirkenden Handstellungen bei den Sitzstatuen des Alten Reiches: Während die (nur scheinbar) auf das Knie gelegte Hand nach den Nahrungsmitteln des Opfertisches (bei den Statuen nicht zu sehen) greift, um sich so neue physische Kraft zuzuführen, umschließt die geballte Faust der anderen Hand eine von der Schulter herabhängende Amulettschleife, das spätere sogenannte Isisblut. Diese charakteristische Haltung der Toten im Stadium der Auferstehung wurde auch von den späteren Epochen übernommen. In den Grabmalereien des Neuen Reiches ist die linke Hand nach den Nahrungsmitteln ausgestreckt (nun sichtbar über und nicht auf dem Oberschenkel), während die Rechte die Schulterschleife oder eine auf die Wiedergeburt hinweisende Lotosblüte umfaßt.

Gebärziegel

Oft genügten zwei Ziegel der in Hockerstellung Gebärenden als Fußstütze. Diesen sogenannten Gebärziegeln wurde eine schicksalsbestimmende Bedeutung zuerkannt; nach dem Papyrus Rhind soll Thot auf ihnen das Lebensende einritzen. Der Geburtsstein findet sich in der Göttin Meschenet personifiziert. Noch im Leibe der Mutter bildet sie dem Kinde seinen Ka und verkündet bei der Geburt sein Schicksal. Im Götterkreis von Abydos erscheinen vier Meschenet als Dienerinnen der Isis. Neben der anthropomorphen Darstellung wird die Göttin auch in Gestalt eines Gebärziegels mit angefügtem weiblichem Haupt wiedergegeben.

Gefäß

Krug, Kessel, Vase sind weibliche Symbole. Sie stellen – unter tiefenpsychologischem Aspekt – den mütterlichen Körper dar, das Gefäß der Geburt. In einem Pyramidentext heißt es: «NN ist aus seinem Krug hervorgekommen, nachdem er in seinem Krug geschlafen hat. NN erscheint am Morgen» (der Morgen war dem Ägypter ein Bild für den Weltbeginn und für die Geburt). Im Zweibrüdermärchen erwacht das Herz des toten Bata in einem Gefäß zu neuem Leben. Die Himmelsgöttin Nut trägt als Kennzeichen ein kleines kugeliges Gefäß ohne Henkel auf ihrem Haupt. Nut ist das bergende Gefäß aller Gestirne, die aus ihrem dunklen Schoß hervorkommen und wieder in sie eingehen. In der symbolreichen Sprache der Ägypter wurden Sarg und Sargkammer zur Nut.

Weibliche Gottheiten sind die Hüter des Lebenswassers, das in henkellosen Krügen aufbewahrt wird. Weiter sind hier die vier Krüge der Kebhut, der Göttin des Trankopfers, anzufügen. Überhaupt spielen die Gefäße in der Opfersymbolik eine wichtige Rolle. So zeigen zahlreiche Reliefs auf Tempelwänden, wie der König den Göttern in zwei Kugelvasen Milch und Wein darbringt.

Geier

Die oberägyptische Landesgöttin Nechbet wird entweder als Geier dargestellt oder trägt wenigstens die Geierhaube. Als eine Art Wappentier Oberägyptens ist der Geier auch in die Königssymbolik eingegangen. Der Oberteil des Goldsarges von Tutench-Amun zeigt neben der Uräusschlange (Symbol Unterägyptens) den Kopf eines Geiers. Der vom König zu beschreitende Weg zum Allerheiligsten trägt an der Decke den königlichen Vogel mit ausgebreiteten (= schützenden) Schwingen. Geierbilder gehören zur Grabausstattung des Königs und sind von dort in die der Privatleute eingegangen. Der Geier war auch das heilige Tier der jedoch immer anthropomorph dargestellten Göttin Mut, in deren Hauptkultort Theben Geier mumifiziert wurden. In der ägyptischen Spätzeit war der Geier ein Symbol des Weiblichen und stand dem Käfer als Verkörperung des männlichen Prinzips gegenüber; in einer bestimmten Schreibweise dienten die Bilder der beiden

Tiere zusammen zur Kennzeichnung der Göttin Neith oder auch des Gottes Ptah, die als Schöpfergottheiten beide Geschlechter in sich vereinen.

Geißel

Die sogenannte Geißel (ägyptisch nechech) besteht aus einem kurzen Stab mit zwei oder drei herabhängenden Streifen oder Perlenschnüren. Sie wird verschiedentlich als Hirtenpeitsche gedeutet, die durch den Gott Anezti, das «Oberhaupt der östlichen Gaue», zum Herrschaftszeichen erhoben wurde. Eine andere Deutung erblickt in der Geißel einen ursprünglichen Fliegenwedel. Die Geißel ist ein ständiges Attribut der Götter Osiris und Min. Schon im Alten Reich findet sie sich auf den Rücken gottgeweihter Tiere gestellt. Als Herrschaftssymbol dient die Geißel auch den Königen.

Getreide → Korn

Gold

Das Gold (ägyptisch nub) hatte nicht nur einen wirtschaftlichen Wert, sondern auch kultische Bedeutung. Gold galt als Metall der Götter, besonders des strahlenden Sonnengottes. Die Spitze der Obelisken wurde mit Blattgold überzogen. Die Himmelsgöttin Hathor hat den Beinamen «Die Goldene» oder einfach «Das Gold». Und vom König, dem Sohn des Sonnengottes Re heißt es, er ist «Das Goldgebirge, das die ganze Erde überstrahlt». Zu der Titulatur des Königs gehört auch die Bezeichnung «Gold-Horus». Ohne daß es besonders ausgesprochen wird, ist die Unveränder-

Das Zeichen für «Gold».

lichkeit des Edelmetalls ein Sinnbild für das Weiterleben nach dem Tode. Die Werkstätten für die Särge und die königliche Grabkammer haben den Namen «Goldhaus». Die Mumienmasken der Könige und vieler Gaufürsten waren aus reinem Gold. Farbsymbolisch vertritt Gelb – auf den Gesichtsmasken der einfachen Leute – die Vergoldung. In der Spätzeit soll ein «Geier aus Gold, der um den Hals des Verklärten gelegt wird», den Schutz der Isis vermitteln. Auf den Sarkophagen des Neuen Reiches werden die Göttinnen Isis und Nephthys öfters auf den Zeichen für «Gold» (im Bild einer Kette) kniend dargestellt.

Götterschrein → Naos

Gottesstab

Die Götterstäbe sind Stöcke, die mit den Köpfen bestimmter Gottheiten (oder ihrer heiligen Tiere) geschmückt sind; im Gegensatz zu den Standarten stehen die Götterbilder nicht auf einer Standfläche. Die im Allerheiligsten aufbewahrten und bei Prozessionen mitgeführten Stäbe galten nicht nur als Attribut, sondern auch als Offenbarungsträger ihrer Gottheit. Der auf Kriegszügen

Priester trägt den heiligen Stab der Isis.

mitgenommene Stab des Amun – gekennzeichnet durch den Widderkopf mit Uräus – sollte den Herrscher unter göttlichen Schutz stellen. Im Libyenfeldzug führte Ramses III. den heiligen Stab des Amun in einem eigenen Streitwagen mit sich. Horus ist «Herr des Stabes, um seinen Weg zu bahnen»; sein Stab ist oft als Harpune gestaltet, mit der der Gott das dem Seth zugehörige Nilpferd jagt. Aus dem Neuen Reich sind mehrere Darstellungen bekannt, bei denen Priester und Beamte Gottesstäbe in ihren Händen halten. Auf der Abbildung (S. 84) trägt ein Priester (in kurzem Schurz) den heiligen Stab der Isis mit der Sonne auf dem Haupte.

Grab

Die Gräber der Könige und der hohen Beamten bestehen aus drei wesentlichen Teilen.
1. Die Grabkammer, die eigentliche Ruhestätte, von den Ägyptern mit «Goldhaus» umschrieben. Vom Ende der 5. Dynastie ab werden die Texte aus der Totenliteratur an die Wände geschrieben; an der Decke oder in ihrer Nähe stehen Sprüche von der Himmelsgöttin Nut. In späterer Zeit wird das Grab als irdisches Bild des Nachthimmels aufgefaßt, weshalb die Decke öfters mit Sternen bemalt ist. Im Neuen Reich wird in jeder der vier Grabkammerwände ein besonderer Ziegel mit einem Symbol und einem magischen Spruch eingesetzt: Djedpfeiler an der Westwand, ein Uschebti an der Nordwand, ein Schakal nach Osten und eine Fackel nach Süden.
2. Der Kultraum, in dem der Tote auf magische Weise an dem diesseitigen Leben teilnehmen kann, wo er mit Speise und Trank versorgt wird. In vor- und frühgeschichtlichen Grabhügeln fand man regelrechte Speisekammern. In späterer Zeit sollte der Verstorbene durch die magische Kraft des Bildes in den Besitz aller zum Leben notwendigen Dinge gelangen. Das Opfermahl wurde in allen Details an den Grabwänden dargestellt. Auch ländliche Szenen wie Saat und Ernte, Weinlese und Brotbacken dienten die-

sem Zweck. Im Kultraum wurde zu Ehren des Toten Weihrauch abgebrannt. Die symbolische Verbindung zwischen Lebendem und Totem wird durch die Scheintür dargestellt.

3. Der Serdab besteht aus einem, manchmal auch aus mehreren zugemauerten Räumen, in denen die Statue des Verstorbenen aufgestellt ist. Schlitze in Augenhöhe sollen der Statue das Anhören der Gebete und das Einatmen des Weihrauches ermöglichen.

Grab-Beigaben

Die mannigfaltigen Grab-Beigaben erklären sich aus der Vorstellung, daß ein Leben nach dem Tode ähnlich dem auf der Erde möglich sei. So wurden in vor- und frühgeschichtlichen Gräbern Oberägyptens Nahrungsmittel, Geräte und Waffen als Beigaben gefunden. Bald begnügte man sich mit Ersatzbildungen in Form plastischer Modelle (z. B. Häuser und Schiffe) oder gar mit Abbildungen, die auf magische Weise für den Toten in der anderen Welt wirksam werden sollten. Die wichtigsten Stücke der Totenausrüstung wurden vom Ausgang des Alten Reiches ab auf die Wände der Särge und der Grabkammern aufgemalt. Häufig handelt es sich um Dinge, die zum Königsornat gehören und dem Verstorbenen im Jenseits königliche Macht verleihen sollten. Weiter tauchen in diesen sogenannten Geräte-Friesen Werkzeuge, Toilettengeräte, Trinkgefäße und Nahrungsmittel auf.

Greif

Im Bild des Greifen ist die löwenhafte Erscheinungsform des Königs mit der Falkengestalt des Himmelsgottes Horus vereinigt. Der Greif ist schon im Alten Reich Symbol des sieghaften Herrschers, der über die zuckenden Leiber seiner Feinde hinwegschreitet. In ptolemäisch-römischer Zeit werden auch die Sonnengötter Horus und Re als Greif dargestellt. Als dämonisches Wesen mit geflügeltem Löwenleib und Falkenkopf erscheint der Greif bereits auf den Zauberstäben des Mittleren Reiches; vor einen Wagen gespannt, führt er den Jäger zum Sieg über typhonische Tiere. Der Spätzeit galt der Greif als «das mächtigste der Tiere» und als Symbol der vergeltenden Gerechtigkeit; die Ptolemäer ordneten ihn schließlich der griechischen Göttin Nemesis zu.

Grün

«Grüne Dinge tun» bedeutet Gutes hervorbringen, im Gegensatz zu «roten Dingen», die auf Böses weisen. Grün gilt als Farbe der Vegetation, des sprießenden Lebens. Osiris hat als Vegetationsgott (und als Wiederauferstandener) schon in den Pyramidentexten (628) den Beinamen «Der Große Grüne». Der grüne Malachit bedeutet Freude. Die ältere Totenliteratur kennt als Ort der Seligen ein ewig frischgrünendes «Malachitgefilde». Sicher ist es kein Zufall, daß als Amme des Horuskindes die Göttin Uto, die grüne Schlange, die «Papyrusfarbene», angesehen wurde; sie sicherte dem göttlichen Kind Gedeihen und Schutz vor den Nachstellungen des bösen Seth. Da Uto als Erscheinungsform der unterägyptischen Krone galt, wurde letztere auch als «grüne» bezeichnet, obwohl sie eigentlich aus rotem Tuch bestand.

Grundriß

In der für die Götter und die Toten errichteten Architektur lassen sich zwei Grundrißtypen unterscheiden.
1. Der Axialtyp, besonders bei Tempelanlagen. Der Weg führt an den Tortürmen (Pylonen) vorbei in den lichtüberfluteten Vorhof, von dort in die noch helle Vorhalle und in den dämmerigen Säulensaal, bis der Gläubige schließlich an der Pforte des in Dunkelheit gehüllten Allerheiligsten steht. Dort drinnen erhob sich, nur den hohen Priestern zugänglich, in schwarzem Granit das Götterbild. Gleich einem Crescendo steigert sich die Dämmerung zur völligen Dunkelheit, genauso wie sich die Stimmung der lichtbegnadeten

Menschen verdüstert, um in Abkehr von der Welt sich dem göttlichen Abgrund zu öffnen.
2. Der Labyrinth- oder auch Schneckenhausgrundriß. Tempel und Gräber sind Abbilder mythischer Orte und spiegeln deren gekrümmte Wege wider. So sind die gewundenen, in den Felsen gehauenen Gänge der Gräber im «Tal der Könige» zu verstehen, auch wenn um die Tempelzella ein Umgang führt.

Haar

Das Haar gilt bei vielen Völkern als Träger körperlicher, oft auch geheimer Kräfte (erinnert sei an den biblischen Samson). Wenn der ägyptische König einen Gegner besiegt, so wird das dadurch veranschaulicht, daß er ihn beim Schopfe packt. Das Ergreifen des Haares symbolisiert die Unterwerfung des ganzen Menschen nach dem Grundsatz: pars pro toto. Und wenn die um Osiris trauernde Isis sich eine Locke abschneidet, so ist dies wiederum eine symbolische Geste. Übrigens besteht in der Schrift das Deutzeichen für Trauer aus drei Locken. Fraglich ist, inwieweit die Kopfrasur der Priester – als Symbol der Unterwerfung unter die göttliche Macht – hier anzuschließen ist; schon Texte aus älterer Zeit nennen sie «Kahlköpfige». Herodot möchte die Kopfrasur von einer Reinheitsvorschrift herleiten.

Nach alter Überlieferung tragen die Knaben eine lange gelockte Haarsträhne auf der rechten Seite. Die Hieroglyphe dieses zopfähnlichen Gebildes bedeutet geradezu «Kind». Bei bildlichen Darstellungen ist die Haarsträhne ein besonderes Kennzeichen des Horusknaben und des königlichen Prinzen. Bei einer Stelle des Totenbuches (Kap. 115) soll die Jugendlocke vielleicht auf die ewige Jugend hindeuten, wenn der Tote spricht: «denn ich kenne fürwahr das Geheimnis der Locke, welche die Stirn des göttlichen Kindes ziert».

Hah

Hah ist eine Personifikation der Endlosigkeit, zunächst im Hinblick auf den die Erde umspannenden Luftraum. Als Himmelsträger wird er kniend und mit erhobenen Armen dargestellt. Er ist ein Gegenstück zum Luftgott Schu, kann aber auch Amun in dessen

Rückenlehne eines Zeremonienstuhls, dessen vergoldetes Schnitzwerk den Gott der Ewigkeit, Hah, und seine Insignien zeigt.

Funktion als Windgott gleichgesetzt werden. Vor allem verkörpert Hah die Endlosigkeit der Zeit; sein Bild dient zur Schreibung des Zahlwortes «Million», der allumfassenden Vielheit. Als ornamentales Symbol findet sich die Figur des Hah mit einer Palmrippe (Jahreszeichen) auf dem Haupt oder in Händen an Schmucksachen und Geräten.

Halskragen → Ägis

Hand

Den alten Völkern war die Hand Symbol welterschaffender Kräfte. Ägyptische Darstellungen zeigen, wie Ptah, der «Bildner der Erde», mit seinen Händen auf der Töpferscheibe das Weltei formt oder wie in gleicher Weise Chnum den Leib des Kindes gestaltet. Nach der Kosmogonie von Heliopolis entstanden die ersten Geschöpfe, Schu und Tefnut, aus der Samenflüssigkeit, die der Urgott mit seiner Hand erzeugte. In diesem Fall bedeutet die Hand das in der Gottheit ruhende weibliche Element, das in geschichtlicher Zeit verselbständigt wurde. In der Herakleopolitenzeit zeigen Särge das Götterpaar «Atum und seine Hand». Schließlich wurde die «Gotteshand» zu einem Titel für die fiktive Gemahlin des Amun, d.h. für die Königin oder für eine Prinzessin, von der man die Geburt eines Thronerben erhoffte. Ein bekanntes Motiv der Amarna-Kunst ist die Sonnenscheibe (Aton), deren segenspendenden Strahlen in Händen enden. Seit dem Alten Reich dienten Hände als Amulett zur Dämonenabwehr.

Hapi

Als Personifikation des Nils galt Hapi; öfters wurde er auch mit dem Urwasser Nun in Verbindung gebracht. Wie alle kosmischen Mächte ist er von rein menschlicher Gestalt; er erscheint wohlgenährt (Ausdruck der Fruchtbarkeit und Nahrungsfülle) und hat herabfallende Brustmuskeln, die – wohl nicht zu Unrecht – verschiedentlich als weibliches Merkmal einer ursprünglich androgynen Gottheit gedeutet wurden (so von Posener). In einem kosmogonischen Text memphitischer Herkunft heißt es von Hapi: «Die Gestalt des Nils ist es, deren eine Hälfte Mann, deren andere Hälfte Frau ist.» Er ist «Vater der Götter... dessen Ankunft die Menschen in Freude versetzt». Trotz großer Wertschätzung beim Volk besaß Hapi keinen regelmäßigen Kult. Auf Bildern erscheint er in der Regel selbst als einer, der Göttern und Königen Opfer (seine Gaben) darbringt.

Harachte

Unter dem Namen Harachte (d. h. «Horus vom Horizont») ist vor allem der Gott der Morgensonne zu verstehen. Noch in den Pyramidentexten ist er eine von Re getrennte Gestalt, doch fließen beide bald als Re-Harachte zusammen. Unter diesem Namen trat der Sonnengott von Heliopolis seinen Siegeszug an; von ihm hieß es, daß er «die Götter geleitet» (wobei zunächst wohl an seine Eigenschaft als morgendlicher Gott gedacht wurde). Darstellungen in Gräbern zeigen ihn menschengestaltig mit Falkenkopf, der eine uräusumwundene Sonnenscheibe trägt; er sitzt auf dem Maatzeichen. In Edfu galt der Falkengott Horus als wesensgleich mit dem Re-Harachte von Heliopolis.

Harpokrates → Kind

Harpune

Die Harpune wurde nach ihrer Spießform mit Widerhaken «Einzack» genannt. Da sie auch für die Jagd auf das Nilpferd (die Verkörperung gottfeindlicher Mächte) diente, wurde sie unter dem

Namen «Horusspeer» zur Waffe des Horus, der selbst den Beinamen «Harpunierer» erhielt. Als «Horus mit starkem Arm» galt der Gott Onuris, dessen Waffe eine Art Harpunen-Lanze war. Nach einem Pyramidentext (1205/11) führt der göttliche Morgenstern im Kampf gegen himmlische Widersacher einen «Einzack». In einem Teil des Nildeltas, wo die Nilpferde gejagt wurden, erhoben die Bewohner ihre wichtigste Waffe zum Gauzeichen und nannten ihr Gebiet «Harpune» (= 7. und 8. unterägyptischer Gau).

Harsaphes

Der von Plutarch überlieferte Name Harsaphes bezieht sich auf den ägyptischen Herischef (d.h. «der auf seinem See»), ein ursprünglicher Fruchtbarkeitsgott in Widdergestalt. Als «Bild» des Sonnengottes ist Herischef «auf seinem See» (= Urwasser) zu Herakleopolis aufgetaucht. Unter der 9. und 10. Dynastie wurde er mit Re identifiziert und erhielt die Sonne als Kopfschmuck. Da er ebenso mit Osiris gleichgesetzt wurde, kann er auch die Atefkrone tragen. Auf seine ursprüngliche Fruchtbarkeitsfunktion ist es zurückzuführen, wenn Herischef als Spender der Speisen gepriesen wird und an der Spitze Opfer bringender Gottheiten schreitet. Wahrscheinlich besteht auch eine Beziehung des Beinamens «Herr des Ansehens» zu dem als Symbol der Anbetung und des Ansehens dienenden Widderkopf. In der interpretatio graeca erscheint der ägyptische Gott als Herakles.

Hase

Der Hase ist das heilige Tier der Unut, die im 15. oberägyptischen Gau verehrt wurde. Die menschengestaltige Göttin trägt auf ihrem Haupt eine Standarte mit einer liegenden Häsin. Hasenfiguren aus der Spätzeit haben die Bedeutung von Amuletten. Nach Plutarch betrachteten die Ägypter den Hasen wegen seiner Schnelligkeit und seiner vorzüglichen Sinnesorgane als Symbol göttlicher Eigenschaften. Ungeklärt ist die verschiedentlich behauptete Beziehung des Hasen zu Osiris. Sollten Beweise dafür gefunden werden, so könnte eine lunare Bedeutung des Hasen angenommen werden. Der Hase ist bei zahlreichen Völkern ein Mondtier (z. B. bei Chinesen und Azteken).

Hathor

Der Name der Göttin bedeutet «Haus des Horus»; dem entspricht auch ihr Schriftzeichen, das den Horusfalken in einem Hause zeigt. In älterer Zeit galt die Himmelsgöttin als Mutter des Sonnengottes Horus, bis Isis an ihre Stelle gesetzt wurde. Durch die im Delta verbreitete Vorstellung vom Himmel als einer riesigen Kuh erhielt Hathor selbst Kuhgestalt. Eine Plastik aus der 18. Dynastie (jetzt: Ägyptisches Museum Kairo) zeigt, wie Hathor als Kuh den König beschützt. Meistens wird die Göttin menschlich gestaltet, wobei sie das Rindergehörn mit der Sonnenscheibe auf ihrem Haupte trägt. Nach altem Mythos soll Hathor das junge Sonnenkind mit ihren Hörnern zum Himmel emporgehoben haben. Schließlich wurde die Sonnenträgerin selbst mit der Sonne gleichgesetzt, indem man sie als Sonnenauge interpretierte.

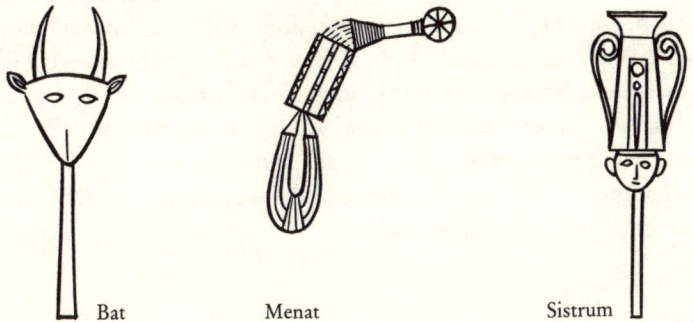

Bat   Menat   Sistrum

Schon im Alten Reich ist Dendera Hauptkultort der Hathor; ihr Kultsymbol ist ein Rundpfeiler, von dem zwei Rinderköpfe herabblicken, in Dendera zwei Frauenköpfe mit Kuhohren. Die Göttin galt als «weibliche Seele mit den zwei Gesichtern». In Theben wurde die kuhgestaltige Hathor als Totengöttin verehrt. Ein Wunsch der Sterbenden war es, «im Gefolge der Hathor zu sein», die auch die untergehende Sonne in sich aufnimmt und sie vor den Mächten der Finsternis bewahrt. Eines ihrer häufigsten Attribute ist das Sistrum, ein Rasselinstrument; Hathor ist auch Göttin des Tanzes, der Musik und der Liebe.

Haus

Zur mütterlichen Symbolik der Hohlräume gehört neben dem Gefäß auch das Haus. Im Ägyptischen war Haus zugleich ein Bild für den Mutterschoß. Hathor ist das «Haus des Horus», Nut das «Haus der Verschlingung», und Nechbet gilt als «Herrin des Großen Hauses», worunter das oberägyptische Reichsheiligtum zu verstehen ist. Der Name Nephthys bedeutet «Herrin des Hauses» oder «Herrin des Gehöftes». Zum weiblichen Elementarcharakter gehört das Beschützen und Bewahren. Gefäß, Haus und Grab deuten so auf die Zentralstellen des weiblichen Lebens: Geburt, Hochzeit und Tod. Isis klagt um den toten Osiris und will ihn zurückrufen: «Komm zu deinem Hause, komm zu deinem Hause, du Pfeiler! Komm zu deinem Hause, schöner Stier, Herr der Menschen, Geliebter, Herr der Frauen!» Eine neuere tiefenpsychologische Deutung erblickt in dem Pfeiler des Osiris verlorenen Phallus. Dieser Blickwinkel würde auch das Wesen des Gottes Inmutef erklären, von dem es heißt, er sei «Pfeiler seiner Mutter». Es wäre dies ein Synonym zu «Stier seiner Mutter», was z.B. von Min behauptet wird – eine Vorstellung, die den Fruchtbarkeitsgott als seinen eigenen Erzeuger erklärt.

Heket

Die in Gestalt eines Frosches oder mit einem Froschkopf dargestellte Göttin Heket wurde besonders in der Stadt Herur als weibliches Komplement des Chnum verehrt. Sie hilft zusammen mit anderen Göttern bei der Bildung des Kindes im Mutterschoß und wacht als «Entbinderin» über die Geburt. Auf Grund ihrer lebenspendenden Kräfte wurde sie in Abydos in den Götterkreis um Osiris eingeordnet; Bilder aus späterer Zeit zeigen sie, wie sie der posthumen Zeugung des Horus beiwohnt.

Herz

Das Herz ist ein Sinnbild des Lebens. Wenn das Herz müde wird, stirbt der Körper. Osiris, «dessen Herz matt ist», liegt im Todesschlaf. Den Verstorbenen ist ihr Herz «davongegangen». Ohne dieses zentrale Organ ist ein Weiterleben nach dem Tode undenkbar. Während bei der Einbalsamierung alle inneren Organe entfernt werden, bleibt das Herz an seinem Platz. Sprüche aus dem Totenbuch sollen gewährleisten, daß der Tote im Jenseits sein Herz wiedererhält: «Sieh dies mein Herz, es weint vor Osiris und flehet um Gnade!» (Kap. 28). Beim Jenseitsgericht legen die Totenrichter des Verstorbenen Herz auf die Waage. Das wahre Wesen des Menschen enthüllt sich im Herzen, das gebeten wird, nicht als Zeuge gegen den Toten aufzustehen, damit «mein Name nicht stinkend und faulend dem Herrscher im Jenseits erscheine». Der auf die Mumie gelegte und in die Binden mit eingewickelte Herzskarabäus sollte als Amulett eine ungünstige Aussage des Herzens verhindern. Das Herz ist auch Sitz des Gemüts und des Verstandes. Der Urgott Ptah hat das Weltall mit seinem Herzen erdacht und ihm durch sein Schöpfungswort Gestalt verliehen.

Hetep-Zeichen → Opfertafel

Hieroglyphen

Die ägyptische Sprache hat für «schreiben» und «zeichnen» nur ein Wort, was für die enge Verbindung von Schrift und Bild zeugt. In einem Text des Alten Reiches werden die Hieroglyphen allgemein «Götter» genannt; in ihnen soll das Unfaßbare bildhaft gemacht werden. Mehrere der alten Bildzeichen haben ihren ursprünglichen Symbolwert beibehalten, so die Ideogramme für Himmel (im Bild des Daches), Gott (Fahnenstange oder Axt?), Sonne, Horizont (Berg mit Sonne), Leben, Seele (Vogelgestalt), Schönheit (im Bild einer Laute), Kraft (Löwenkopf als Stein beim Brettspiel), Stärke, Glück, Gold (Halskette), Herrscher, Fest, Geschenk.

Echte Symbole sind die Hieroglyphen für die Götter: der Falke für Horus, ein Thron für Isis, ein Auge beim Thron für Osiris, ein Wüstentier mit einem Pfeil als Schwanz für Seth, ein Schild mit zwei gekreuzten Pfeilen für Neith, die Kombination der Schriftzeichen für Haus und Herrin für Nephthys, ein auf dem Naos thronender Schakal für Anubis. In gewisser Weise symbolträchtig sind auch Analogiebildungen; etwa wenn die rote Farbe (und auch das Blut!) mit dem Bild eines Flamingos oder die grüne Farbe (und auch «gedeihen» = grün werden!) durch eine Papyruspflanze gekennzeichnet werden.

Die ägyptische Schrift zerfällt in drei Arten von Zeichen:

1. Wortzeichen (Ideogramme) geben ein bestimmtes Wort wieder ohne Rücksicht auf seinen Lautbestand. Ein Rechteck mit einer Öffnung bedeutet Haus, ein geblähtes Segel = Wind, zwei Beine = gehen; die für Oberägypten charakteristische Lilie (Binse) = Süden. Die Zeichen für Gott und Diener zusammengestellt, bedeuten Priester, Gans (als Lautzeichen = Sohn) und Sonne = König (als Sohn der Sonne); die Lebensschleife (= Leben) und das Zeichen für Herr kennzeichnen den Sarg und sind symbolischer Ausdruck für die Hoffnung auf Überwindung des Todes.

1. u. 2. Reihe: Hieroglyphen mit Symbolwert
3. Reihe: Schriftzeichen verschiedener Götter
4. Reihe: Wortzeichen
5. Reihe: Einkonsonantige Lautzeichen
6. Reihe: Mehrkonsonantige Lautzeichen
7. Reihe: Zusammengesetzte Wortzeichen
8. Reihe: Deutzeichen

2. Lautzeichen geben einen Konsonanten oder eine Folge von zwei oder drei Konsonanten wieder, dazugehörende Vokale bleiben unberücksichtigt. So wird mit dem Bild der Gans (si) auch «Sohn» (si) geschrieben, da dies Wort den gleichen Lautbestand hat; eine Schwalbe (wr) dient für «groß» (wr), ein Käfer (hpr) für «werden» (hpr). Das Ideogramm für Geier dient als Lautzeichen für «Mutter», Korb für «Herr», Keule (hm) für «Diener», Wedel (ms) für «gebären» (msj). Einkonsonantige Wörter können auch zur Schreibung einzelner Buchstaben verwendet werden: der Sitz (pe) für p, ein Brot (ta) für t, der Mund (ro) für r, Wasser (nu) für n, der See (schi) für sch, die Hand (dot) für d.

3. Deutzeichen (Determinative) sind ohne Lautwert; sie sollen am Ende eines Wortes dessen Bedeutungskategorie anzeigen. So werden Städtenamen mit dem Ideogramm für Stadt versehen; mit einem Vogel (im Bildzeichen der Gans) wird auch die Heuschrecke determiniert, da sie ja ebenfalls fliegt. Abstrakta (z. B. Eigenschaften) wird eine Papyrusrolle beigefügt; Säugetiere erhalten ein Fell mit Schwanz als Deutzeichen. Drei gleichlange Striche sind das Zeichen für den Plural.

Himmelsleiter

Den Pyramidentexten ist die Himmelsleiter eine vertraute Vorstellung. Sie stand unter der Obhut des Re und wurde verschiedentlich in den Sonnenstrahlen erblickt. Andere Auffassungen sahen in ihr eine Strickleiter oder eine feste Leiter, deren Holme als Djedpfeiler bezeichnet werden können. Die Djedpfeiler gehören zur Osirissymbolik. Zunächst galt die Leiter dem Osiris, dem Gott der Auferstehung und des Aufstiegs. Osiris selbst wird zur symbolischen Himmelsleiter für den Gläubigen. Pyramidentexte sprechen auch von einer Leiter, auf deren von Götterarmen gebildeten Sprossen der Tote zum Himmel emporsteigt. Nach dem Totenbuch (Kap. 98) stehen «zu beiden Seiten der Himmelsleiter die Geister des Lichts». Den Verstorbenen wurde mitunter die Nachbildung einer Leiter in das Grab mitgegeben.

Himmelsträger

Gewöhnlich erscheint ein Gott als Träger des Himmels. An erster Stelle ist hier Schu zu nennen, «der den Himmel erhebt mit dem Hauch seines Mundes»; mit seinen kräftigen Armen stützt er den Leib der Himmelsgöttin Nut. Ein anderer Himmelsträger ist der Gott Hah; er wird kniend und mit erhobenen Armen dargestellt. Auch Anhuret (= Onuris), der Gott der Stadt This, erscheint in der Funktion des Himmelsträgers und wird im Neuen Reich oft mit Schu gleichgesetzt. Der als Göttin personifizierte Himmel wird von Inmutef (d. h. «Pfeiler seiner Mutter») gestützt; im Totenbuch (Kap. 172) heißt es von ihm, daß er Re auf seinen Schultern trage. An der Außenseite des Westteils der Umfassungsmauer zu Edfu zeigt ein Relief den König (mit Kopftuch und Stierschwanz), wie er mit seinen beiden Armen den Himmel trägt – hiermit erscheint der Herrscher als Garant der vom Himmel gesetzten Ordnung, ohne die die Welt zusammenbricht. Nach einem Pyramidentext (389) wird der Himmel von dem Djedpfeiler gestützt.

Hirte

Wenn in der Lehre des Merikare (10. Dyn.) die Menschen als «Kleinvieh Gottes» bezeichnet werden, die durch die Güte ihres Herrn wohlversorgt sind, dann stehen im Hintergrund die Bilder von Herde und Hirt. Aus der Ramessidenzeit stammt eine Lobpreisung auf Amun, der als fleißiger Hirte sich um seine Rinder kümmert. Auch Re «handelt als Hirte in seinem Kraute»; Menschen und Tiere atmen von der Luft und trinken von dem Wasser, das er ihnen gibt. Naheliegend ist es, daß man auch den sein Volk leitenden König als Hirten gesehen hat – ähnlich wie im alten Mesopotamien. Die Insignien der Pharaonen gehen über Osiris auf den alten Königsgott Anezti zurück, der zugleich Züge eines göttlichen Hirten trug; der Krummstab war ursprünglich ein Hirtenstab; ob dagegen die sogenannte «Geißel» eine Hirtenpeitsche war, ist umstritten.

Höhle

Die Höhle ist eng mit dem Archetyp der Magna Mater verbunden. Der (weibliche) Hohlraum ist ebenso Geburtsort wie Todesraum. Das Nekropolengebiet von Lykopolis hatte den Namen «Öffnung der Höhle». Das lebenspendende Wasser des Nils kommt aus einer Höhle, die in einem Pyramidentext (Spruch 581) mit der «Halle der Gerechtigkeit» verbunden wird, dem Ort des osirianischen Totengerichtes. Der Nilgott Hapi wohnt in einer schlangenbewachten Höhle unter den Granitfelsen des 1. Kataraktes. Ab und zu tritt an die Stelle des Hapi auch Osiris. Im Unterweltsbuch Amduat wird die 6. Stunde der Nacht als «Leiche des Osiris» bezeichnet (= Tiefpunkt der täglichen Sonnenbahn), die 7. Stunde deutet unter dem Namen «Höhle des Osiris» bereits auf den Wendepunkt; in der 12. Stunde schließlich muß der Sonnengott (Re) noch durch eine 1300 Ellen lange Schlange hindurchkriechen (= Bild des engen Höhlenausgangs) und wird in «Form des Chepre» neu geboren.

Horizont

Das Schriftbild für das ägyptische Wort achet ist ein Berg mit zwei Gipfeln, zwischen denen die Sonne hervorkommt. Der Horizont ist also die Stätte des Sonnenaufgangs bzw. des Sonnenuntergangs. Achet ist die Heimat des Sonnengottes, der als aufgehende Sonne regelrecht den Namen Harachte (= Horus vom Horizont) führt. Die von Echnaton begründete Residenz hatte den Namen Achet-Aton (heute Tell el Amarna). Der Horizont wurde schließlich zu einer Metapher für den Tempel und für den Königspalast; letzterer wurde umschrieben als «Horizont, in dem Re weilt».

Horn

In den Hieroglyphen galt der Widderkopf als Ausdruck des Ansehens und der Macht. In Verbindung mit der Krone diente das Gehörn vielen Göttern als Kopfputz und galt dem einfachen Volk als Inbegriff des Schreckens, der das Übernatürliche umgibt. Der Widdergott Chnum wird gewöhnlich mit horizontal ausladenden Hörnern dargestellt, während die Hörner des Amun-Widders nach unten abgebogen sind (doch gibt es auch von Amun zahlreiche Darstellungen mit waagrechtem Gehörn). Mauretanische und algerische Felsbilder zeigen Widder oder Büffel, die zwischen ihren Hörnern die Sonnenscheibe tragen; auch vom menschengestaltigen Amun gibt es Darstellungen, wie er die Sonnenscheibe oder die Sonnenschlange (Uräus) auf dem Haupt trägt.

In Ägypten galten besonders Stier und Kuh als Sonnenträger. Der Stier, weil er die Sonne selbst sinnbilden kann, die Kuh, weil sie als Symbol der Nacht und des Mondes das Tagesgestirn aus sich hervorkommen läßt; hier sei auf die auch in Vorderasien verbreitete mikro-makrokosmische Entsprechung Kuhhörner = Mondsichel hingewiesen. Isis, nach Plutarch eine lunare Göttin, war die Mutter des Sonnengottes Horus; ihr Haupt wird öfters von dem Kuhgehörn mit der Sonnenscheibe gekrönt; eine Darstellungsart, die eigentlich der Himmelsgöttin Hathor zu eigen ist. Eine Mythe erzählt, wie Hathor das junge Sonnenkind mit ihren Hörnern zum Himmel emporhob.

Horus

Ursprünglich dürfte Horus ein Himmelsgott gewesen sein, dessen Bild man in einem Falken mit ausgebreiteten Flügeln erblickte; Sonne und Mond galten als seine Augen. Schon zu Beginn der frühgeschichtlichen Zeit wurde der Himmelsfalke mit dem König gleichgesetzt. Der Herrscher war seinem Volk eine Erscheinungsform von Horus. Der Name des Königs wurde in das Innere einer «Palastfassade» geschrieben, auf der ein Falke thront (= Horusname). Da nicht nur der Himmel, sondern auch die Sonne als Falke angesehen wurde, ergab sich die Gleichung König = Sonne = Himmel, die schließlich in dem Königssymbol der Flügelsonne ihren Ausdruck fand.

Dank des dualistischen Weltbildes der Ägypter erhielt Horus in seinem Bruder Seth einen Rivalen. Im Kampf verliert Horus ein Auge; schließlich einigen sich die zwei Götter in der Herrschaft über das Nilland: gewöhnlich erscheint Seth als oberägyptischer und Horus als unterägyptischer Landesgott. In späterer Zeit galt Horus als einziger Herr über ganz Ägypten, während Seth nur noch Gott der unfruchtbaren Wüste und der barbarischen Völker war. Mit dem Überhandnehmen des Osiriskultes wird Horus zum Sohn des Osiris und zum Neffen Seths; als Harsiese (griechische Bezeichnung für « Horus, Sohn der Isis») wächst er in der Verborgenheit der Deltasümpfe auf, um später als Harendotes seinen Vater Osiris zu rächen.

Horus als Sonnenkind über der Lotosblüte.

Eine weitere Form des Horus ist Harpokrates, d. h. «Horus, das Kind», mit Knabenzopf und dem Finger am Mund; in griechisch-römischer Zeit zählt er zu den beliebtesten Göttern des einfachen

Volkes und wird in verschiedenen Sonderformen in Bronze- und Tonfiguren dargestellt, so als Sonnenkind in der Lotosblüte oder als Spender der Fruchtbarkeit (mit einem Topf). Wichtige Kultorte des Horus waren Edfu, wo der Gott im Bild der Flügelsonne verehrt wurde, Kom Ombo, wo er als Sohn des Re den Namen Haroeris führte, und Heliopolis, wo er unter dem Namen Harachte als Gott der Morgensonne galt.

Horusauge

Nach mythischer Vorstellung sind Sonne und Mond die Augen des Gottes Horus. Unter Horusauge (im Singular) versteht man besonders den Mond, obwohl die Unterscheidung vom Auge des Re, d. i. die Sonne, nicht minder eindeutig ist. Das Horusauge bekämpft die Feinde des Himmelslichtes, es wird selbst als Feuer

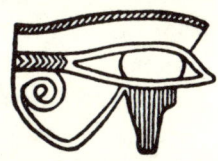

Horusauge.

bezeichnet. Im Totenbuch (Kap. 42) heißt es: «Das Horusauge verleiht das ewige Leben; und es beschützt mich, auch wenn es sich schließt.» Der Mythos erzählt von dem im Kampf gegen Seth verlorenen und wiedergefundenen Auge (Mondauge), das Horus seinem Vater Osiris darbrachte und ihm dadurch zu neuem Leben verhalf. Die Darbringung des Horusauges galt daher in Ägypten als Urbild einer jeden Opferhandlung. Seit dem Neuen Reich wird der Lotosgott Nefertem öfters mit dem Horusauge auf einer Hand dargestellt – ein symbolischer Hinweis auf die Opfergaben, die meist aus Speise und Trank bestanden, weshalb Nefertem auch den Beinamen «Herr der Speisen» führte.

Horusname → Serech

Horussöhne

In den Pyramidentexten erscheinen die vier Horus zugewiesenen Kinder als eine Art Wegbereiter für die Himmelfahrt des Toten. Durch ihre Vierzahl wurden sie mit den Himmelsrichtungen in Verbindung gebracht; in diesem Sinne wurde ihr Bild oder auch nur ihr Name bei Särgen des Mittleren Reiches an den vier Ecken angebracht. Ihre Aufgabe besteht vor allem in dem Schutz der Leiche vor Hunger und Durst und der davon besonders betroffenen Organe, der Eingeweide. Die in Binden gehüllten Eingeweide wurden in vier Kanopen – getrennt nach Leber, Lunge, Magen und Unterleibsorganen – aufbewahrt; jede Kanope stand unter dem Schutz eines Horussohnes, von denen einer anthropomorph und drei tierköpfig waren. Seit dem Neuen Reich bürgerten sich folgende Zuordnungen ein:

Imset	Mensch	Leber	Süden
Hapi	Affe	Lunge	Norden
Duamutef	Schakal	Magen	Osten
Kebechsenef	Falke	Unterleib	Westen

In der Vignette zum Totenbuchkapitel 125 sind die Horussöhne in menschlicher Gestalt auf einer Lotosblume stehend dargestellt; ihr Wurzeln in der kosmogonischen Urpflanze ist symbolischer Hinweis, daß durch sie der Tote aus dem Lotos neu geboren wird.

Horusspeer

Die mythische Waffe des Königsgottes Horus ist ein Speer, der von der Göttin Neith gesegnet wurde. In einem alten Text heißt es von dem Speer: «Seine Widerhaken sind die Strahlen der Sonne, seine Spitzen die Krallen der Mafdet» (d.i. die Göttin der Strafe). Mit der göttlichen Waffe jagt Horus, auch der «Harpunierer» genannt, die typhonischen Mächte in Gestalt von Nilpferden. Zum Schutz auf dem Weg ins Jenseits wurde den Toten oft eine kleine Nachbildung des Speeres mitgegeben.

Ibis

Besondere Bedeutung erlangte der Ibis religiosa mit weißem Körper; an Kopf, Hals und Schwungfederspitzen schwarz. Er galt als eine Inkarnation des Gottes Thot. In der Totenstadt von Hermopolis, dem Hauptkultort des Thot, wurden zahlreiche Ibismumien in Töpfen beigesetzt. Der Schopfibis (Ibis comata) mit dunklem, schillerndem Gefieder findet sich als Schriftzeichen für das Wort «glänzen» und erscheint in älterer Zeit als Metapher für «Verklärtheit» und schließlich als Bild für den verklärten Toten.

Ichneumon

Das Ichneumon erscheint verhältnismäßig spät unter den heiligen Tieren. Ichneumon-Götter aus dem Totentempel Amenemhets III. und in den Gräbern der Ramessiden haben die Bedeutung von Unterweltsgeistern. In der unterägyptischen Stadt Letopolis wurde das Ichneumon dem Horus gleichgesetzt; Ichneumon-Figuren als Weihegaben tragen Sonnensymbole auf ihrem Rücken. Von dem Sonnengott Re wird berichtet, daß er sich einst in ein Ichneumon verwandelt habe, um die Unterweltsschlange Apophis zu bekämpfen. Dann wurde das Ichneumon der unterägyptischen Landesgöttin Uto zugeordnet und trug die Sonnenscheibe mit einem Uräus.

Imhotep

Als Hoherpriester zu On (Heliopolis), Ratgeber des Königs Djoser und vor allem als Bauleiter des ersten großen Steinbaues, der Stufenpyramide von Sakkara, erlangte Imhotep bei den späteren

Generationen das Ansehen eines Kulturheros. Bereits im Mittleren Reich wurden ihm zahlreiche Weisheitssprüche zugeschrieben, und im Neuen Reich pflegten ihm die Schreiber vor Beginn ihrer Tätigkeit einen Tropfen ihrer Schreibflüssigkeit zu opfern. In der Spätzeit wurde er vollends vergöttlicht, galt als Sohn des Ptah und wurde als Heilgott verehrt; die Griechen setzten ihn deshalb Asklepios gleich. Bronzestatuetten und Steinplastiken – wie sie in zahlreichen Museen zu finden sind – zeigen ihn in der steifen Haltung vornehmer Männer sitzend, auf den Knien hat er einen aufgerollten Papyrus.

Imiut

Unter Imiut ist zunächst ein alter Fetisch zu verstehen, der bereits auf Denkmälern der 1. Dynastie auftaucht. Es handelt sich um ein an einer Stange aufgehängtes, kopfloses Fell; die Stange ist in einen

Szene des Jenseitsgerichts. In Brusthöhe vor dem thronenden Osiris der Fetisch Imiut und die vier Horussöhne auf der Lotosblüte. Hinter ihnen das Tier des Gerichts, das die Bösen verschlingt. Rechts die Wägung des Herzens gegen die Feder der Wahrheit.

Topf hineingesteckt. In ältester Zeit wird der Imiut als Schutzzeichen am Thron des Königs aufgepflanzt; in seiner Personifikation reicht er beim Dreißigjahr-Fest dem König das Machtszepter. Schon in der Pyramidenzeit bahnt sich eine Verschmelzung mit dem Nekropolengott Anubis an; beide werden als «Sohn der Hesat-Kuh» bezeichnet. Hölzerne Nachbildungen des Imiut werden ab und zu den Vornehmen in das Grab mitgegeben.

Ischedbaum

Zu den heiligen Bäumen gehört der Ischedbaum, ein fruchttragender Laubbaum. Berühmt war der «heilige Isched im Obeliskenhause» zu Heliopolis. Von Re heißt es, daß er eines Morgens nach Besiegung seiner Feinde den Ischedbaum spaltete – eine Metapher für das Öffnen des Horizonttores und den Sonnenaufgang. Im Tempel von Dendera zeigt ein Deckenbild zwei Ischedbäume auf den Berghöhen zu seiten der aufgehenden Sonne. Besondere Bedeutung erhielt der Isched als Lebensbaum, auf dessen Blätter Thot und die Göttin Seschat die Regierungsjahre der Könige schreiben und so die Zeit seiner Herrschaft unter göttlichen Schutz stellen; es war dies ein beliebtes Motiv der Ramessidenzeit.

Isis

Der Name der Göttin bedeutet wahrscheinlich «Sitz», «Thron» und ist mit dem Zeichen identisch, das sie auf ihrem Haupte trägt. So dürfte Isis ursprünglich die Verkörperung des Thronsitzes gewesen sein und steht damit in einer besonderen Beziehung zum König, als dessen symbolische Mutter sie gilt. Im Mythos hat sie den toten Bruder und Gatten Osiris gesucht, von ihm den Sohn Horus empfangen, ihn beerdigt und zusammen mit ihrer Schwester Nephthys betrauert. Die klagenden Göttinnen wurden auch in symbolischer Gestalt zweier Raubvögel (Weihen) dargestellt. An den Sargwänden finden sie sich in menschlicher Gestalt und mit

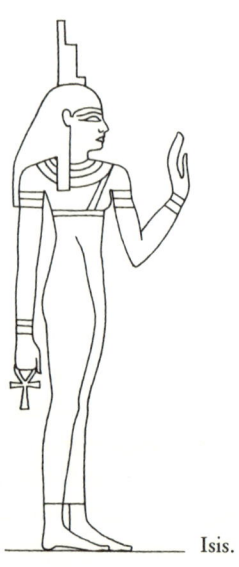 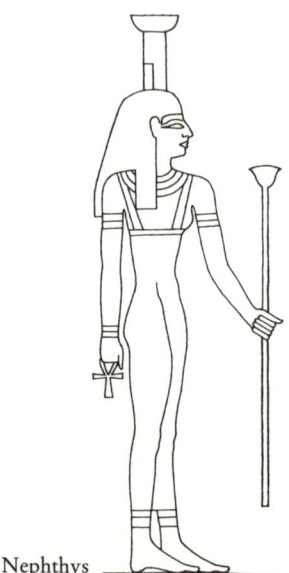

Isis.   Nephthys

ausgebreiteten Flügeln, um dem Toten Schutz zu gewähren und ihm Lebenskraft zuzufächeln. Im Amduat (2. Stunde) werden die beiden Göttinnen am Bug der Sonnenbarke in Gestalt zweier sich aufbäumender und in Fahrtrichtung schauender Schlangen dargestellt.

Isis wurde als die «Zauberreiche» verehrt, die ihren Sohn Horus – und in Anlehnung an ihn auch die irdischen Kinder – vor Schlangen, Raubtieren und anderen Gefahren schützt. Wie der Orion als Seele des Osiris galt, so wurde in der astralen Ausdeutung der Sirius (ägyptisch Sopdet, von den Griechen mit Sothis wiedergegeben) als Isis aufgefaßt. Im Neuen Reich wurde Isis eng mit Hathor verbunden, deren äußere Kennzeichen (Kuhhörner mit Sonnenscheibe) sie übernahm. Den alten Ägyptern galt die Göttin als «Auge des Re», Plutarch dagegen faßte sie als Mondgottheit auf. In der hellenistischen Zeit wurde Isis Schutzherrin der Seefahrer und erhielt als Attribut ein Steuerruder.

Isisblut

Das von den Ägyptern Tet genannte Zeichen ähnelt der Lebensschleife, wobei jedoch die Seitenarme nach unten geklappt sind. Das Isisblut gleicht in manchen Fällen auch der Gürtelschleife der Gottheiten. Die ursprüngliche Bedeutung ist unbekannt; seit dem Neuen Reich ist die Beziehung zu Isis eindeutig. Im Totenbuch

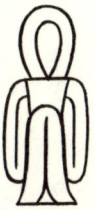

Das Tet-Zeichen.

wird das Zeichen mit den Worten «O Blut der Isis» angeredet. Den Verstorbenen als Amulett mitgegeben, soll sein Material aus einem roten Halbedelstein bestehen. Das Isisblut findet sich immer wieder mit dem Djedpfeiler zusammengestellt, so besonders in der Dekoration von Tempelwänden, Ruhebetten und Sarkophagen. In ihrem Zusammenspiel deuten die beiden Symbole über Isis und Osiris hinaus auf die Vereinigung der polaren Weltkräfte und damit auf die Unversiegbarkeit des Lebens.

Jagd

An den Wänden von Tempeln und Gräbern sind oft Jagdszenen dargestellt. Dabei handelt es sich nicht nur um die Wiedergabe einer bestimmten Art der Nahrungsversorgung oder einer Art Sport der Vornehmen, sondern um einen magischen Zauber. Ja, das Jagdgeschehen wird zu einem kultischen Drama, bei dem das verfolgte Tier die Rolle des Feindes spielt, Symbol böser Mächte wird. Vor allem ist es Aufgabe des Königs, die von den Göttern geordnete Welt gegen alle Unordnung zu verteidigen, gegen die wilden Tiere nicht weniger als gegen die Feinde Ägyptens. In den

Siegesdarstellungen der Pharaonen – so bei einer Truhe Tut-ench-Amuns – werden die Kämpfe gegen die Asiaten und Neger genauso wiedergegeben wie die Jagd auf Löwen. Bei den Jagdszenen in den Gräbern der Beamten spielt sicher die kultische Absicht eine Rolle, in den gejagten Tieren die dem Grabherrn schädlichen Mächte zu vernichten. Eine Bilderfolge des Tempels zu Edfu zeigt, wie Horus «den Elenden in Nilpferdgestalt» (Seth!) jagt und mit einer Lanze ersticht.

Jahreszeichen → Palmrippe

Jun

Jun ist ein alter Fetisch der Stadt Heliopolis; sein Name bedeutet «Pfeiler». In feierlichem Ritus wurde er aufgerichtet, oft wurde ihm ein Rinderkopf aufgesetzt. Als Pendant zum Obelisken wurde der Pfeiler ein Symbol des Mondes. Schließlich erhielt Osiris in seiner Eigenschaft als Mondgott den Namen Jun.

Ka

Der Ka ist ein Ausdruck für die zeugenden und bewahrenden Lebenskräfte; in ältester Zeit speziell für die männliche Zeugungskraft (wofür auch die lautliche Identität mit «ka» = Stier spricht), doch schon bald für die geistig-seelische Kraft. Die Hieroglyphe ka ist mit ihren abwehrend erhobenen Händen eine Zaubergeste, die das Leben seines Trägers vor den bösen Mächten bewahrt. Der Ka wird mit dem Menschen geboren. Alte Darstellungen zeigen wie der Gott Chnum mit dem zu gebärenden Kinde zugleich dessen Ka auf der Töpferscheibe bildet. Als eine Art Doppelgänger begleitet der Ka den Menschen; stirbt dieser, lebt der Ka weiter. «Zu seinem Ka gehen», bedeutet «sterben», da der Ka seinen menschlichen Träger verläßt und zu seinem göttlichen Ursprung

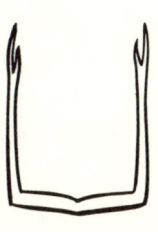
Das Ka-Zeichen.

Chnum bildet mit dem Kind zugleich dessen Ka.

zurückkehrt. Allerdings benötigt der Ka zu seinem Weiterleben Nahrung, die ihm konkret als Opfer oder symbolisch (für den Ägypter nicht weniger wirklich) in den Grabmalereien dargeboten wird. Da die Nahrung zur Erhaltung der Lebenskraft beiträgt, so werden auch die Speisen als ka-haltig bezeichnet; der Pluralbegriff kau bedeutet geradezu «Opferspeise». Es sind Darstellungen bekannt, bei denen an Stelle des Opfertisches ein Ka-Zeichen steht.

Kadesch

Zu den im Neuen Reich aus Vorderasien übernommenen Gottheiten (siehe Anat, Reschef) gehört auch Kadesch, deren Name etymologisch mit den Kedeschen, den Tempelprostituierten Palästinas, zusammenhängen dürfte. Als Göttin des Liebeslebens wurde sie – auf einem Löwen stehend – meist nackt dargestellt; in den Händen hält sie je eine Schlange. In ihrer Angleichung an Hathor erhält sie das Sistrum als Attribut, das sie zusammen mit Kuhhörnern und Sonnenscheibe als Kopfschmuck trägt.

Kamutef

Das seit dem Neuen Reich belegte Wort bedeutet «Stier seiner Mutter» und ist Beiname der ithyphallischen Min und des Amun. Das Wort kennzeichnet die beiden Götter als ihre eigenen Erzeuger, die ohne Vater von selbst entstanden.

Kanopengötter → Horussöhne

Kartusche → Königsring

Katze

Das Urbild der «großen Katze, die in Heliopolis ist» war wahrscheinlich nicht die Hauskatze – die erst seit der 11. Dynastie bezeugt ist –, sondern die im Deltadickicht lebende kurzschwänzige Rohrkatze. Durch ihre Gegnerschaft zur Schlange wurde sie zum heiligen Tier des Sonnengottes. Im Totenbuch wird erzählt, wie der «große Kater» der Apophisschlange, die mit ihrem Leib den heiligen Perseabaum bedroht, den Kopf abschneidet. Im Neuen Reich gilt der Kater als Inkarnationsform des Sonnengottes, und die Katze wird dem Sonnenauge gleichgesetzt. Die solare Bedeutung zeigt sich auch auf Katzenfiguren, bei denen auf Kopf oder Brust ein Skarabäus (= Symbol der aufgehenden Sonne) eingezeichnet ist. Besondere Bedeutung erlangte die Katze – nun in ihrer domestizierten Form – als heiliges Tier der Bastet. In ihrem Tempel zu Bubastis wurden Hunderte von kleinen Katzenfiguren als Weihegeschenke aufgestellt, um der Gnade der Göttin teilhaftig zu werden.

Keule

Das königliche Attribut der Keule (mit rundem Kopf) galt als Sitz der überirdischen Macht seines Trägers. Der Königsgott Horus ist «Herr der Keule, um seine Feinde niederzuschmettern». Das Machtsymbol der Gotteskeule wurde im Allerheiligsten aufbewahrt. Keule und Bogen bilden die Attribute des Gottes Upuaut. Die Keule war auch eine Metapher für das «harte Horusauge». Mit der Keule erschlägt der König seine Feinde, wie immer wieder auf den Tempelpylonen dargestellt wird. Nach einer Inschrift soll Amenophis II. sieben rebellische Fürsten vor dem Gott Amun mit der Keule erschlagen haben. Da die Keule lange Zeit aus hellem Kalkstein bestand, diente ihr Bild als Ideogramm für die weiße Farbe.

Kind

Das dem Urgrund des Seins nahestehende Kind trägt die Kräfte des Ursprungs in die Zukunft. Es ist selbst Symbol der Entfaltung, des Werdens. Bei den Ägyptern genoß besondere Verehrung «Horus das Kind», in griechischer Namensform Harpokrates. Er umfaßt eigentlich alle jugendlichen Götter, die unter dem Namen des Horus als Sonnengötter und Urgötter verehrt werden. Es gibt Figuren, bei denen Harpokrates als Sonnenkind in der Lotosblume sitzt. Die auf altägyptischen Darstellungen typische Kindergeste (Finger am Mund) wurde von antiken Interpreten bei Harpokratesbildern als Symbol der Verschwiegenheit gedeutet; Harpokrates kann auch in die Gestalt des Nefertem übergleiten, des ebenfalls als Sonnenkind verehrten Gottes der Lotosblume. Das Kind als Symbol des Anfangs findet sich in Listen aus griechisch-römischer Zeit als Form der 1. und 2. Tagesstunde, während die 10. bis 12. Stunde eine erwachsene Gottheit zeigt mit z. T. gebeugtem Oberkörper und sich auf einen Stock stützend.
    Der König wird als Osirissohn (Harsiese, eigentlich Sohn der Isis, die ihn von dem toten Osiris empfing) verstanden. Chnum

formt auf einer Töpferscheibe das göttliche Kind und seinen Ka. Vom Tag der Thronbesteigung erhofft man, daß die Erwartungen bei der wunderbaren Geburt verwirklicht werden, nämlich, daß die vom Chaos bedrohte Welt durch die noch kindhaften, d. h. dem Ursprung nahestehenden, unverbrauchten Kräfte neu belebt wird. Erwähnt werden soll noch, daß der «königliche Knabe» – mit der unterägyptischen Krone – zum Zeichen eines Gaues im Delta wurde (siehe Seite 79, Nr. 18 und 19), später in einen «vorderen» und einen «hinteren» Gau gespalten; Zusammenhänge mit einer ursprünglichen Verehrung des Horuskindes sind möglich, aber nicht erwiesen.

Knoten

Die Magie des Bindens und Lösens ist eng mit dem Knoten verbunden. Der Knoten hält die Zauberkraft fest. Amulette wurden häufig an verknoteten Schnüren befestigt. Das den Gürtelknoten der Götter nachahmende Isisblut war ein beliebtes Amulett. Die in sich ruhende Macht des Knotens erscheint im Totenbuch (Kap. 42) als ein Sinnbild des verborgenen Keimes, der aus seiner göttlichen Ursprunghaftigkeit heraus sich neu entfaltet:

> «Ich bin der Knoten des Weltenschicksals
> Im schönen und heiligen Baum verborgen
> . . . .
> Unbeweglich bin ich, der große Knoten
> Des im Gestern Verborgenen.
> In meiner Hand lieget das Heute.»

König

Für den Ägypter war der König Kristallisationspunkt allen Seins. Er war die Klammer zwischen Diesseits und Jenseits, da er beider Wesenheit in sich trug; er war Mensch und Gott. Ein Pyramidenspruch (1037) sagt vom König, daß «kein Glied frei von einem Gotte ist». Das bedeutet, daß der König in sich alle göttlichen Mächte vereinigt. Der Kopf entspricht dem Horusfalken, das Gesicht dem «Wegöffner», die Nase dem Thot, die Schenkel der Froschgöttin; ja selbst die Gesäßbacken finden ihre Entsprechung in den Göttinnen Isis und Nephthys, an deren Stelle aber schon in der Pyramidenzeit die Tag- und die Nachtbarke treten.

Der Tempel von Amenophis III. zu Luxor zeigt auf einem Relief, wie der Gott Amun die Gestalt des herrschenden Königs annimmt und sich mit der Königin vereinigt; beide thronen auf dem Zeichen für Himmel, der Gott hält der Königin das Zeichen für Leben vor die Nase. Auf einer weiteren Szene formt der widderköpfige Schöpfergott Chnum den von Amun gezeugten Leib des zukünftigen Königs und dessen Ka. Nach der Geburt präsentiert die Muttergöttin Hathor das Kind dem Amun, der es mit den Worten begrüßt: «Willkommen in Frieden, du Sohn meines Leibes.» Bekannt sind auch Reliefs und Malereien (z. B. im Grab des Kenamon zu Abd el Qurna), bei denen die Füße des jungen Prinzen, des künftigen Herrschers, auf einem Schemel ruhen, unter dem in gebückter oder liegender Haltung neun Gefangene (= Symbol für die neun traditionellen Feindvölker) zusammengepfercht sind.

Als Sohn des Re war der König des Sonnengottes «lebendes Bild auf Erden». Durch einen kultischen «Lauf um die Mauer» ergriff er symbolisch Besitz von seinem Reich. Neben Geißel und Krummstab, den Insignien des irdischen Herrschers, trägt er öfters auch das den Göttern zugehörende Uasszepter, und sein Haupt wird geschmückt von der Uräusschlange, d. i. das feurige Auge des Sonnengottes Re. Zum Königsornat gehört auch der Tierschwanz; eine Deutung erblickt in ihm einen zunächst als Jagdzauber getragenen Hundeschwanz; die Ägypter erklärten ihn als Stierschwanz, da ihr König als «starker Stier» galt.

Weitere Ausführungen über die Königssymbolik siehe Seite 17 ff.

Königsring

Die apotropäische Macht des Ringes wurde in den Dienst des Königsschutzes gestellt. Die beiden wichtigsten Namen des Herrschers (der Thronname, der ihn als König von Ober- und Unterägypten bezeichnet, und der Geburtsname, der mit dem Titel «Sohn des Re» eingeleitet wird) sind vom Königsring, der sogenannten Kartusche, umschlossen; die Ausdehnung des Namens

Namenskartuschen Tut-ench-Amuns und Ramses' II.

führte zu der langgestreckten Form. Da die Strickschleife auch ein Symbol dessen war, «was die Sonne umkreist» (also des Universums), so konnte der Königsring auch eine Anspielung auf die Weltherrschaft des Pharao sein. Für die Bedeutung als Macht- und Schutzsymbol spricht auch, daß verschiedene Herrschersärge ab der 18. Dynastie die Form der Kartusche nachahmen; bei den noch rechteckigen Särgen von Thutmosis I. und Hatschepsut ist auf dem Deckel bereits deutlich ein ihn umrandender Königsring eingraviert.

Kopf

Wenn es im Totenbuch (Kap. 53) heißt: «Daß mit dem Kopfe nach unten nicht als Gegenfüßler ich wandle», so ist dies ein Bild des Todes. Das Grab Ramses IX. zeigt im dritten Korridor Szenen aus der Unterwelt, darunter auch einen Fries mit auf dem Kopf stehenden Toten. Im Unterweltsbuch Amduat wird berichtet, wie auf des Sonnengottes Befehl die «Schatten», «Köpfe» und «auf den Kopf Gestellten» von feuerspeienden Dämonen vernichtet werden. Die Furcht, den Kopf zu verlieren, führte im Alten Reich zu der Grabbeigabe eines lebensgroßen Ersatzkopfes. Die im Mittleren Reich aufkommende Mumienmaske ist ebenfalls ein Sicherungsmittel gegen einen möglichen Verlust des Kopfes.

Kopfschmuck der Götter

Die Kopfbedeckung ist ein wichtiges Attribut ägyptischer Gottheiten, doch zur Identifikation nicht immer ausreichend, da durch das Kontaminieren einzelner Göttergestalten auch ihre Embleme ausgetauscht werden. Die wichtigsten Kopfbedeckungen sind:

Amentet (Personifikation des Westens) – Schriftbild für «Westen»
Amun – Doppelfederkrone
Anhuret – Vierfederkrone
Anuket (Herrin des Nilwassers) – kranzartiger Federschmuck
Atum – Doppelkrone
Chons – Mondsichel und Mondscheibe
Eiebt (Personifikation des Ostens) – Schriftbild für «Osten»
Geb – Kombination von unterägyptischer Krone und Atefkrone (oder auch eine Gans)
Ha (Gott der westlichen Wüste) – Hieroglyphe für «Wüste»
Hah (Personifikation für Endlosigkeit und Ewigkeit) – Palmrippe
Hathor – Kuhgehörn mit Sonnenscheibe
Hemsut (weibliche Schutzgottheit) – Schild mit zwei darüber gekreuzten Pfeilen
Horus – Doppelkrone oder Doppelfederkrone
Isis – Kuhgehörn mit Sonnenscheibe (auch Geierhaube) oder das Schriftbild für «Thron»
Maat – Straußenfeder
Meschenet (Geburtsgöttin) – gespaltener und am oberen Ende eingerollter Halm

                     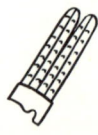 

Amentet	Eiebt	Isis	Nephthys	Ha
Neith	Hemsut	Meschenet	Uaset	Nut
unterägypt. Nilgott, Meret	oberägypt. Nilgott, Meret	Hah	Atum, Horus	Osiris
Hathor, Isis	Harachte, Sachmet	Chons	Satis	Reschef
Nechbet Mut, Isis	Seschat	Chnum	Suchos	
Maat, Schu	Amun, Horus (mit herabfallendem Band: Min)	Anhuret	Anuket	

Min – Doppelfederkrone mit herabfallendem Band
Mut – Geierhaube (oft mit aufgesetzter Doppelkrone)
Nechbet – Geierhaube (auch oberägyptische Krone)
Nefertem – Lotosblüte
Neith – Schild mit zwei Pfeilen (auch als Bogenfutteral gedeutet) oder unterägyptische Krone
Nephthys – Hieroglyphe für «Herrin des Hauses»
Nut – kugeliges Gefäß
Osiris – Atefkrone
Ptah – Mumienhaube
Reschef – oberägypt. Krone mit Gazellenkopf (anstatt des Uräus)
Satis – Krone mit zwei Antilopenhörnern
Schu – Straußenfeder
Selket – Skorpion
Seschat – sieben- oder fünfstrahliger Stern
Uaset (Göttin des thebanischen Gaues) – mit Band und Feder geschmücktes Uasszepter auf dem Zeichen für «Gau»

Kopftuch

Das Kopftuch des Königs ist Symbol der oberägyptischen Landesgöttin Nechbet, was durch Pyramidensprüche (z. B. 729) belegt ist. Wenn der König in den Kampf zieht, wird er von dem Geier «mit weißem Kopftuch» begleitet und beschützt.

Korn, Kornmumie

Ganz allgemein war das Korn – aus dem nicht nur Brot, sondern auch das Bier bereitet wurde – ein Symbol für die lebenerhaltenden Kräfte, ja für das Leben selbst. Das ist auch ein Grund, warum in den Gräbern die Darstellungen vom Getreideanbau an Zahl alle anderen Szenen übertreffen. Als Personifikation des Korns galt Neper; Sargtexte bezeichnen ihn als einen, «der lebt, nachdem er gestorben ist» (in Anlehnung an Saat und Ernte!). In der sprießenden Saat zeigt sich die Kraft des Vegetationsgottes Osiris. Das Eintreten der Saatkörner durch Ziegen oder Schweine galt als Sieg Seths über seinen Bruder; das aufwachsende Korn war Sinnbild

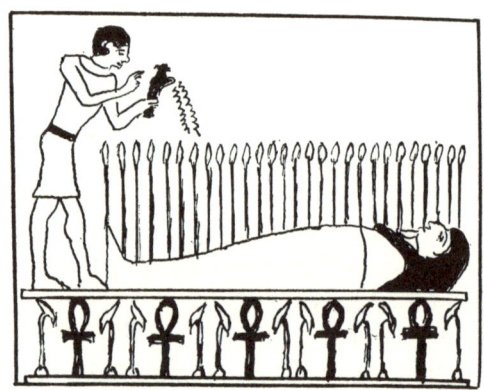

Aus dem toten Osiris wächst eine neue Saat.

des auferstehenden Osiris. Es gibt Darstellungen, bei denen aus dem Körper des toten Osiris die junge Saat hervorkommt; die Unterlage, auf welcher der Gott ruht, ist durch fünf Lebensschleifen und zehn Uasszepter gestützt. Bei den Mysterien des Gottes wurde aus Erde ein Bild des Toten geformt und mit Getreidekörnern besteckt. Solche sprießenden Kornmumien sollten die Unüberwindbarkeit des Lebens veranschaulichen und – dem Verstorbenen ins Grab mitgegeben – eine magische Hilfe für das Weiterleben sein.

Kranz

Seit dem Neuen Reich gibt man den Toten und ihrem Herrscher in der Unterwelt, Osiris, «Kränze der Rechtfertigung» mit; dieser Brauch ist als symbolischer Ausdruck der vom Jenseitsgericht erwiesenen Unschuld zu deuten. Solche Kränze wurden um die Diademe der verstorbenen Herrscher gewunden und dienten später allgemein als Schmuck der Mumienhüllen. In einem Text wird ein Vergleich vollzogen zu dem Kranz, den Osiris als Zeichen des

Triumphes über seine Widersacher von dem Urgott Atum erhielt. Die Kränze wurden großenteils aus Ölbaumblättern angefertigt.

Krokodil

Über das Nilland waren mehrere Krokodilkulte verstreut. Im unterägyptischen Athribis wurde der Krokodilgott Chentechtai verehrt, der aber bald Gestalt und Wesen des Falkengottes Horus annahm. Im Fayum und in der Umgebung Thebens wurden dem Krokodilgott Suchos Tempel errichtet. In Kom Ombo fand sich eine regelrechte Krokodilnekropole. Die furchtbare Kraft des Krokodils löste nicht nur ein Fascinosum, sondern auch ein Tremendum aus. Kein Geringerer als der göttliche Jäger Horus erlegte mit seiner Lanze das Tier, das als Gefolgsmann des Seth und damit als Götterfeind galt. In Edfu wurden beim großen Fest des Horus zwei tönerne Krokodilfiguren unter Flüchen zerstört. Wahrscheinlich hatte Dendera in der Frühzeit ein Krokodil verehrt, da ein solches das Gauzeichen bildet; später wurde die den Kopf schmückende Feder als Osirissymbol gedeutet und das ganze Gauzeichen als Sieg des Osiris über den im Krokodil verkörperten Seth ausgelegt. In der Unterwelt werden die Toten von Krokodilen bedroht. Im Amduat (7. Stunde) hat ein riesiges Krokodil eine Wächterfunktion, nur «wer es kennt, ist einer, dessen Ba das Krokodil nicht verschlingt». Hier sei auch an das krokodilköpfige Ungeheuer des Jenseitsgerichtes, an die «Verschlingerin» erinnert. Schließlich kann auch der Erdgott Geb – im Totenbuch – in Gestalt eines Krokodils auftreten; der gefährliche Rachen des Tieres ist ein sprechendes Bild für den Schlund der Erde.

Kronen

Der Schmuck der Götter und Könige hat auch symbolische Bedeutung. Die Kronen sind Hinweis auf die Eigenschaften ihrer Träger, sie sind vor allem Sinnbild der Macht. Nach einer alten

Inschrift verspeist ein König die Krone, um ihrer Kraft teilhaftig zu werden. Als Herrscher «der beiden Länder» trugen die Könige die Doppelkrone (Pschent genannt), die zusammengesetzt war aus der mitraähnlichen Krone Oberägyptens (mit Namen «die Weiße») und aus der «Roten Krone» Unterägyptens. Diese beiden Kronen galten als Verkörperung der königlichen Schutzgöttinnen, der oberägyptischen Nechbet und der unterägyptischen Uto. Seit Snofru wird auch die Doppelfederkrone (aus zwei aufrecht stehenden Straußenfedern) vom König getragen; sie ist auch Kopfschmuck der Götter Amun und Horus. Seit der 18. Dynastie tragen die Herrscher die blaue Chepresch-Krone mit den runden

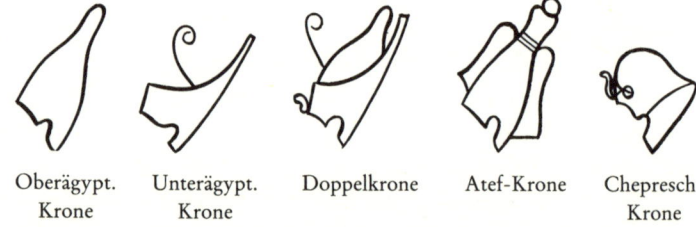

| Oberägypt. Krone | Unterägypt. Krone | Doppelkrone | Atef-Krone | Chepresch-Krone |

goldenen Verzierungen (sogenannter Kriegshelm). Die vor allem von Osiris getragene Atef-Krone ist eine Kombination von oberägyptischer Krone (an Stelle der abgeschnittenen Spitze ist oft eine kleine Sonnenscheibe) und Doppelfederkrone. Der zum Synkretismus neigende Ägypter erblickte in den Kronen die Augen des Sonnengottes, aber auch die Uräusschlange und die den König beschützende Flamme.

Krummstab

Der Krummstab (ägyptisch heka) ist ein Szepter, das nicht nur von Göttern und Königen, sondern auch von hohen Beamten getragen wurde. Die ältere, manchmal fast mannshohe Form war ursprünglich ein Hirtenstab und findet sich noch als Attribut des Hirtengottes Anezti; daraus wurde die bekannte kleinere Form mit stärkerer Krümmung entwickelt. Dieses Szepter hatte als Schriftbild die Bedeutung von «herrschen». Im Mittleren Reich wurde der Krummstab als Osiriszeichen in den Friesen der Särge angebracht.

Kuh

Die Kuh galt als heiliges Tier der Göttinnen Hathor und Isis. Die der Hathor geweihten Tiere hießen Zentet-Kühe; die Gaufürsten von Dendera führten in alter Zeit den Titel «Hirte der Zentet-Kuh». Die Himmelsgöttin Hathor selbst wurde in Kuhgestalt verehrt. Im Totenbuch (Kap. 148) werden sieben Kühe und ihr Stier

Die Himmelsgöttin Hathor in Kuhgestalt.

angerufen, um für die Speise der Verklärten zu sorgen. Die «große Wildkuh» galt als Mutter des Königs, der ja öfters mit einem Wildstier verglichen wurde. Im Mythos von der göttlichen Geburt des Königs säugt die Hesat-Kuh den jungen Herrscher; die Hesat soll Mutter des Totengottes Anubis und des Apisstieres sein. Als Tier, das dem Himmel wie auch der Unterwelt zugewandt ist, wurde die Kuh zu einem Symbol der Hoffnung auf ein Weiterleben. Betten, auf denen bei der Totenfeier die Bahre ruhte, erhielten die Form eines Kuhleibes. Bei den Osirismysterien wurde des Gottes Leiche in einen hölzernen Kasten von Kuhgestalt gelegt, damit sie aus dem Schoß der Himmelskuh zum Leben geboren werde.

Lapislazuli

Der blaue, mit goldenen Pünktchen übersäte Edelstein – unrichtigerweise oft Saphir genannt – war in den östlichen Mittelmeerländern ein Bild des sternenbesäten Firmaments. Auch den Ägyptern galt er als heiliger Stein, dessen blaue Farbe auf eine himmlische Herkunft deutet (Blau war die Farbe der Götter, besonders Amuns). Die königlichen Schmuckstücke wurden aus Gold und Lapislazuli angefertigt, um dadurch ihren Träger dem Schutz der Sonne und des Himmels anzuvertrauen. Ägyptische Richter trugen den Stein mit der Inschrift «Wahrheit» um den Hals.

Lattich

Zu den wichtigsten Attributen des Fruchtbarkeitsgottes Min gehört der Lattich. Am Fest des Gottes wurde ein kleines Beet mit dieser Pflanze in der Prozession mitgeführt. Der Lattich wurde auf zahlreichen Reliefbildern des Min (und in Anlehnung an ihn auch bei einer Sonderform des Amun, z.B. im Tempel zu Luksor) dargestellt. Die Pflanze galt als Aphrodisiakum, was auch ihre Beliebtheit als kultische Opfergabe (Erhaltung der Zeugungskraft = Leben) erklärt.

Lebensschleife

Die ursprüngliche Bedeutung der Lebensschleife ist noch umstritten; vielleicht handelte es sich zunächst um einen magischen Knoten. Als Hieroglyphe bedeutet das Zeichen «Leben» (anch), als Symbol weist es auf das göttliche, d.h. das ewige Leben. Es ist deshalb ein immer wiederkehrendes Attribut der Götter, die es dem König reichen. Luft und Wasser sind die Lebenselemente, weshalb auch sie durch das Anch-Zeichen umschrieben werden können; so wenn ein Gott die Lebensschleife dem König vor die

Das Anch-Zeichen.

Nase hält (gleichsam als Lebensodem) oder wenn bei der kultischen Reinigung der Wasserstrahl sich in Gestalt von Lebensschleifen über den König ergießt. Als Symbol der unvergänglichen Lebenskraft wurde das Anch-Zeichen auf Tempelwänden, Denksteinen und Gegenständen angebracht; häufig ist es auf Gerätfriesen zu sehen, und zwar meist in der Gegend des Fußendes, weshalb man in ihm u. a. die Wiedergabe von Sandalenriemen erblicken wollte. Das wegen seiner kreuzähnlichen Form auch Henkelkreuz genannte Zeichen ist in die christlich-koptische Symbolik eingegangen.

Leopard, Panther

In der Gestalt eines Leoparden wurde die Göttin Mafdet verehrt; diese war Herrin der strafenden Gewalt, aber auch Helferin der Toten. In älterer Zeit trugen die die Mundöffnung leitenden Priester ein Pantherfell. Grabplatten zeigen, wie der verklärte Tote in einem Fellmantel Opfer empfängt. Bis in das Mittlere Reich hinein wurde auf Sargdeckeln oft ein Leopardenfell dargestellt. Möglicherweise sind ähnliche Bräuche bei afrikanischen Völkern denen der alten Ägypter verwandt. Einwohner eines nordnigerianischen Stammes beerdigen ihre Toten in Leopardenfellen; in Loango wurde der fürstliche Leichenwagen mit Leopardenfellen behangen, und bei den Schilluk wurde der tote Herrscher mit dem Fell eines Leoparden geschmückt. Ursprünglich in eine Zeit zurückreichend, in der Tierfelle als Kleidung dienten, dürften die alten Ägypter besonders im Totenkult mit ihnen den Gedanken an eine besondere (todüberwindende?) Kraft verbunden haben. Dafür sprechen auch die in Königsgräbern der 18. Dynastie gefundenen holzgeschnitzten Pantherfiguren, die – wie bei Tut-ench-Amuns Grab – als Tragtier des Herrschers bzw. seiner Figur dienten. Die im Neuen Reich von Königen am Gürtel getragenen Nachbildungen von Pantherköpfen dürften Amulettcharakter gehabt haben.

Licht

Wie bei anderen Völkern war auch bei den Ägyptern das Licht wegen seiner apotropäischen Macht im Dienst des Göttlichen. In der Neujahrsnacht wurden in den Tempeln Lichter entzündet. Plutarch spricht sogar von einer ewigen Lampe im Hinblick auf Lichter, die vor dem Gottesbild in Brand gehalten wurden. In der Vertreibung der Finsternis und in der damit verbundenen Abwehr der typhonischen Mächte wurde das Licht zum Symbol der Reinheit und des Guten. Es ist Aufgabe des Gottes Thot, das Licht vor der Finsternis zu schützen; als «Stellvertreter des Re» begleitet er den Sonnengott auf seiner Tagesfahrt, nachts erstrahlt er als Mond am Firmament. Der mythische Kampf zwischen Licht und Finsternis gipfelt in der Verletzung und dem Raub des Mondauges (= Schwinden der Vollmondscheibe), das Thot wieder zurückholt

Thot in Paviansgestalt heilt das Mondauge.

und heilt. Darstellungen der Spätzeit zeigen den paviangestaltigen Thot mit dem Auge in seinen Händen – symbolischer Ausdruck für die Wiederkehr des Lichtes.

Dem Verstorbenen wurde das Recht auf eine wegweisende Flamme zuerkannt. Das Totenbuch (Kap. 137) erzählt vom strahlenden Auge des Horus, das Seths dreifache Übermacht zerstört und als «Feuer der Wiedergeburt» den Abgeschiedenen belebt. An einer anderen Stelle spricht der Feuergeist die wahrhaft prophetischen Worte: «Dank meines Feuers erwachsen zum Lichte die mit Gräbern bevölkerten Berge.»

Lotos

Die am Abend ihre Blüten schließenden Seerosen ziehen sich so tief ins Wasser zurück, daß sie für die Hand unerreichbar sind; mit Tagesanbruch streben sie, nach Osten gewandt, wieder empor und öffnen sich dem Licht. Mythologisch ist die rote Seerose, der Lotos, «die Blüte, die im Anfang entstand» und aus dem Urwasser (Nun) auftauchte, andererseits aber auch «aus dem Licht hervorging». Die Blume steht dem Wasser und dem Feuer, der chaotischen Finsternis und dem göttlichen Licht, gleich nahe. Der aus dem Wasser auftauchende Lotos wird zum Sinnbild der aus der Nacht hervorbrechenden Sonne. Der aus dem Urmeer auf einer Lotosblume auftauchende Sonnengott war den Ägyptern eine vertraute Vorstellung. Im 15. Kapitel des Totenbuches erscheint Re als «der goldene Jüngling, der aus dem Lotos hervorkam». Wenn im 81. Kapitel der Tote in eine geheiligte Lotosblüte verwandelt werden möchte, so ist dies Ausdruck der Hoffnung auf eine Wiedergeburt. Besonders der blaue Lotos galt als heilige Pflanze; in zahlreichen Grabmalereien des Neuen Reiches sieht man, wie die Verstorbenen sich an ihrem Duft erquicken. Von dem König Tutench-Amun wurde ein Portraitkopf gefunden, der sich aus einer Lotosblüte erhebt. Vor allem aber ist der Lotos die Pflanze des Gottes Nefertem.

Löwe

Wie in Mesopotamien so galt auch im Nilland der Löwe als solares Tier. Zunächst war das Bild des Feliden nur ein gleichnishaftes für den Sonnengott. Im Totenbuch (Kap. 62) heißt es: «Ich bin der löwenköpfige Gott, ich bin Re.» Im Neuen Reich galt der Löwe regelrecht als Erscheinungsform des Sonnengottes; der Löwengott Miysis wurde mit der Sonnenscheibe dargestellt und erhielt in griechischer Zeit die Beinamen «Re, Licht, Feuer, Flamme». Horus kann als Gott der Morgensonne (unter dem Namen Harachte) ein Löwenhaupt annehmen. Gerade als Sonnentier sinnbildet der Löwe nicht nur Untergang und Tod (am Abend), sondern auch die Wiedergeburt (am Morgen); deshalb gab man der Bahre, auf die man die Mumie legte, häufig Löwengestalt oder die Tierfüße von Feliden. Die Mehrzahl der Löwengottheiten ist weiblichen Geschlechts. Vor allem ist hier die kriegerische Sachmet zu nennen, die einerseits der Bastet und in Theben der Göttin Mut angeglichen wurde. In This wurde die löwengestaltige Göttin Mehit verehrt und öfters mit dem feuerspeienden Uräus, dem Auge des Re, identifiziert. In Leontopolis wurde unter dem Namen Ruti ein Löwenpaar für heilig gehalten, das schon früh den Zwillingen Schu und Tefnut gleichgesetzt wurde; das Rutipaar überwacht die Totenopfer.

Durch den Schrecken, den der Löwe verbreitet, gewann er apotropäische Bedeutung, er wurde Wächter der Tempeltore und des königlichen Thrones (daher die Löwenbeine und der Schwanz!). Die Wasserspeier der Tempeldächer hatten Löwenform; sie sollten die im Unwetter herabstürzenden Mächte Seths vom Heiligtum fernhalten. Am Eingang der Unterwelt steht der Gott Aker mit zwei Löwenköpfen. Als Symbol der Stärke wurde der Löwe bereits in der Frühzeit zu einem Bild des Königs. Ramses II. wird einmal als «mächtiger Löwe» bezeichnet, «mit erhobenen Pranken und gewaltigem Gebrüll, vor dessen Stimme das Getier der Wüste erzittert». Bekanntlich ist aus dem Bild des Löwen der Sphinx entstanden.

Luft

Mythologisch wird die Luft in der Gestalt des Schu personifiziert, der durch sein Dazwischentreten das festverschlungene Paar Geb (= Erde) und Nut (= Himmel) trennt. Die Luft wird zu einem Sinnbild des Lebens. So spricht ein Text der Herakleopolitenzeit von Schu: «Leben ist sein Name.» Von dem thebanischen Gott Amun heißt es: «Er ist Hauch des Lebens für alle.» Ohne Luft kein Atmen, ohne Atmen kein Leben. Aus der Spätzeit ist ein eigenes «Buch vom Atem» bekannt, welches von Isis für ihren toten Gatten Osiris geschrieben worden sein soll, «um seine Seele zu beleben». Um die Luft in der Unterwelt zu atmen, d. h. um nach dem Tode weiterzuleben, identifiziert sich der Tote mit Schu, «der in Lichtgöttersphären sich heranzieht die Luft der himmlischen Meere. Seine Wirkung erstreckt sich bis zu den Grenzen des Himmels ... Möge dem jungen Gott, den erwachenden, heilend erquicken die Luft.»

Maat

Die Göttin Maat ist die Personifikation der allem Sein zugrundeliegenden Gesetzmäßigkeit; sie verkörpert die Begriffe Recht, Wahrheit und Weltordnung. Das älteste Schriftzeichen der Maat sollte wahrscheinlich die Geradheit des Thronsockels darstellen, der seinerseits wiederum in symbolischer Vertretung des Urhügels dastand. Die Übertragung des physikalischen Begriffes in das Ethische hat ja auch in dem deutschen Wort «Geradheit» eine Parallele.

Die Göttin Maat.

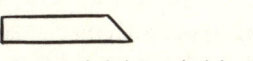
Thronsockel als Symbol der Maat.

Ohne Maat gibt es kein Leben; sie ist Speise und Trank des Re. Das Abbild dieser Göttin – sitzend, eine Straußenfeder auf dem Haupt – wird von den Pharaonen einer Puppe gleich auf der Hand getragen und als Opfer den Göttern dargebracht. Das bedeutet, daß der König die göttliche Ordnung vertritt. Die Richter galten als Priester der Maat. Beim Totengericht wird des Toten Herz auf der Waage der Gerechtigkeit gegen die Feder der Maat (Symbol der Wahrheit) gewogen. Öfters werden zwei Maatgöttinnen erwähnt, die mit den beiden Sonnenschiffen (maati genannt) gleichgesetzt sind.

Mafdet

Die besonders in der älteren Zeit verehrte Göttin Mafdet ist eine Erscheinungsform der richterlichen Gewalt, vor allem des Hinrichtungsgerätes. Dieses bestand aus einer oben abgebogenen Stange, um deren Schaft eine Strickrolle mit einem herausragenden Messer befestigt war. Auf bildlichen Darstellungen läuft Mafdet in Gestalt eines katzenartigen Raubtieres die Stange hinauf. Die Krallen der Göttin werden mit den Spitzen des Horusspeeres vergli-

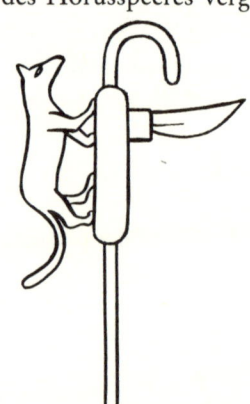

Mafdet.

chen. Doch Mafdet ist nicht nur ein Schrecken der Sünder, sondern bekämpft auch die Schlangen. Auf Bildern des späten Neuen Reiches erscheint sie bei Szenen des Jenseitsgerichtes.

Malachit

Mit seiner grünen Farbe ist der Malachit Ausdruck der Freude. Bezeichnenderweise galt die Göttin des Tanzes, der Musik und der Freude, Hathor, als Herrin des Malachits. Wie das Jaru-Feld gehört auch das ewig frisch grünende «Malachitgefilde» zu den Stätten der Seligen.

Mastaba → Pyramide

Meer

Der Urozean, ein träges, chaotisches Gewässer, ist die allen ägyptischen Kosmogonien gemeinsame Grundgegebenheit, aus der die Welt hervorkommt, sei es durch Emportauchen des Urhügels, Entfaltung der Lotosblüte oder durch das Ausschlüpfen aus dem Ei eines Wasservogels. Das Urgewässer wird in dem Gott Nun verkörpert, seine (zeitliche) Priorität kommt in dem Titel «Vater der Götter» zum Ausdruck. Die Vaterschaft des Meeres beschränkt sich jedoch in den Mythen auf die passive Rolle einer Art Wiege, in der die eigentliche welterschaffende Kraft sich selbst erzeugt. Nach dem «Buch der Himmelskuh» spricht der Sonnengott Re den Nun an: «O du, der Älteste der Götter, aus dem ich hervorging!» Alle Meere zusammen sind nur Ausläufer des Nun, aus dem auch das Regenwasser und die Fluten des Nils hervorkommen.

Menat

Das Menat war zunächst ein symbolhaltiges Schmuckstück. Es besteht aus einer breiten Halskette (mit mehreren zusammengefaßten Perlenschnüren) und einem länglichen Abschlußstück. Als Attribut der Hathor ist es von göttlichen Heilskräften erfüllt. Ein

Tempelrelief zu Dendera zeigt, wie die Göttin ihr Menat dem König entgegenhält. Hathor selbst hat den Beinamen «Großes Me-

Hathor mit Menat.

nat». Bei den sakralen Tänzen diente das Menat als Klanginstrument. Seit den Ramessiden wurde es auch den Toten als Amulett mitgegeben. Hathors kleiner Sohn Ihi hat neben dem Sistrum öfters das Menat in seinen Händen. (Siehe auch Abb. Seite 93.)

Menschenopfer

Eine bis in die Frühzeit zurückreichende Darstellung zeigt den über seine Feinde triumphierenden König; er packt die Gegner am Haarschopf und holt mit der Keule zum tödlichen Schlage aus. Diese Bilder – besonders an Tempelpylonen angebracht – haben nur symbolischen Charakter. Sicher trifft die Opferung von Menschen für die Vorzeit zu. Mehrere aufgedeckte Grabanlagen beweisen, daß noch zur Zeit der 1. Dynastie beim Begräbnis der Könige

Diener und Sklavinnen getötet wurden, um ihrem Herrn im Jenseits hilfreich zur Seite zu stehen. In der Folge begnügte man sich mit Ersatzfiguren. Symbolische Menschenopfer sind aus der Pyramidenzeit bekannt: tönerne Figuren gefesselter Männer und Tonschalen mit den eingeritzten Namen feindlicher Fürsten wurden zerschlagen. Auf eine Ablösung ursprünglicher menschlicher Opfer durch Opfertiere könnte ein Siegel weisen, das den ausgewählten Tieren aufgedrückt wurde; es zeigt einen knienden Mann, die Hände auf dem Rücken zusammengebunden, an der Kehle ein Messer.

Meschenet → Gebärziegel

Messer

Die kultisch verwendeten Messer durften nicht aus vom Menschen bearbeitetem Metall sein, sondern nur aus Stein. Der 22. Gau hatte den Namen «Messer aus Feuerstein». Das Messer ist eine magische Waffe, ein Symbol der Abwehr und Unschädlichmachung. So wurde in der Hieroglyphenschrift das Bild des zu Seth gehörigen Esels mit einem Messer zwischen den Schultern versehen, um so seinen schädigenden Einfluß zu bannen. Nach dem Schöpfungsmythos von Hermopolis lag die Geburtsstätte des Re mit dem Urhügel in der Mitte des «Sees mit den beiden Messern». Wahrscheinlich stehen die beiden Messer hier stellvertretend für die zwei sonst erwähnten Sykomoren, zwischen denen die Sonne am Horizont hervorkommt; daß es Messer sind, deutet auf den siegreichen Kampf des Sonnengottes mit den Mächten der Unterwelt, die ihn am Anfang hindern wollen. Im Totenbuch zeigen mehrere Vignetten, wie ein Kater als Vertreter Res dem Repräsentanten der Finsternis, der Schlange Apophis, mit einem Messer zu Leibe rückt. Das Messer ist öfters auch ein Attribut der Nilpferdgöttin Toeris. Im Mythos wird die Mondsichel als Messer gedeutet; so ist ein alter Text zu verstehen, wonach Chons, ein Mondgott, im Himmel dem König Opfer abschlachtet. Mit der Mondsichel als Waffe schneidet Thot den Frevlern die Köpfe ab.

Methyer

Die Göttin Methyer ist die Verkörperung des Urgewässers, das in Gestalt einer Kuh den Sonnengott zur Welt bringt und ihn zwischen dem Hörnerpaar zum Himmel emporhebt. Plutarch überliefert den Namen als Epitheton der Isis.

Milch

Texte und Bilder veranschaulichen, wie der König von einer Göttin (z.B. Isis) gesäugt wird, was einem symbolischen Ritus gleichkommt, durch den der Herrscher göttlicher Kräfte teilhaftig wird. Auf anderen Darstellungen trinkt der König die Milch von dem Euter der Himmelskuh, so auf einem Relief im Hathortempel zu Dendera. Zwei Milchtöpfe waren oft als Opfergabe in den Tempeln aufgestellt. Wegen ihrer weißen Farbe war die Milch eine Metapher für die Reinheit, so daß die Milchlibationen auch den Sinn einer Reinigungszeremonie haben konnten. Den Toten wurden volle Milchkrüge ins Grab mitgegeben, wozu es in einem Pyramidenspruch heißt: «Nimm die Brust deiner Mutter Isis». Später wurde dieser Gedanke bewußt auf die Osirissymbolik zugeschnitten: durch den göttlichen Trank wird das Weiterleben des von Seth Ermordeten gesichert. Auf den 365 Opfertischen des Osiris-Grabes durfte die Milch «nicht zu Ende gehen».

Min

In früher Zeit wurde der Gott in einem Fetisch verehrt, einem Pfeil mit Widerhaken nicht unähnlich; die Deutung reicht vom Blitzbündel bis zu einem Symbol für die Vereinigung von Mann und Frau. In abgeänderter Form hat sich das Emblem in der Schreibung des Gottesnamens erhalten und ist auch in den Zeichen des neunten oberägyptischen Gaues wiederzuerkennen. Die Kennzeichen des in menschlicher Gestalt dargestellten Fruchtbarkeitsgottes sind: geschlossene Beine (einer Mumie ähnlich), erigierter Phallus, über einem seitlich erhobenen Arm schwebt die Geißel, auf seinem Haupt ist eine Kappe mit über dem Rücken herabfallendem Band und zwei aufragenden Federn. Zu seinen Attributen gehört ein Beet mit Lattichpflanzen (Aphrodisiakum!), eine Rund-

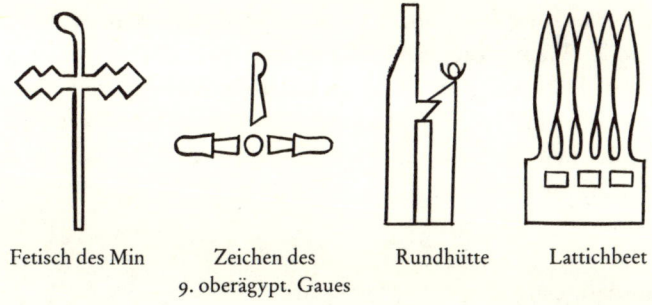

Fetisch des Min   Zeichen des 9. oberägypt. Gaues   Rundhütte   Lattichbeet

hütte, vor der an einer Stange ein Rindergehörn befestigt ist, und ein kleiner Naos mit daraufgestelltem blattartigem Fächer, von Lattichen umgeben. Rundhütte und Naos dürften auf ein altes Min-Heiligtum deuten. Min rückte vom Herrn der animalischen Fruchtbarkeit auch in die Stellung eines Vegetationsgottes. Sein Hauptfest war das sogenannte «Fest der Treppe», wobei der Gott auf seiner «Treppe» (Bahre für Götterstatue oder Dreschtenne?) die erste, vom König selbst geschnittene Ähre empfängt.

Mond

Da der Mond als «Sonne, die in der Nacht leuchtet» galt, wurden Vorstellungen über den Lauf der Sonne auch auf das lunare Gestirn übertragen. So kann z. B. der Mond von Pavianen angebetet und in der Nacht von Schakalen begleitet werden. Gewöhnlich wird der Mond als Scheibe dargestellt, die auf der Sichel ruht. Der Mondgott Chons trägt als Kopfschmuck Scheibe und Sichel. Die Mondsichel kann versinnbildlicht werden durch eine schneidende Waffe, wie sie der Mondgott Thot in der Hand hat, oder durch ein Bein, das zur Reliquie des Osiris geworden ist. Die Mondphasen sind ein Symbol für Leben und Tod und deuten auf das Sterben und die Wiederauferstehung des Osiris. Die vierzehn Teile, in die des toten Osiris Körper zerstückelt wurde, entsprechen den vierzehn Tagen des abnehmenden Mondes. In der Mythologie spielt die Gleichsetzung des Mondes mit dem verletzten Auge des Horus eine Rolle. Neben die alten Mondgötter Joh (auf den wenigen bildlichen Darstellungen als Mann mit Königsschurz und Mondscheibe auf dem Haupt wiedergegeben), Thot, Chons und Osiris tritt in der hellenistischen Zeit die weibliche Gottheit Isis (in der interpretatio graeca Selene).

Mondauge

Der Mond galt seit früher Zeit als linkes Auge des Himmelsgottes und wurde in geschichtlicher Zeit als Auge des Horus bezeichnet. Das Zu- und Abnehmen des Mondes gab wohl den Anlaß zum mythischen Kampf zwischen Horus und Seth, den Vertretern von Licht und Finsternis. Schließlich gelingt es Seth, das Auge des Horus zu rauben und zu verschlingen (= Schwinden des Mondes). Aber Horus selbst entreißt mit Hilfe anderer Götter dem Feind das Auge; nach einer Version muß es aus Seths Bauch herausgeschnitten werden. Es wird auch erzählt, daß das Mondauge in den Wassern des Himmelsozeans versunken ist und von Thot und dem Luftgott Schu in einem Netz gefangen wurde. Der Mythos vom Mondauge weist zahlreiche Berührungspunkte mit dem vom Sonnenauge auf.

Month

Ursprünglich in Hermonthis verehrt, wurde der falkenköpfige Gott von den Herrschern der 11. Dynastie nach Theben gebracht, wo er jedoch in seiner Bedeutung als Königsgott bald von Amun zurückgedrängt wurde. Noch heute ist in Karnak nördlich des großen Amuntempels der Tempel des Month zu finden. Dargestellt wurde der Gott mit einem Falkenhaupt, das von der Sonnenscheibe und einem hohen Federpaar gekrönt wird. Er kämpft gegen die Gottesfeinde und gibt den Königen den Sieg, trägt also den Charakter eines Kriegsgottes. Mit dem Speer schlägt er die Gegner seines Vaters Re nieder; ja theologisch wird er selbst mit dem Sonnengott gleichgesetzt. Das heilige Tier des Month war ein weißer Stier mit schwarzem Gesicht, der in späterer Zeit Buchis genannt wurde. Mit dem Aufblühen des Tierkultes galt der Stier immer mehr als weltliche Erscheinungsform des Gottes.

Mundöffnung

Der Ritus der Mundöffnung sollte dem Verstorbenen durch einen magischen Akt den Gebrauch seiner Organe zurückgeben. Als Ort der an den Statuen vollzogenen Zeremonie wird das «Goldhaus» genannt, d.i. die Werkstätte der Bildhauer und Goldschmiede. Auch an der Leiche selbst wurde der Belebungszauber vorgenommen, und zwar in der Balsamierungsstätte. Obgleich schon für die Pyramidenzeit die Mundöffnung belegt ist, sind wir doch erst durch Funde seit der 18. Dynastie über Einzelheiten unterrichtet.

Nach einleitenden Reinigungshandlungen folgt die Schlachtung eines Rindes, dessen Vorderschenkel (= Symbol der körperlichen Kraft) der Statue oder Mumie gereicht wird. Dann wird das Gesicht mit verschiedenen Geräten berührt, besonders zu erwähnen

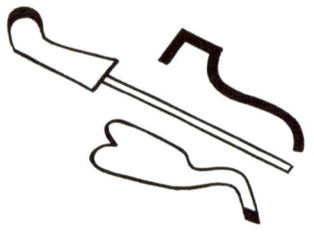

Der Mundöffnung dienende Geräte.

sind ein Messer mit fischschwanzförmiger Schneide (namens Peseschkaf) und ein hakenähnliches Gerät. Schließlich wird die Statue bekleidet, gesalbt und zum Opfermahl geführt. Der auch an Götterstatuen vollzogene Ritus soll über die Öffnung des Mundes hinaus auch die anderen Sinne dem Leben erschließen.

Mut

Die Gestalt der thebanischen Göttin Mut ist nur bis in das Mittlere Reich zurückzuverfolgen, dürfte aber schon früher verehrt worden sein. In der Regel wird sie als Frau mit dem Balg eines Geiers auf dem Haupte dargestellt, oft ruht auf der Geierhaube noch die ägyptische Doppelkrone – sicher ein Attribut aus der Zeit von Thebens Vormachtstellung. Sie gilt als Gattin des Amun, beider Sohn ist Chons. Durch die Erhebung Amuns zum Sonnengott wird Mut zum «Auge des Re»; und da das Sonnenauge sich vor allem in Löwengöttinnen offenbart, erhält Mut Löwengestalt. Im späten Neuen Reich rückt Mut in die Stellung einer Urgottheit, sie gilt nun als «Mutter der Sonne, in der diese aufgeht».

Myrrhe, Myrrhenbaum

Die im «Götterland» Punt wachsenden Myrrhenbäume sind der Hathor heilig, insofern sie als Herrin des Parfums und als Herrin von Punt gilt. In Sargtexten wünscht sich der Tote, daß er unter Myrrhenbäumen in der Nähe der Hathor eine Mahlzeit empfängt.

Die Myrrhen dienten zur Salbung, d. h. zur Reinigung. Mund und Lippen des Toten wurden mit Myrrhen gesalbt und somit rein zum Genuß der Opferspeise. Hathor selbst salbt den Toten, damit er im Westen lebt wie Re und an dessen Opfertisch essen kann. Zahlreiche Grabmalereien des Neuen Reiches zeigen auf dem Haupt der Toten Salbkegel aus duftendem Harz.

Nacht

Im Gegensatz zur (bis in die Urzeit zurückreichenden) Finsternis ist die Nacht ein von den Göttern erschaffener Bestandteil dieser Welt, der aber den Mächten jener unergründbaren jenseitigen Welt offensteht. Das Dunkel der Nacht ist gleich einem Tor zum Geheimnis des Seins. Nach dem Totenbuch (149,99) ist es nur in der Stille der Nacht möglich, die rätselhafte Nilschlange zu erblicken. Die Dichter der Klagelieder erzählen, wie in der Dunkelheit die Raubtiere aus ihren Verstecken hervorkommen und Krankheit und Tod den Menschen überfallen. Die undurchdringliche Nacht hat aber auch positive, regenerierende Kräfte. Wie das Licht aus dem Dunkel hervorbricht, so das Leben aus dem Tod. Diese Hoffnung der Ägypter drückt auch eine Illustration aus dem Papyrus der Chenut-ta-wi aus: der «Tod, der große Gott, der Götter und Menschen gemacht hat», ist als Fabeltier mit zwei Paar Menschenbeinen, einem Schlangenleib mit Menschenhaupt und dem Schwanzende mit dem Kopf eines Schakals dargestellt; unter dem Körper befindet sich die untergegangene Sonne ganz klein in dem Reich der Nacht, während die aufgehende Sonne von den beiden Geierflügeln gehalten wird.

Name

Im Namen ist das ganze Wesen seines Trägers enthalten. Dinge und Personen existieren eigentlich erst von dem Zeitpunkt an, wo sie einen Namen tragen. Der Name ist somit mehr als nur ein

Mittel der Identifizierung. Der Name bedeutet die Offenbarung des Wesens oder die Realisation einer Eigenschaft, so heißt es von Osiris: «Er bringt die Länder zur Ruhe in seinem Namen Sokaris; mächtig ist sein Ansehen in seinem Namen Osiris; er besteht bis an die Enden der Ewigkeit in seinem Namen Onnophris.» Die vielen Namen für eine Gottheit – Osiris hat im 142. Kapitel des Totenbuches hundert Namen – sind ein Symbol für die göttliche Wesensfülle. Oft findet sich eine Scheu, den wahren göttlichen Namen auszusprechen; so entstehen Decknamen wie z. B. die Gottesbezeichnung Cheribakef, d.h. «Der unter seinem Ölbaum». Der wahre Name der Götter ist «geheim». In den Pyramidentexten (276, 394) wird von dem Gott gesprochen, «dessen Name unbekannt ist» oder von dem Gott, dessen Name «nicht einmal seine Mutter kannte».

Das Leben eines jeden Menschen wird von den geheimen Kräften seines Namens getragen. Ein ägyptisches Sprichwort lautet: «Wessen Name ausgesprochen wird, der lebt.» Deswegen werden die Namen der Könige und der Großen immer wieder auf Denkmäler und Inschriften gesetzt, um so das Leben des Namensträgers über den Tod hinaus zu garantieren. Die schlimmste Strafe war daher die Namenstilgung durch Verfluchung oder Auskratzen auf den Denkmälern. Der «Ketzerkönig» Echnaton sollte nach seinem Tod durch Namensverlust an einem Weiterleben gehindert werden. Nur wer die Namen der dämonischen Mächte weiß, kann sie verwünschen oder gar vernichten. Mit den Worten: «Ich kenne euch, ich kenne eure Namen» sollten die Geister des Jenseits unschädlich gemacht werden.

Naos

Unter Naos versteht man einen Götterschrein, eine Art Tabernakel, in dem das Bild der Gottheit oder sein heiliges Symbol aufgestellt ist. Die Mehrzahl der Schreine war aus Holz, da sie während der Prozession auf der Götterbarke mitgetragen wurden. Im Tempel hatte der Naos einen eigenen Raum (Kapelle). Im Totentempel

Sethos I. zu Abydos waren sieben Kammern je einer Gottheit geweiht: Sethos I. als inkarnierter Gott, Ptah, Harachte, Amun, Osiris, Isis und Horus; an der Rückwand jeder Kammer stand der Naos (auf der Götterbarke). Der Sockel der Götterschreine ist öfters mit Figuren des Königs geschmückt, der den Himmel trägt. Der Naos ist also ein Bild des Himmels; das Öffnen der Tür des Schreins wurde mit den Worten eingeleitet: «Geöffnet werden die Pforten des Himmels.»

Natron

Natron, aus altägyptisch neter, ist die ältere, wissenschaftlich ungenaue Bezeichnung für Natriumcarbonat (Soda). Es diente nicht nur zur Mundhygiene und als Waschmittel, sondern auch zu kultischen Reinigungen und zum Austrocknen der Mumien. Im täglichen Ritual des Tempeldienstes, wie es uns die im Totentempel von Sethos I. zu Abydos vorgefundenen Darstellungen zeichen, wurden der Gottheit in einem Napf vier Natronkörner dargebracht: Symbol der Reinigung und der Reinheit.

Nechbet

In Elkab (ägyptisch Nechab), dem Hauptort des 3. oberägyptischen Gaues, wurde die Geiergöttin Nechbet verehrt. Nachdem Elkab im Zusammenschluß mit der Nachbarstadt Hierakonpolis (ägyptisch Nechen) Residenz des oberägyptischen Reiches wurde, rückte Nechbet in die Stellung einer Landesgöttin: sie repräsentiert Oberägypten, während in Unterägypten die Schlangengöttin Uto Schutzherrin ist. Die Tiere der beiden Göttinnen werden zu Symboltieren der beiden Landeshälften. Geier und Schlange gehen in den Königsschmuck ein, besonders als Zierde des Hauptes; ja, sie werden zu einer Verkörperung der beiden Kronen. Dabei kann der Geier selbst zur Schlange werden; die beiden die Sonnenscheibe umwindenden Uräen werden deshalb gelegentlich als Nechbet und Uto gedeutet. Beide Schutzgöttinnen können als mythische Mütter des Königs auftreten, dem sie ihre Brust reichen. Im Volksglauben des Neuen Reiches und der Spätzeit wird Nechbet als Geburtsgöttin verehrt. Ihre Gestalt ist in der Regel menschlich, auf dem Haupt trägt sie den Balg eines Geiers. In der Königssymbolik tritt sie jedoch häufig in der Gestalt des ihr heiligen Geiers auf. (Abb. siehe Seite 74.)

Nefertem

Die Gestalt des Nefertem ist die vergöttlichte Lotosblume, die er auch in seiner anthropomorphen Darstellung als Kopfschmuck trägt, oft noch unter Beifügung zweier steil aufragender Federn. In einem Pyramidentet (266) wird er als «Lotosblume an der Nase des Re» bezeichnet, wodurch er treffend in seiner Funktion als Gott des Wohlgeruchs gekennzeichnet ist. Aufgrund der solaren Symbolik des Lotos rückt Nefertem in die Nähe der Sonnengötter; er weilt «alle Tage» bei Re, ja er verbindet sich mit dem Sonnenkind Horus zu einer Wesensgemeinschaft. Öfters wird Nefertem löwenköpfig dargestellt, oder er steht auf einem liegenden Löwen (= Sonnentier).

Neith

Die alte Stadtgöttin von Sais war ein kriegerisches Numen, wofür ihre Attribute Bogen, Pfeile und Schild sprechen. Die Kriegsgöttin segnet auch die Waffen des Jägers. Wenn in alter Zeit Waffen um den Sarg gestellt wurden, dann dürfte dies mit der Schutzfunktion der Göttin zusammenhängen. Durch die Lage ihres Kultortes im Delta erklärt sich die nahe Beziehung zu dem Krokodilgott Suchos, der ihr Sohn genannt wird. Im Neuen Reich gilt sie als «Gottesmutter», «die den Re gebar». Dadurch rückt Neith in die Stellung einer Urgöttin, die jenseits der Geschlechter steht. Erst durch sie wurde «der Samen der Götter und Menschen geschaf-

  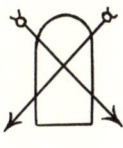

Alte Darstellung des Heiligtums der Neith: 2 Fahnenstangen, das Kultsymbol und der Naos.

Symbol der Neith.

Gauzeichen von Sais.

fen». Weiter ist Neith eine Totengöttin; schon in den Pyramidentexten (606) wacht sie zusammen mit Isis, Nephthys und Selket an des Osiris Bahre. Durch die Mumienbinden sollte der Tote ihres göttlichen Schutzes teilhaftig werden. Die Binden und Laken sind eine Gabe der Neith, die als Schutzherrin der Weberei galt. Die früher vorgebrachte Deutung des Neith-Symbols als Weberschiffchen läßt sich allerdings nicht belegen.

Neunheit

Mit Neunheit (ägyptisch pesedjet = Gruppe der Neun) bezeichnete man die Gesamtheit der Götter eines Ortes. Der Zusammenschluß von drei mal drei Gottheiten umfaßte alle im Kosmos sich offenbarenden Urkräfte. Die älteste Neunheit dürften die Götter des kosmogonischen Systems von Heliopolis sein: An der Spitze steht der Schöpfergott Atum, es folgen paarweise seine Kinder Schu (Luft) und Tefnut (Feuchtigkeit), dann seine Enkel Geb (Erde) und Nut (Himmel) und schließlich als «Kinder der Nut» die beiden Götterpaare Osiris mit Isis und Seth mit Nephthys.

Den Begriff der Neunheit übernahmen auch andere Orte, ohne sich jedoch immer an die Zahl zu halten; so hatte Theben unter Führung des Gottes Month eine «Neunheit» von 15 Göttern. In Memphis erblickte man in den Göttern der Neunheit die Organe des Schöpfergottes Ptah; und da dieser die Welt durch das Wort erschaffen hat, so erscheinen – neben der im Mythos bedeutsamen Zunge – die maskulinen Zähne und die femininen Lippen als die

Neunheit des Ptah. Schließlich finden sich Zähne und Lippen als «die beiden Neunheiten», als schöpferische Kräfte, dem Sonnengott Re zugeordnet.

Nil → Hapi

Nilpferd

Bereits im Alten Reich gab es in Unterägypten ein Nilpferd-Fest, bei dem der König ein weißes Nilpferd erlegte. Schon bald galt dabei der König als Horus, der den tiergestaltigen Seth tötet. Sicher sind so die auf Wandbildern des Neuen Reiches dargestellten Nilpferdjagden zu deuten (z. B. im Grabe Tut-ench-Amuns). Im Tempel zu Edfu zeigen mehrere Bilder, wie Horus «den Elenden in Nilpferdgestalt» mit einer Lanze ersticht. Die Ambivalenz aller echten Symbole läßt auch das Nilpferd in gutem Licht erscheinen. Im Neuen Reich wurde den Holzrahmen der Totenbetten Nilpferdgestalt verliehen; hier hatte der Dickhäuter eine apotropäische Bedeutung. Darüber hinaus galt das Nilpferd als Symbol der (weiblichen) Fruchtbarkeit und manifestierte sich in der Gestalt des Schutzdämons Toeris. Schließlich müssen noch die schönen Nilpferdfigürchen aus blauer Fayence aus den Gräbern des Mittleren Reiches angeführt werden.

Nun

Als Urstoff, als erste Materialisation des Seins, ist Nun zunächst kosmisches Element. Es ist die Urflut vor der Schöpfung, dann aber auch das Meer, das die Erde trägt. Wahrscheinlich wurde Nun erstmals in Hermopolis in einer männlichen Gottheit personifiziert und erhielt gelegentlich als Glied der Achtheit einen Froschkopf. Als ältester Gott, der noch in die Zeit des Chaos zurückreicht, führt er die Beinamen «Der Alte» und «Vater der Götter».

Nut

Nach der heliopolitanischen Götterlehre ist Nut die Tochter des Luftgottes Schu und Gattin des Erdgottes Geb. Sie ist die Personifikation des Himmelsgewölbes; dem entspricht ihre bildliche Darstellung als Frau, die sich über die Erde beugt, mit Händen und Füßen den westlichen und östlichen Horizont berührend. Sie ist die Herrin der Gestirne, die alle ihre Kinder sind und von denen es heißt: «sie gehen ein in ihren Mund und kommen wieder hervor

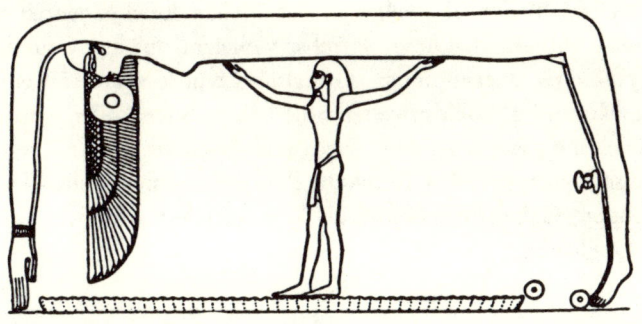

Die Himmelsgöttin Nut, vom Luftgott Schu gestützt. An ihren Schenkeln die neugeborene Sonne als Käfer (Chepre); an ihrem Mund die untergehende Sonne mit Flügeln.

aus ihrem Schoß». Nut erhielt deshalb die Bezeichnung «Sau, die ihre Ferkel frißt» und wird verschiedentlich als säugendes Mutterschwein dargestellt. Sie ist auch die Mutter des Sonnengottes Re, den sie am Abend verschlingt und am Morgen wieder gebiert. Durch die damit verbundene Auferstehungssymbolik spielt Nut eine Rolle im Totenglauben. Sarg und Grabkammer werden mit Sternen oder einem Bild der Himmelsgöttin (oft mit Geierflügeln und einem kleinen kugeligen Gefäß auf dem Haupte) geschmückt; der Sarg selbst ist der Himmel, ist Nut, aus welcher der Tote zu neuem Leben erwacht.

Obelisk

Unter dem Namen Benben wurde in Heliopolis ein heiliger Stein verehrt, er wurde als erste Offenbarungsform des Urgottes Atum-Chepre erklärt. Auf diesen heiligen Stein sollen die Strahlen der aufgehenden Sonne zuerst gefallen sein. Der Benben war das Urbild der Obelisken. Die monolithischen, nach oben sich verjüngenden und mit einer (wahrscheinlich vergoldeten) Spitze (= Pyramidion) versehenen Steinsymbole galten als Sitz des Sonnengottes. In den Sonnenheiligtümern der fünften Dynastie stand jeweils ein Obelisk, in den Tempelhöfen des Neuen Reiches waren sie paarweise aufgestellt. Diese zunächst vielleicht nur aus Gründen der Symmetrie übernommene Gestaltung wurde später zu einer Sonne-Mond-Symbolik erweitert; die beiden Steinpfeiler wurden in Beziehung gesetzt zu dem Tages-und Nachtgestirn und vereinigten so in dem sakralen Bezirk die Pole des Kosmos. Beim Opfer verwendete Gaben wie Brot und Weihrauch erhielten die Form eines Obelisken.

Ohr

Als Symbol deutet das Ohr auf die geistige Bereitschaft, sich dem Gehörten zu erschließen. An sakralen Orten dargestellte Ohren sind Sinnbild der Gebetserhörung und deuten damit auf das Geneigtsein der Götter. Die auf zahlreichen Stelen angebrachten übergroßen Ohren – unter denen häufig der Stifter als Beter dargestellt ist – können auch als magisches Unterpfand gedacht sein, das Gebet an die Götter heranzubringen.

Öl

Das im Alltag Schmerzen lindernde und Wunden heilende Öl sollte in der kultischen Salbung über das diesseitige Leben hinausreichende Kräfte verleihen. Im Hinblick auf die Anwendung beim

Verstorbenen heißt es, daß das Öl «die Glieder verknüpft, die Knochen verbindet, das Fleisch zusammenfügt» und somit den Zerfall des Körpers aufhebt und für das jenseitige Leben unwirksam macht. Zur Opferliturgie im Totenkult gehört neben dem Wasserguß und der Räucherung auch die Darbringung von sieben Ölen. In einer Grabmalerei zu Der el Medineh (Grab Nr. 2) stehen Isis und Nephthys am Bett des Toten, die eine Göttin hält ihm die Lebensschleife hin, die andere ein Ölgefäß. Nach einem Pyramidenspruch (451) wird das heilige Öl mit dem Uzatauge gleichgesetzt. Das glänzende Öl feit den Gesalbten vor den Mächten der Finsternis.

Onuris

Griechische Bezeichnung des in der oberägyptischen Stadt This (Thinis) verehrten Gottes Anhuret; der Name bedeutet «der die Ferne bringt». Nach einer mythischen Überlieferung hat er das Sonnenauge, das sich im Zorn von Re getrennt hatte, wieder zurückgebracht. In dieser Funktion verschmilzt er mit Schu und wird im Neuen Reich überwiegend Onuris-Schu genannt. Als Partnerin des Gottes gilt die Löwengöttin Mehit, die mit dem ebenfalls als Löwin gedachten Sonnenauge in Verbindung steht. Ursprünglich war der menschengestaltig, mit vier Federn auf dem Kopf und einer Lanze in der Hand dargestellte Gott eine «Abstraktion des königlichen Jägers» (nach Helck). Als «Herr des Gemetzels» wirft er die Feinde des Himmelsherrn nieder; mit einem Strick fängt er seine Opfer.

Opfertafel

In vorgeschichtlicher Zeit bestand das Opfer aus einem auf eine geflochtene Matte gelegten Brot. Diese Opfermatte (namens hetep) wurde zum Schriftzeichen für «Opfer». Mit Beginn des Alten Reiches werden die Matten durch steinerne Opfertafeln ersetzt, die in ihrer Form häufig dem Hetep-Zeichen nachgebildet sind oder ein solches als Relief auf der Oberseite tragen; die Spitze des Hetep-Zeichens (die dem Bild des Brotes entspricht) ist immer dem Opfernden zugekehrt. Eingelassene Vertiefungen waren für die Wasserspenden vorgesehen. Oft sind die Libationskrüge reliefartig in der Steinplatte angedeutet. Die im Bild und Text festgehaltenen Opfertafeln sollen eine Verewigung des Opfers darstellen. Die für die Götter bestimmten Opferplatten haben – im Gegensatz zu den für die Toten bestimmten – nach allen vier Himmelsrichtungen je ein Hetep-Zeichen und bilden zusammen mit ihrem Sockel eine Art von Altar.

Orientation

Durch den täglichen Lauf der Sonne ragen unter den Himmelsrichtungen in ihrer Bedeutung Osten und Westen hervor. Mit diesen Himmelsgegenden verbindet sich die Vorstellung von Geburt und Tod. Die Nekropolen wurden meistens im Westen des Fruchtlandes angelegt; in der euphemistischen Sprache wurden die Verstorbenen als «die Westlichen» bezeichnet. Seit Beginn des Alten Reiches werden die Toten so gebettet, daß sie der aufgehenden Sonne entgegenblicken können. Der zu den Pyramiden gehörende Totentempel wurde (seit der 4. Dynastie) im Osten angelegt. Der Zugang zu den Pyramiden ist immer von Norden; diese Himmelsrichtung verweist auf die «unvergänglichen» Circumpolarsterne als Jenseitsbild. Nicht nur die Gräber, auch die Tempel sind orientiert, und zwar mit wenigen Ausnahmen (z. B. Tempel der Hathor zu Dendera ist nach dem der Göttin heiligen Sothisstern ausgerichtet) nach der Ost-West-Richtung. Die Achse des Felsentempels zu Abu Simbel ist genau nach dem Aufgangspunkt der Sonne zur Tag- und Nachtgleiche orientiert.

Ornamente

In den alten Hochkulturen hatten die Ornamente neben ihrer Funktion als Schmuckelemente sehr oft die Bedeutung von Sinnträgern. Auch in Ägypten ist die Entstehung des Ornamentes nicht nur dem Spiel- und Nachahmungstrieb zuzuschreiben, «vielmehr ist es Symbol und erhebt den Gegenstand, der es trägt, in einen höheren Bereich» (W. Wolf). So ist es eigentlich nicht anders zu erwarten, als daß Ornamente mit Sternen an den Decken, Friese von Sonnenschlangen oben an der Wand und aneinandergereihte Lotospflanzen (im Ursumpf) nahe am Boden zur Darstellung kommen – in Übereinstimmung mit dem symbolträchtigen Vergleich von Tempel, Palast und z. T. auch Sarg mit dem Weltall. Im Ornament kann die Vorstellung vom kosmischen Ordnungsgefüge angedeutet sein. Inwieweit dies z. B. für die in ägyptischen Grabmalereien häufig anzutreffenden Spiral- und Schlingmuster zutrifft, läßt sich im einzelnen nicht sagen; wenn Rosetten oder die Sonnenscheibe tragende Kuhköpfe (z. B. an der Decke des Grabes von Amenhotep III. zu Tell el Amarna) eingestreut sind, könnte man an den Sonnenweg denken. Verschiedene Ornamente enthalten ausgesprochene Symbolmotive wie die Lebensschleife (in Theben das Grab Haremhebs) oder den Djedpfeiler (in Theben das Grab von Sethos I.). Falsch wäre es jedoch, alle Ornamente symbolisch zu deuten; gerade in späterer Zeit dürfte der dekorative Charakter im Vordergrund gestanden haben.

Osiris

Die bekannteste und in ihrer Symbolik vielleicht umfassendste Gestalt des ägyptischen Pantheons ist Osiris. Sein Name könnte «Sitz des Auges» bedeuten und würde dann mit seinem Schriftzeichen übereinstimmen. Schon früh ist der chthonische Fruchtbarkeitsgott Osiris mit dem alten Königsgott Anezti von Busiris zusammengeflossen; von letzterem hat er die Herrschaftsinsignien Krummstab und Geißel übernommen. Der vegetabilische Aspekt ist im Korn symbolisiert: das Hineintreten in die Erde (= Begräbnis), das Ruhen im Dunkel (Unterwelt) und das Keimen der neuen Saat (= Auferstehung). Verständlicherweise besteht zwischen dem lebenspendenden Wasser und dem Gott eine besondere Beziehung; der Nil wird als «Ausfluß aus Osiris» bezeichnet.

Von seinem Vater, dem Erdgott Geb, erhält Osiris die Herrschaft über das Irdische; er führt den Acker- und Weinbau ein und erhält den Namen Wennofer, d. h. «Das ewig gute Wesen» oder «Der Vollendete». Sein Bruder Seth neidet ihm dies Herrscherglück; er lockt Osiris in einen Kasten und wirft ihn in den Nil – durch des Gottes (= Fruchtland) Wassertod (= Überschwemmung) wird die neue Ernte ermöglicht! Der Mythos von der Zerstückelung des Osiris dürfte in späterer Zeit entstanden sein, als mehrere Orte behaupteten, einen Körperteil des Gottes zu besitzen: Busiris hatte das Rückgrat (= Djedpfeiler), Abydos den Kopf, Mendes den Phallus, Philae ein Bein. Jede dieser Städte hatte ein Osirisgrab, meist auf einer Insel in bewußter Anspielung an den Urhügel; unmittelbar am Sarg war ein Baum gepflanzt, der die Auferstehung des Gottes andeuten sollte.

Als Herrscher der Unterwelt, die er «umschließt», vertritt Osiris die Sonne in ihrer nächtlichen Form; ja selbst im Mond wollte man ihn wiedererkennen, wobei die Mondphasen als Hinweis auf des Gottes Sterben und Wiederauferstehen gedeutet wurden. Die Berührung des Osiriskultes mit dem des Horus führte zu einem Ausgleich zwischen beiden Göttern, indem der Falkengott als Sohn des Osiris erklärt wurde. Daraus leitet sich die Königssymbolik ab, wonach der lebende Herrscher des Horus Inkarnation darstellt, der verstorbene König zu Osiris wird. Seit Beginn des Mittleren Reiches werden alle verklärten Toten zu Osiris, der selbst ein Symbol der Auferstehung ist. Die Wiederauferstehung des Osiris wird teils den Balsamierungskünsten des Anubis zugeschrieben, teils Isis, die mit ihren Flügeln dem Toten Lebensluft zuweht, teils auch Horus, der seinen Vater umarmt und ihm das Horusauge zu essen gibt. Die Hautfarbe des Gottes ist symbolisch: entweder weiß wie die Mumienbin-

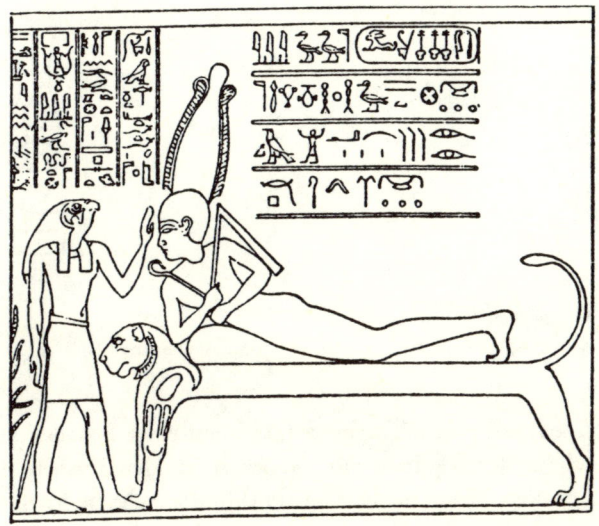
Wiederauferstehung des Osiris.

den (meistens sind auch die Füße geschlossen, also in Mumienhaltung), schwarz als Hinweis auf die Totenwelt oder grün zum Zeichen der Auferstehung.

Osiris-Symbol

Der 8. oberägyptische Gau (mit This als Residenz) hat als Zeichen ein bienenkorbartiges Gebilde, das von einem Federpaar gekrönt wird. Von ägyptologischer Seite wurde das Zeichen u. a. als Urhügel gedeutet, was durch die Bezeichnung des Gaues (ta wer = «ältestes Land») gestützt werden könnte. Bereits in altägyptischer Zeit wurde das Zeichen nicht mehr verstanden und nunmehr auf Osiris bezogen; man erblickte darin ein Reliquiar für das Haupt des Gottes und schmückte es dementsprechend mit Stirnband und Uräus. Die ebenfalls im 8. Gau gelegene Stadt Abydos, die angeblich das Haupt des Osiris aufbewahrte, übernahm unter leichter Abänderung des Gauzeichen als Kultsymbol. Im Tempel des Königs Sethos I. in Abydos wird es mehrmals als Osiris-Symbol

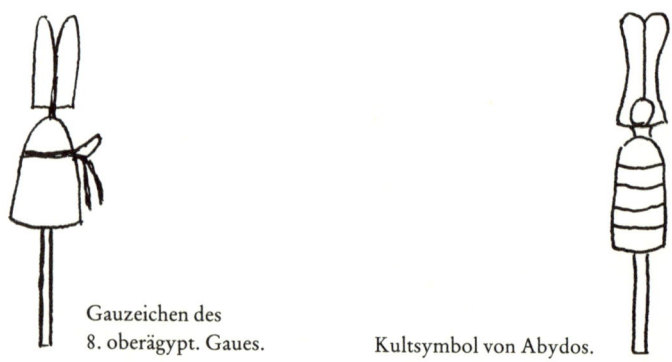

Gauzeichen des 8. oberägypt. Gaues.   Kultsymbol von Abydos.

dargestellt, teils auf einem Traggestell, teils auf einer Prozessionsbarke. Auch in der Vignette zum «Spruch für den Eintritt des Toten in Abydos» (Totenbuch, Kap. 138) findet sich das Symbol, das häufig zwischen den Federkielen eine kleine Sonnenscheibe aufweist.

Osten

Im Weltbild der alten Ägypter spielten die östliche und die westliche Himmelsrichtung wegen ihrer Verknüpfung mit dem Sonnenlauf eine besondere Rolle. «Am östlichen Horizont» steht «jene hohe Sykomore», auf der die Götter sitzen. Im Osten ist die Heimat des Sonnengottes, deren Name «Flammeninsel» ein Bild für die Morgenröte ist. Der morgendliche Sonnenaufgang wird auch zum (noch zu Lebzeiten erhofften) Vorbild für die Toten; als «östliche Seelen» wohnen sie bei Re. Das am Ostrand des Niltals gelegene Heliopolis hat seinen Sonnenkult nicht ohne Absicht auf die Morgensonne ausgerichtet und damit (nach Kees) seinen Geltungsanspruch im Bereich des Kosmos unterstrichen.

Oxyrhinchos → Fische

Palme

Als primitive Ritzzeichnung findet sich die Dattelplame bereits auf vordynastischen Tongefäßen, die als Totenbeigabe dienten. In frühdynastischer Zeit kommt das Motiv zweier Giraffen vor, die einen – nicht näher bestimmbaren – Baum flankieren bzw. an den Wedeln einer Dattelpalme zu fressen scheinen. Bei den reliefgeschmückten Seitenflächen der Sitzstatuen des Chephren sind Palmsäule und Papyrusstengel als Wappenpflanzen Ober- und Unterägyptens um die Hieroglyphe für «Vereinigung» geschlungen. Abgesehen von ihrer Beziehung zu der Sykomore wird die Göttin Hathor «Herrin der Dattelpalme» genannt. Aus einer Palme heraus reicht sie oder die Himmelsgöttin Nut dem Verstorbenen Speise und Trank. Die Dattelpalme war besonders dem Re heilig; mit ihrem hohen Stamm und ihrer strahlenförmigen Wedelkrone galt sie als Erscheinungsort des Sonnengottes. Diese Beziehung erklärt vielleicht auch, warum die Palmsäule, die ja aus der Dattelpalme abgeleitet wurde, am häufigsten in den beiden Blütezeiten der Sonnengott-Verehrung auftritt, nämlich in der 5. Dynastie und unter Amenophis III. und Echnaton.

Die Dumpalme (kenntlich vor allem an ihrem zwei- bis dreifach gegabelten Stamm) stand in enger Beziehung zu Thot – dem Gott in Paviangestalt! – und zu Min. Letzterer ist mit der Palme durch das gemeinsame Merkmal der Fruchtbarkeit verbunden; wenn in zwei Gräbern des Neuen Reiches die Dumpalme die gefüllten Speicher ziert, dann sind sie die Verkörperung des göttlichen «Spenders der Nahrung und aller Kräuter».

Palmrippe

Symbolische Bedeutung hat die Palmrippe als Jahreszeichen. Eine Tür im Tempel von Medamud (jetzt im Ägyptischen Museum zu Kairo) zeigt, wie Sesostris III. von Horus und Seth, den Landesgöttern Unter- und Oberägyptens, je eine Palmrippe als Signum für eine lange Regierungszeit erhält. Verschiedentlich ist am unteren Ende der Palmrippe eine Kaulquappe angebracht, das Zeichen für 100 000. Bei einem Relief an der Außenwand des ersten Pylons zu Medinet Habu überreicht der thronende Amun an so einer Palmrippe dem König das vierfache Ideogramm für «Sedfest», ein großes Jubiläumsfest, das gewöhnlich zum erstenmal im 30. Regierungsjahr des Herrschers gefeiert und dann in kürzeren Abständen wiederholt wurde. Die Palmrippe – auf dem Haupt oder in Händen – ist Attribut des Gottes Hah, der Personifikation der Ewigkeit.

Panther → Leopard, Panther

Papyrus

In der Kunst war die Papyruspflanze ein Symbol der aus dem Urwasser entstehenden Welt; Papyrussäulen stützen die Tempel, in denen sich täglich aufs neue die Schöpfung wiederholt. Darüber hinaus ist der Papyrus die Wappenpflanze Unterägyptens und dessen Göttin Uto geweiht. Mehrere aus einem Stück Land wachsende Papyrusstengel bilden das Schriftzeichen für Unterägypten. Das Ideogramm dieser Doldenpflanze bedeutet «grün» und «grünen» und wurde zum Symbol für «Gedeihen». Uto, die «Grüne» genannt, wurde öfters als eine sich über Papyrusstauden aufrek-

Papyrusland (Unterägypten)

Papyruszepter

Papyrusstrauß

kende Schlange dargestellt. Schon in der Frühzeit erhielt die Göttin einen Papyrusstab als Szepter; im Alten Reich wurde auch Bastet und Hathor dieses Emblem zuteil. Göttern und Toten wurden ganze Papyrussträuße dargebracht; sie bedeuten Triumph und Freude.

Pavian → Affe

Pfeil

Bogen und Pfeil gehören zu den ältesten Waffen des Menschen und sind in den Mythen des alten Orients auch den Göttern zugehörig. Der Pfeil als Ausdruck göttlicher Macht wurde in Neith personifiziert; ihr Kultsymbol wird von einem Paar sich kreuzender Pfeile gebildet. Zwei auf einem Schild gekreuzte Pfeile sind das Gauzeichen des 4. und 5. unterägyptischen Gaues, dem eigentlichen Verehrungsgebiet der Neith. Zwei gekreuzte Pfeile kennzeichnen auch die Kraft der Hemsut, des weiblichen Gegenstücks des Ka. Schließlich sind Bogen und zwei Pfeile neben Speer und Keule die Waffen der thebanischen Schutzgöttin Uaset. Pfeile können auch zum Symbol der Sonnenstrahlen werden: Atum ist der Bogenschütze, der seine Strahlen wie mit Pfeilen schießt, und in einer die Formen der Tagessonne verzeichnenden Liste aus griechisch-römischer Zeit wird die 7. Stunde durch einen pfeilschießenden Affen gekennzeichnet. Wenn in den Zeremonien des Herrschaftsantrittes der König je einen Pfeil nach den vier Himmelsrichtungen abschoß, dann sollte dies seine Macht bis an die Enden der Erde andeuten.

Phallus

Trotz ihrer hohen Kultur standen die alten Ägypter den Triebkräften der Natur noch aufgeschlossener und ungenierter gegenüber als ihre Epigonen (Griechen und Römer). Alle Fragen der Erotik wurden in Text und Bild äußerst diskret behandelt. Wo das Sexuelle aber über den Alltag hinaus Bedeutung gewann, wurde es mit einer fast kindlichen Naivität und zugleich mit einem reifen

Ernst dargestellt und durch das Aufzeigen seiner Symbolik sublimiert. Das Bild der Vulva diente als Schriftzeichen für Frau; ebenso ging der Phallus in das Schriftbild ein, so etwa als ein Zeichen für die Lautverbindung «mt» (z. B. in den Wörtern: Same, Gift, Mittag).

Ausgesprochen symbolische Bedeutung muß den ithyphallischen Darstellungen zuerkannt werden, so bei dem Fruchtbarkeitsgott Min, in Anlehnung an ihn bei dem thebanischen Amun und schließlich auch beim toten Osiris, dessen membrum vivum geradezu ein Sinnbild für die den Tod überwindenden Lebenskräfte ist. Im Tempel der Hathor zu Der el Bahri fanden sich vor dem Kultbild der Liebesgöttin zahlreiche Phallus-Nachbildungen aus Holz und Stein, die Kindersegen bewirken sollten.

Phönix

Der heilige Vogel von Heliopolis war zunächst wahrscheinlich eine Bachstelze, später ein Reiher. Mit seinem langen, geraden Schnabel, der Kopf von zwei nach hinten stehenden Federn geziert, schien er der Sonne gleich aus den Wassern aufzutauchen. Sein Name Benu (griechisch Phönix) ist eine Ableitung des Wortes uben, d. h. «leuchten», «aufgehen». Er hatte einen Kult neben dem des Sonnengottes Re in Heliopolis erhalten, wo er auf dem Benben-Steine (Obelisk) oder auf dem heiligen Weidenbaume wohnte. Der Phönix galt als Ba des Re, aber auch als Erscheinungsform des Osiris. Der Tote hatte den Wunsch: «Wie ein Phönix durchlauf ich

Ein Verstorbener (mit Ruder) in der heiligen Barke des Re; dahinter der Phönix und das für die rechte Fahrt so wichtige Steuerruder.

die Gebiete des Jenseits» (Totenbuch, Kap. 13). Die Spätzeit verwendete das Schriftbild des Phönix zur Bezeichnung des Ba. Der Phönix galt als «Herr der Jubiläen», was wohl zu der Vorstellung von der Langlebigkeit des Wundervogels führte. Nach griechischer Überlieferung war der Phönix ein Symbol des sich durch den Flammentod erneuernden Lebens – ein Bild der aus der Morgenröte emporsteigenden Sonne.

Prozession

Der Sinn der religiösen Umzüge war, die Existenz der Götter allen Menschen sichtbar werden zu lassen. Während sonst der Gott in seinem Allerheiligsten nur den Priestern zugänglich war, konnten jetzt auch die Laien «die Schönheit ihres Herrn» sehen. Das wirkliche Kultbild wurde jedoch kaum dem Volk gezeigt, es blieb auf der Barke in dem Naos verschlossen; lediglich Statuen der Götter

Prozession eines Götterbildes.

wurden auf einem Tragbrett oder in einer Sänfte mitgeführt. Der Prozessionsweg wurde mit Sand, einem kultischen Reinigungsmittel, bestreut. Oft wurden große Strecken in einem Schiff auf dem Nil zurückgelegt, so z. B. bei dem Besuch der Hathor von Dendera bei Horus von Edfu – ein symbolischer Hinweis auf die Vereinigung der Himmelsgöttin mit dem Sonnengott.

Ptah

Der Stadtgott von Memphis wurde immer menschengestaltig dargestellt; er war einer Mumie ähnlich in ein enges Gewand gekleidet, mit schmucklosem, glattem Haupt. Sein Szepter ist eine Kombination von Djedpfeiler und Uasszepter. Zunächst vielleicht nur Gott des Handwerks – so wurde ihm die Erfindung der Künste zugeschrieben – rückte er schon in der Pyramidenzeit in die Stel-

Ptah erschafft die Welt als Künstler.

lung eines Creators. Seine Schöpferorgane sind Herz und Zunge; durch die Macht des Wortes hat er die Welt erschaffen. In jedem Herzschlag und in jedem Laut offenbart sich nun des Gottes Schöpferkraft. Ptah galt als der «Uralte», der in sich die Wesenheit des Nun (als des männlichen Aspektes) und der Naunet (weiblicher Aspekt) vereint. Dem Volk näher stand Ptah als «Bildner der Erde», der dem Chnum gleich auf einer Töpferscheibe die Wesen erschafft. Durch die Verbindung mit dem memphitischen Erd- und Totengott Sokari assimiliert Ptah auch das Wesen des Osiris.

Pylon

Die ägyptischen Tortürme der Tempel sind erst seit dem Neuen Reich belegt. Ihre Bedeutung dürfte vor allem in der Abwehr des Bösen, Gottfeindlichen gelegen haben. Darüber hinaus wurden die beiden Pylone mit dem göttlichen Schwesternpaar Isis und Nephthys gleichgesetzt, die den am Horizont erstrahlenden Sonnengott emporheben. Ob die Pylone die beiden Berge darstellen sollen, zwischen denen die Sonne aufgeht, ist jedoch nicht gesichert. Fest steht, daß die mit Isis und Nephthys verbundenen Tempeltürme als Hüter der in ihrem Heiligtum ruhenden Gottheit verstanden wurden.

Pyramide

Baugeschichtlich sind die Pyramiden die Fortbildung stufenmäßig angelegter Mastabas. Ein fester Bauplan für die Pyramiden bildet sich in der 4./5. Dynastie heraus. Der nach Norden führende Gang hält die Richtung auf die Zirkumpolarsterne, die als «die Unvergänglichen» gelten und unter denen der Verstorbene im Jenseits zu weilen wünscht. Die Sargkammer ist nach Westen, dem Totenreich, ausgerichtet. Der für den Kult des Königs bestimmte Tempel liegt auf der Sonnenaufgangsseite der Pyramide. Im Mittleren Reich wird dieses Ordnungsschema nicht mehr eingehalten.

Die symbolische Grundbedeutung der Pyramide dürfte wie bei dem einfachen Grabhügel und bei der Mastaba (rechteckiger, auf der Oberseite abgeflachter Grabhügel aus Natur- oder Ziegelstein) der aus dem Urwasser auftauchende Urhügel gewesen sein. Die Spitze der Pyramide, nach einer Inschrift des Alten Reiches vergoldet, wurde in Beziehung zur Sonne gebracht. Der in der Pyramide bestattete König tritt ja als Sohn des Sonnengottes Re sein Amt im himmlischen Jenseits an. Im Neuen Reich wurden den Toten öfters kleine Pyramiden aus Stein mitgegeben, auf deren Oberseite gewöhnlich ein Gebet des Toten an die aufgehende Sonne eingeritzt ist.

Räucherung

Die Räucherung hatte zunächst kathartische Bedeutung; der Weihrauch «reinigt und schmückt» und befreit von den typhonischen Mächten. Der Weihrauch selbst galt als eine überirdische Offenbarungsform und erhielt die Bezeichnung «Gottesschweiß, der auf die Erde fiel». Im Totenkult erblickte man in dem aufwärts

Räuchergerät in den
Händen der Könige.

Räuchernapf
(mit Harz und Flamme).

ziehenden Rauch einen Wegweiser in das Jenseits. Tempelreliefs zeigen öfters die Darbringung des «Gottesduftes». Als Räuchergefäß dient eine Schale, die seit dem Neuen Reich auf einem dem menschlichen Unterarm nachgebildeten Halter steht, dessen eines Ende in einem Götterkopf ausläuft; eine zweite Schale dient zur Aufbewahrung der Weihrauchkörner.

Re

Der Name des Sonnengottes bezeichnete zunächst das Gestirn selbst. Schon in früher Zeit besaß Re in On (griechisch Heliopolis = Sonnenstadt) eine Kultstätte; er verband sich mit Harachte, d. i. Horus als Morgensonne und übernahm von ihm zu seiner menschlichen Gestalt den Falkenkopf. Bei dem Zusammenfall von Re mit dem Schöpfergott Atum wird letzterer zu einer Erscheinungsform der untergehenden Sonne. Seit Chefren aus der 4. Dynastie bezeichnen sich die ägyptischen Könige als «Sohn des Re». Als mit dem Mittleren Reich Amun an die Spitze des Pantheons trat, konnte Re doch nicht verdrängt werden; durch die Fusion Amon-Re befestigten beide Götter ihre Stellung. Als Weltenlenker überquert der Sonnengott in seiner Barke den Himmelsozean, begleitet von seinem Wesir Thot und seiner Tochter Maat, der Verkörpe-

Der Sonnengott Re.

rung der kosmischen Ordnung. Das Sonnengestirn galt als sichtbarer «Leib» des Himmelsherrn, wurde aber auch als sein Auge gedeutet.

Rechts – links

Die linke Seite galt in Ägypten als Todesseite; nach dem Papyrus Ebers (16. Jh. v. Chr.) tritt der Lebenshauch durch das rechte Ohr in den Körper ein, der Todeshauch aber durch das linke Ohr. Wenn Horus den Feinden den linken Arm des Osiris entreißt (Totenbuch, 1. Kap.), dann bedeutet das den Sieg über die Mächte des Todes. Das linke Auge des Himmelsherrn entspricht dem Mond und damit der Nacht, das rechte Auge der Sonne und dem Tag. Als Ausdruck der polaren Weltordnung sind rechts und links auch auf die Geschlechter übertragen: Für Männer gilt die rechte Seite als gut, für Frauen die linke. Während der König mit der Sonne und dem rechten Auge verglichen wurde, ordnete man den Mond und das linke Auge der Königin zu. Nur in scheinbarem

Widerspruch zu dem oben über die Todes- und Lebensseite Gesagten steht die Gleichsetzung der linken Seite mit der östlichen Himmelsrichtung und der rechten mit der westlichen; zwar geht die Sonne im Osten auf, fährt aber zum Untergang (= Tod), während ihr Absinken im Westen zur Wiedergeburt führt.

Re-Harachte → Harachte

Reichsheiligtum

Eigentlich sind es zwei Reichsheiligtümer, die symbolische Repräsentanten von Ober- und Unterägypten sind und bis in die Zeit der vorgeschichtlichen Reiche von Buto und Hierakonpolis zurückreichen. Es dürften damit ursprünglich die Königreiche gemeint gewesen sein. Alte Darstellungen auf Rollsiegeln legen beim oberägyptischen Reichsheiligtum («Großes Haus» genannt) die Vermutung nahe, daß die Form ein Tier mit Hörnern und Schwanz nachahmt. Das unterägyptische Reichsheiligtum dürfte eine einfache Hütte aus Rohrgeflecht gewesen sein. Eine neuere Deutung erblickt in beiden ursprünglich eine Jagdfalle und parallelisiert sie mit dem babylonischen Ungeheuer Tiamat und dem Fisch, der Jonas verschlang. Die Jagdfalle sei der Schlund der Unterwelt; wer aber in ihn eingeht (als Eingeweihter?), wird auch wieder hervorkommen und weiterleben. In historischer Zeit waren die Reichsheiligtümer, auch Kapellen genannt, keine festen Gebäude, sondern wurden nur zeitweise zu zeremoniellem Brauch errichtet.

Reiher

In Weltschöpfungsmythen findet sich das Bild vom Nisten eines Sumpfvogels und der Geburt des Urgottes (oder auch des Sonnengottes Horus) auf einer Insel im Schilfdickicht. Als so eine heilige Stätte galt das nahe bei Buto gelegene Zebaut, dessen Gott die

Gestalt eines Reihers hatte und Zebauti, d. h. «der von Zebaut» genannt wurde. Abbildungen zeigen ihn auf einem stangenähnlichen Gestell an einem baumumstandenen Gewässer. Als Reiher ist auch der heilige Vogel von Heliopolis aufzufassen, der von den Griechen Phönix genannt wurde. In den Sargtexten und im Totenbuch (Kap. 84) wird die Hoffnung ausgesprochen, daß der Verstorbene in Gestalt eines Reihers zum Himmel aufsteigen könne.

Reinigung

Ohne Reinheit ist die Wirksamkeit der kultischen Handlungen in Frage gestellt. Über dem Eingang der Tempel stand oft geschrieben: «Wer in den Tempel eintritt, sei rein.» Vor dem Tempeltor stehende Wasserbecken sollten dies ermöglichen. Immer wieder mußten die Priester und der König sich der rituellen Reinigung unterziehen. Im Zusammenhang mit dem Bad des Königs wird vom «Wasser allen Lebens und Heils» gesprochen; der königliche

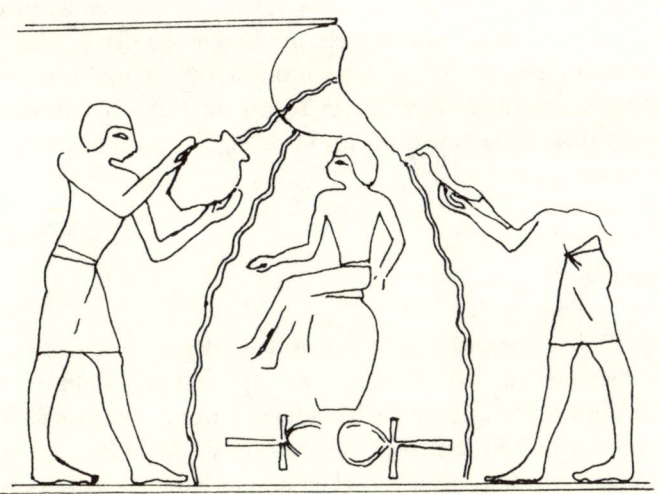

Reinigungszeremonie.

Baderaum hatte den Namen «Morgenhaus» und befand sich immer vor dem eigentlichen Tempel; in Edfu war er in die Vorhalle eingebaut. Auch der Sonnengott Re reinigt sich vor jeder Tagesfahrt im Himmelsozean. Die Pyramidentexte erwähnen häufig ein reinigendes Bad für Verstorbene, wodurch nicht nur Reinheit, sondern auch ein neues Leben gewährleistet werden soll. Hier dürfte die Taufe der von Apuleius geschilderten Isismysterien anzuschließen sein. Die Taufe durch Besprengen läßt sich auf die ägyptische Sitte der Übergießung mit Wasser beim Bade zurückführen.

Renenutet

Der das Wesen der Göttin charakterisierende Name besteht aus zwei Teilen: renen (Nahrung) + utet (Schlange). Ihre Beiworte «Herrin des Fruchtlandes» und «Herrin der Scheunen» kennzeichnen sie als Göttin der Landwirtschaft und der Ernte. Beim Einbringen des Korns und beim Keltern des Weins wird ihr vor einem schlangengestaltigen oder schlangenköpfigen Bildnis geopfert. Es gibt Darstellungen von ihr, bei der sie den noch kleinen Korngott Neper trägt. Überhaupt ist sie um die Ernährung der Kinder besorgt. Die Griechen gaben der Göttin den Namen Thermuthis; griechisch-ägyptische Terrakotten zeigen sie – oft als Gestalt der Isis aufgefaßt – mit einem aus dem Schlangenleib herauswachsenden Frauenkörper.

Reschef

Ursprünglich kanaanäischer Gott (Rešep), der als Seuchenbringer galt, aber auch mit dem Blitz zusammengestellt wurde. Im Neuen Reich fand er in Ägypten als Kriegsgott Eingang und wurde bald zu einer beim Volk beliebten Schutzgottheit, die «Bitten erhört». Er ist an einer der oberägyptischen Krone ähnlichen Kopfbedeckung zu erkennen, bei der statt des Uräus ein Gazellenkopf ange-

bracht ist. Der kämpferische Charakter wird durch seine Attribute
– Schild und Keule (auch als Kugelbeil gedeutet) – unterstrichen.

Richtgerät

Das zu Hinrichtungen dienende Gerät, einfach auch Richtgerät
genannt, ist als Zeichen der Gerichtsgöttin Mafdet bekannt. Charakteristisch ist die um den Schaft gewickelte Strickrolle, aus der
ein Messer herausschaut. Ähnlich wie das römische Liktorenbün-

Der Verstorbene sitzt am Bug der Sonnenbarke und betet das Bild des Re an.
Hinter diesem steht das Richtgerät.

del ist es ein Signum für Leben und Tod und findet sich gelegentlich unter den Begleitstandarten des Königs, vor allem aber als
Machtsymbol auf der Sonnenbarke.

Ring

Die Symbolik des Ringes liegt in seiner runden Form; ohne Anfang und Ende ist er ein Sinnbild der Ewigkeit. Das ägyptische
Schriftzeichen für «Ewigkeit» ist ein Ring, der eine gewisse Ähnlichkeit hat mit einer kreisförmig gelegten Schnur, deren Endteile
durch einen Knoten verbunden sind. Gottestiere – wie z. B. der
schwebende Falke vom Horustempel zu Edfu – halten öfters dieses Ewigkeitssymbol in ihren Fängen. Häufig endet die von Hah
getragene Palmrippe im unteren Teil in dem Ring des ewigen
Kreislaufs, so auf der Rücklehne des Zedernholzstuhles aus dem

Lebensschleife | Ring als Symbol der Ewigkeit | Sa-Schleife

Schatz des Tut-ench-Amun. Im Volksaberglauben sollten Zauberringe vor Krankheiten und sonstigem Unheil schützen; ringförmige Knotenamulette sind auch die Lebensschleife, das Isisblut und die Sa-Schleife.

Rot

Von allen Farben hat Rot die stärkste sinnliche Wirkung und symbolisierte bereits bei den alten Ägyptern Leben und Sieg. Bei festlichen Gelegenheiten bemalte der Nillandbewohner seinen Körper mit Rötel und trug Schmuck aus rotem Karneol. Vom Gotte Seth, der am Bug der Sonnenbarke steht und mit seiner Lanze die Unterweltsschlange Apophis ersticht, heißt es, er habe rote Augen und rote Haare. Mit der schon früh einsetzenden Diffamierung Seths wurde auch seine Farbe zu einem Ausdruck des Gefährlichen. Rot wurde zum bildhaften Ausdruck der Wut; einer «mit rotem Herzen» ist wütend. «Rotmachen» war gleichbedeutend mit «töten». Bei der Opferung roter Rinder dachte man an eine Vernichtung des «roten Gottes». Am Grab des Osiris wurden sogar Menschen mit rötlicher Hautfarbe geopfert. Rot ist auch die Farbe des alles zerstörenden Feuers. Im Amduat (5. Stunde) wird der unterste Teil der Sokar-Höhle mit roten Wellenlinien dargestellt: Hinweis auf den «Feuersee», in dem die Verdammten bestraft werden.

Sachmet

Zusammen mit ihrem Gatten Ptah und ihrem Sohn Nefertem bildete Sachmet die Triade von Memphis. Ihr Name bedeutet «die Mächtige», ihr Wesen ist das einer Kriegsgöttin. Sie begleitet den Herrscher – als dessen Mutter sie oft bezeichnet wird – in den Kampf. Überall verbreitet sie Schrecken; die Anhänger Seths und sogar die Schlange Apophis erliegen ihr. Sachmet wird als Löwin oder als Frau mit Löwenhaupt dargestellt; ihre Waffen sind Pfeile, «mit denen sie die Herzen durchschießt»; aus ihrem Körper geht eine Feuerlohe hervor. Die heißen Wüstenwinde galten als der Göttin Feueratem. Sie wird mit dem feuerspeienden Uräus des Königs verbunden und dadurch zum «Auge des Re». Mit dem Aufstieg Thebens zur Residenz wurde die hier heimische Göttin Mut durch die Verschmelzung mit Sachmet neu gewürdigt. König Amenophis III. ließ im thebanischen Tempelbezirk zahlreiche löwenköpfige Statuen der Mut-Sachmet aufstellen. Sachmet gilt auch als «die Zauberreiche», deren magisches Wissen sie in den Dienst der Heilkunde stellt.

Salbung

Zu der seit ältester Zeit zur Körperpflege üblichen Salbung wurden verschiedene Öle verwendet, meistens werden sieben Arten genannt. Als Symbol der Reinigung ging die Salbung auch in den Kult ein. Das Götterbild wurde nicht nur gewaschen, sondern auch gesalbt. In einem an Amun gerichteten Lied heißt es: «Öl und Wachs sind vermischt mit Myrrhen, um die Salbe zu kochen, die für deine Glieder bestimmt ist». Auch der Tote bedarf zur Reinigung und Verklärung der Salben. Durch den Wohlgeruch erhält das Salben noch eine weitere Bedeutung, nämlich zu duften gleich Gott und somit der göttlichen Segenskräfte teilhaftig zu werden. Tote werden mehrmals dargestellt, wie sie ein Ölgefäß an die Nase führen. Der in Bubastis verehrte Gott Horhekenu, d. h. «Horus der Salbe» hat auch den Beinamen «Herr des Schutzes», eine Metapher für die schützende Kraft der Salbe.

Sand

Der bei Wüstenvölkern öfters an Stelle von Wasser zur körperlichen Säuberung verwendete Sand wird im Kult zu einem Symbol der Reinigung und der Reinheit. So wurde der festlich hergerichtete Prozessionsweg mit Sand bestreut, und im Totentempel des Königs Sethos I. zu Abydos zeigt ein Bild, wie der König aus einer Schale Sand vor das Götterbild des Amun streut; der dazugehörende Spruch des Priesters lautet: «Gestreut wird dir das Auge des Horus (als Sand). Siehe, er ist darüber zufrieden. Rein, zweimal, ist Amun, viermal.» Beim Ritual der Mundöffnung werden die Reinigungshandlungen (Übergießen, Räucherung) dadurch eröffnet, daß die Statue auf eine reinigende Aufschüttung von Sand gestellt wird. In der Unterwelt deutet der Sand auf das Fehlen des belebenden Wassers, dort ist «das Land des (Totengottes) Sokaris, der auf seinem Sande ist».

Sandalen

Wie der Fuß ist auch die Fußbekleidung Sinnbild der Besitzergreifung und der Herrschaft. Die Pharaonen trugen Sandalen mit einer nach hinten gebogenen Spitze; auf den Sohlen sind gefangene Feinde abgebildet, auf die der König symbolisch seinen Fuß setzt. Sandalen waren Zeichen herrscherlicher Würde und gehörten z. B. auch zur Grabausstattung Tut-ench-Amuns; der sie beinhaltende Holzkasten hat die hieratische Aufschrift «Sandalen Seiner Majestät, Leben, Gesundheit, Kraft!» Im Totenkult spielten weiße Sandalen als Symbol der Reinheit eine Rolle; mit ihnen geht der Tote – von irdischem Staub und Schmutz befreit – Osiris entgegen. In ptolemäischer Zeit ziert oft die Abbildung zweier Sandalen das Fußende der Särge.

Sarg

Der Sarg ist «Herr des Lebens». An den Wänden angebrachte Symbole, magische Bilder und Sprüche sollen die vom Sarg erwarteten Ewigkeitskräfte dem Toten zugänglich machen. Der Tote soll sein Haus (= Sarg) durch die im Sarginnern oder an der Außenwand aufgemalte Tür verlassen können. Eine weitere Verbindung zur Außenwelt stellt das an der Außenseite (ab der 18. Dynastie häufig auf der Deckelinnenseite) angebrachte Augenpaar her.

Im Alten Reich begnügte man sich mit einer horizontalen Schriftleiste mit Namen und Titel des Verstorbenen; im Mittleren Reich kamen Vertikalzeilen dazu, die sehr oft auf bestimmte Schutzgötter des Toten abgestimmt sind: am Kopf- und Fußende sind es Nephthys und Isis, an den Ecken der Sargseiten die vier Horussöhne.

Im Neuen Reich werden die Bilder der Gottheiten neben die Schriftzeilen gesetzt. Auf der Innenseite des Deckels ist häufig das Bild der Himmelsgöttin Nut angebracht. Im Neuen Reich setzt sich der Mumiensarg durch, wohl im Zusammenhang mit der Gleichsetzung des Toten mit Osiris; dafür sprechen auch die Federsärge der Thutmosidenzeit, bei denen ein von den Schultern bis zu den Füßen herabreichendes Flügelpaar den Mumiensarg überdeckt (= die den toten Osiris schützende und ihm Lebensluft zuwehende Isis). Auf der Brust des Toten wurde das Bild eines Geiers angebracht, dessen Flügel von der Himmelsgöttin Nut übernommen wurden, die über des Verstorbenen Herz wachen sollte. Mit dem Ende des Neuen Reiches tritt die solare Symbolik in den Vordergrund – im Bild der Flügelsonne oder des die Sonnenscheibe vor sich herschiebenden Käfers.

Sa-Schleife

Als Zeichen des magischen Schutzes ist die Sa-Schleife das charakteristische Attribut der Bes-Figuren wie auch der als göttliche Geburtshelferin verehrten Toeris. Das Schutzzeichen findet sich auch als selbständiges Symbol auf Zauberstäben des Mittleren Reiches. (Abb. siehe Seite 166.)

Satis

Seit dem Mittleren Reich galt Satis als «Herrin von Elephantine» und als Gattin des Schöpfergottes Chnum. Sie ist Spenderin des Wassers, das sie – nach einem Pyramidentext (1116) – den Toten zur Reinigung darbietet. Satis wird in menschlicher Gestalt wiedergegeben, auf dem Haupt die oberägyptische Krone, an deren Seiten zwei geschweifte Antilopenhörner sitzen. Durch die Gleichsetzung des Chnum mit Re wurde sie zum «Auge des Re» und nahm in Anlehnung an Hathor, die ja ebenfalls als Sonnenauge galt, Züge einer Frauen- und Liebesgöttin an.

Säule

Da in einer auch bei anderen altorientalischen Völkern verbreiteten symbolischen Vorstellung Tempel und Palast als Nachbildung des Weltgebäudes galten, wurden die Säulen zu einer Art steinerner Himmelsträger. Die Palmstammsäule gehört in den Vorstellungskreis, daß der Himmel eine Palme sei, in deren ausladender Krone der Sonnengott erscheine. Die Papyrussäulen des Neuen Reiches stellen mit ihren geschlossenen oder geöffneten Blütenkapitellen den Weg des Sonnengottes dar; beim Sonnenaufgang sind die Papyrusstauden noch geschlossen, um sich dann dem Licht zu öffnen; beide Kapitellarten finden sich in der Tempelanlage zu Luxor und beim Totentempel von Ramses II. in Theben. Auch sonst haben Pfeiler und Säule neben ihrer architektonischen Funktion die Bedeutung von Sinnträgern. Im Annalensaal Thutmosis' III. in Karnak wurde das Gebälk von zwei heute noch stehenden Pfeilern getragen, der eine zeigt im oberen Teil die Wappenpflanze Unterägyptens (Papyrus), der andere die oberägyptische Wappenpflanze (Lotos). Die Vorhalle des Hathortempels zu Dendera hat 24 Säulen, die auf allen vier Seiten von dem Kopf der Hathor bekrönt werden.

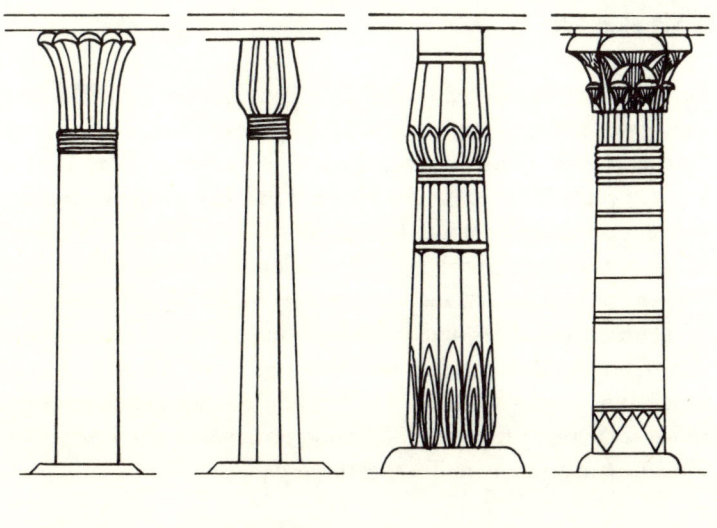

Palmensäule   Lotosbündelsäule   Papyrusbündelsäule   Kompositsäule

Zeltstangensäule   Hathorsäule   Protodorische Säule   Osirispfeiler

Schakal

Sicherlich ist der Begriff Schakal in zoologischer Hinsicht nicht ganz gerechtfertigt, wird aber in der Regel trotzdem für die Tiergestalt einzelner Götter beibehalten. Die Griechen erblickten in Upuaut einen Wolf, in Anubis einen Hund. Bei letzterem dürfte es sich um einen in der Wüste lebenden Wildhund handeln, vielleicht in einer Kreuzung mit dem Wolfsschakal. Die Erfahrung leichenfressender Hunde ließ die Caniden bei vielen Völkern zu einem Symboltier des Todes und zu einem Führer in die Unterwelt werden. Chontamenti ist Herr der Nekropole von Abydos; der alle Zeiten im Totenglauben hervortretende Anubis gilt in ptolemäischer Zeit regelrecht als Psychopompos. Selbst der kriegerische Upuaut kann zu einem Totengott werden.

Schatten

Der Schatten ist neben dem Körper und der Seele wesentlicher Bestandteil des Menschen. In Gräbern des Neuen Reiches wird öfters gezeigt, wie der schwarze Schatten des Verstorbenen in Begleitung des Seelenvogels das Grab verläßt. Im Totenbuch (Kap. 92) heißt es: «Ein Weg sei geöffnet für meine Seele, auf daß am Tag des Gerichts im Jenseits sie Gott, den Großen, in seinem Schrein erschauen.»

Der Schatten kann in einem Land großer Hitze auch zu einem Symbol-Wort für «Schutz» werden, wie der schattenspendende Fächer ein bildliches Symbol dafür ist. Vom König wird gesagt, daß ein Gottesschatten auf ihm ruhe. «Schatten des Re» ist eine Bezeichnung für Heiligtümer des Sonnengottes in Amarna.

Sched

Obwohl im theologischen System ohne Bedeutung, war Sched doch ein beim Volk angesehener Gott; sein Name wurde als «Retter» (oder «Beschwörer») verstanden. Dargestellt wurde er in der Kleidung der Prinzen des Neuen Reiches; auf einem von Pferden oder Greifen gezogenen Wagen jagt er den bösen Tieren nach und vernichtet sie. In Anlehnung an den jungen Horus, der seinerseits in Zaubertexten oft als Horus-Sched angesprochen wird, konnte der Schutzgott auch nackt dargestellt werden.

Scheintür

In Gräbern und Totentempeln wurde eine Nische für die Opfergaben eingerichtet. Die Rückseite der Nische erhielt die Form einer geschlossenen Tür, ein Symbol für die Verbindung zwischen Lebenden und Toten. Der Ka des Verstorbenen soll auf diese Weise das Grab verlassen können. Um diesen Zweck noch mehr zu verdeutlichen, wurde öfters das Bild des Toten auf die Türfläche gesetzt. In den Felsgräbern des Neuen Reiches bei Theben sind die Scheintüren großenteils nicht mehr plastisch, sondern nur gemalt. Zur Dekoration der fensterartigen Fläche über der Scheintür gehört das Bild des Toten vor dem Opfertisch.

Schenkel

Die als Opfer dargebrachte Rinderkeule diente als Schriftzeichen auch für den menschlichen Arm und war ein Symbol der Kraft. Daß der «Schenkel» schon in der Frühzeit ein machtgeladenes Zeichen war, dafür zeugt im südlichen Delta der 2. Gau, dem er Name und Symbol (Gauzeichen) gegeben hat. Von einem Ort im Jenseits heißt es: «Sieben Ellen lang sind die Schenkel der geistigen Wesen, die man hier sieht.» Neben dem Knie ist auch der Schenkel mythisches Geburtsorgan; so heißt es von Chepre: «Er entsteht am Schenkel seiner Mutter». Und es gibt Darstellungen, auf denen der Gott in Käfergestalt an den Schenkeln seiner Mutter Nut (= Himmel) emporkriecht, um dann die Sonnenscheibe vor sich herzuschieben.

Schesemetgürtel

In der Frühzeit trugen Götter und Könige (z. B. Narmer und Djoser) einen Gürtel mit Perlengehängen als Machtsymbol, das den Namen Schesemet hatte. Wahrscheinlich stammt die Bezeichnung von einem gleichnamigen Mineral, welches wiederum in dem Lande Schesemet an der Ostgrenze des Deltas gefunden wurde. «Herr des Schesemetlandes» war Sopdu, der einen Schesemetgürtel trug. Der Gürtel des Sopdu wird von einem Ägyptologen auch als Schurz aus schmalen Lederstreifen gedeutet.

Schiff

Ganz allgemein war das Schiff bei den alten Völkern ein Symbol für den Übergang von einer Lebensstufe zur anderen; die «Schifffahrt des Lebens» war eine vertraute Vorstellung. Auch bei den Ägyptern war das Schiff bildhafter Ausdruck für einen Weg, so vor allem für das Zwischenstadium zwischen Tod und Auferstehung. Bis zum Mittleren Reich gehörten Modelle von Schiffen zu den häufigsten Grabbeigaben. Diese sollen nicht nur dem Verstorbenen ein bequemes Reisen wie zu Lebzeiten ermöglichen, sondern sind darüber hinaus sicher mit dem Gedanken verbunden, die Fahrt nach dem Westen ins Jenseitsland zu sichern. Es ist des Toten Wunsch, «in der Barke des Re» zu fahren (Totenbuch, Kap. 136) – symbolischer Ausdruck für das Wandeln im Licht.

Schild

Der Schild ist ein altes Zeichen für Schutz; als Symbol und Kopfschmuck gehört er zu der Schutz- und Schicksalsgottheit Hemsut, die auch als weibliches Gegenstück des Ka auftritt. Über dem Schild liegen zwei gekreuzte Pfeile. Das Ganze gleicht dem Gauwappen von Sais und dem Kultsymbol der Kriegsgöttin Neith. Vielleicht ist auch das andere Symbol der Neith – ein Rechteck mit zwei hakenartigen Gebilden – nichts anderes als ein stilisierter Schild mit hinter ihm gekreuzten Pfeilen; eine andere Auslegung erklärt das Gebilde als zwei in einem Futteral steckende Bogen. Dieses Zeichen ist manchmal auch der Göttin Kopfschmuck, so bei dem Kanopenschrein Tut-ench-Amuns. Der Schild ist neben der Streitaxt auch ein Attribut des von kanaanitisch-phönikischen Völkern während des Neuen Reiches übernommenen Kampf- und Schutzgottes Reschef. Erwähnt sei noch, daß der Schild (aus schwarzem Krokodilleder) als Ideogramm für «schwarz» diente.

Schildkröte

Die im Nil lebende Schildkröte galt als Widerpart des Sonnengottes. Es gab einen eigenen Kultakt namens «Schlachten der Schildkröte», bei dem der König in Gestalt des Onuris das gottfeindliche Wassertier vor Re niedersticht. Auf Särgen der 18. und 19. Dynastie wurde öfters die magische Formel angebracht: «Es lebe Re, es sterbe die Schildkröte.» Von dem weisen Thot selbst soll der Spruch (im Totenbuch, Kap. 161) offenbart worden sein:

> «Seht, mit Kraft erzwing ich
> Zum Sonnendiskus mir einen Zugang...
> Wahrlich, Re lebt!
> Die Schildkröte ist tot!»

Schlange

Die Schlange gehört zu den Tieren, deren Symbolik die grellsten Kontraste aufweist. Ihre Schnelligkeit, glitzernde Schönheit, ihre Unheimlichkeit und Gefährlichkeit rufen Verehrung und Abscheu hervor. Als chthonisches Tier gehört die Schlange zu den lebenschaffenden Mächten: die vier weiblichen Glieder der Achtheit tragen Schlangenköpfe, und Amun tritt als Urgott in Gestalt der Schlange Kematef auf. Beim Einbringen des Korns und beim Keltern des Weines wurde der schlangengestaltigen Erntegöttin Thermuthis (auch im Bild einer Frau mit Schlangenkopf) ein Opfer dargebracht. Weiter haben Dämonen der Zeit und bestimmter Zeitabschnitte Schlangengestalt; so tritt im Unterweltsbuch Amduat und in dazugehörigen Vignetten die zweiköpfige Schlange Nehebkau auf. Die bedeutendste schlangengestaltige Gottheit ist Uto, deren heiliges Tier, der Uräus, sich um das Diadem des Königs windet.

Unter den bösen Mächten ragt die Apophisschlange als Widersacherin des Sonnengottes hervor. Andererseits hat der Sonnengott auf seiner Fahrt durch das Nachtreich einen hilfreichen Be-

Sonnenschiff mit der Schlange Mehen.

gleiter in der Schlange Mehen («Ringler»); sie wird in vielfachen Windungen über der Kajüte des Sonnengottes dargestellt. Im Totenbereich wimmelt es von Schlangendämonen, teils geflügelt, aufgereckt oder auf Beinen stehend, feuerspeiend oder mit einem Messer bewaffnet. Die (sich häutende) Schlange kann schließlich zu einem Symbol des Weiterlebens nach dem Tode werden – so im Totenbuch (Kap. 87). In ihrer Beziehung zum Abgründigen ist die – sich in den Schwanz beißende – Schlange ein Bild für die Grenzenlosigkeit des Meeres; der 2. Schrein des Tut-ench-Amun zeigt Haupt und Füße eines Gottes (der Mumiengestalt nach könnte es Ptah sein) von solch einer Schlange umwunden: Andeutung des oberen und des unteren, in der Mythologie bedeutsamen Ozeans. Im Amduat (11. Stunde) sinnbildet die vielfach gewundene Schlange «Weltumringler» den präkosmischen Urzustand, in dem sich der Sonnengott (und mit ihm die gesamte Schöpfung) allnächtlich erneuert.

Schu

Nach altem Mythos ist Schu als Atem aus der Nase des Urgottes Atum hervorgegangen. Zusammen mit seiner Schwester und Gattin Tefnut (Feuchtigkeit) verkörpert Schu (Luft) die zum Leben notwendigen Kräfte. Darüber hinaus wird Schu mit der Sonne, Tefnut mit dem Mond identifiziert. Beider Kinder sind die Himmelsgöttin Nut und der Erdgott Geb. Mit erhobenen Armen wölbt der väterliche Luftgott den Himmel nach oben und trennt ihn damit von der Erde; Schu übernimmt die Funktion des Himmelsträgers. Durch die Gleichsetzung Atums mit Re wird Schu zum «Sohn des Re»; auf diesem Wege erhält der für die Sonne kämpfende Schu ab und zu den Kopf eines Löwen. Sonst wird er menschengestaltig dargestellt, mit seinem Schriftzeichen (einer Feder) auf dem Haupt.

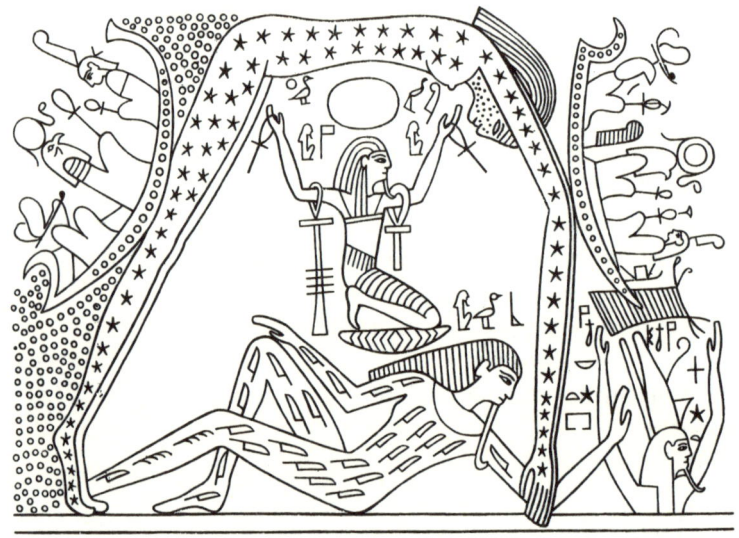

Der Luftgott Schu trennt Himmel (Nut) und Erde (Geb).

Schwalbe

Neben anderen Gestalten heiliger Vögel (Falke, Reiher, Phönix) wünscht der Tote auch in eine Schwalbe verwandelt zu werden, damit er «schreite als Sieger im vollen Licht des Tages» (Totenbuch, 86. Kap.). Von der 18. Dynastie wissen wir, daß im Gebiet Thebens die Schwalbe als heiliges Tier verehrt wurde. Nach Plutarch umflatterte Isis in der Gestalt dieses Vogels klagend die Säule, die des Osiris Sarg umschloß.

Schwarz

Streng genommen ist Schwarz keine Farbe, sondern eine Negation aller Farben. Es ist Hinweis auf die Unterwelt, deren Beherrscher Osiris oft «der Schwarze» genannt wird. Die Schutzpatronin der Nekropole von Theben, die Königin Ahmes-Nofretete, wurde überwiegend mit schwarzer Hautfarbe dargestellt, obwohl sie nicht nubischer oder negrider Abstammung war. Die Totengötter Anubis und Chontamenti wurden im Bild eines liegenden Hundes (oder Schakals) mit völlig schwarzem Fell dargestellt. Schwarz galt auch als Farbe der Wiedergeburt. Der schwarze Gott ist «Herr des weißen Landes»; auf einer Darstellung im Tempel zu Der el Bahri verheißt der Totengott der neugeborenen Königin Hatschepsut eine lange Lebensdauer. Die Bilder von Min, dem Gott der Fruchtbarkeit, besonders der Zeugung, wurden nach altem Ritus mit einer Mischung von Edelharz und Kohlenstaub bestrichen.

Schwein

Wie später im Islam galt das Schwein schon im alten Ägypten als unrein; es wurde als Gefolgstier des bösen Seth aufgefaßt. Im Totenbuch (Kap. 112) heißt es, daß Seth «unter dem Scheinbild eines schwarzen Ebers» den göttlichen Horus angriff und sein Auge verletzte, nach anderer Version verzehrte. In den Tempelreliefs zu

Gerichtsszene mit Osiris, vor dem die Verstorbenen erscheinen. Über ihnen in der Barke das Schwein als Symbol des Bösen und der Zerstörung.

Edfu wird Seth in Gestalt eines Schweines von Horus gejagt. Im Pfortenbuch wird bei der Gerichtsszene über den zu Osiris führenden Stufen eine Barke gezeigt, in der ein Affe ein Schwein als Symbol des Bösen vor sich hertreibt.

Das Schwein erscheint in einer besonderen Beziehung zum Mond; es wird bei Mondfesten geschlachtet und Mondgöttern (Osiris und Isis) dargebracht. Eine Mythe erzählt, wie die Himmelsgöttin Nut die Gestalt eines Schweines annahm und ihre eigenen Kinder (= die Sterne) verschlang. Jeden Abend aber werden die Jungen wieder von der Himmelssau geboren. Als Symbol mütterlicher Fruchtbarkeit und der nichtversiegenden Lebensquelle wurde die Sau mit ihren Ferkeln zu einem beliebten Amulett der Ägypter und zu einem Glückszeichen bis in unsere Zeit.

Sechem

Das Wort Sechem dient zur Bezeichnung der «Macht» wie auch der zwischen Göttern und Menschen stehenden Wesen, etwa der Sterne. Der Sechem eignet auch den Göttern. Osiris hat den Beinamen «Großer Sechem, der im thinitischen Gau wohnt». Der Sechem kann im Bilde eines Fetischs geradezu zu einer Erscheinungsform göttlicher Macht werden; es handelt sich um einen Herrscherstab, in dessen oberem Teil oft noch ein Augenpaar eingezeichnet ist. Das Machtsymbol war in Abydos beheimatet, findet sich verschiedentlich in Verbindung mit Osiris und wird zu einem regelrechten Emblem des Totengottes Anubis (so etwa auf seiner Götterstandarte neben dem Hund).

Sechem.

See, heiliger

Der Anblick des alljährlich aus dem Überschwemmungswasser auftauchenden Fruchtlandes führte zu der Vorstellung vom Urhügel, der aus dem Urwasser (Nun) hervorkommt. Deshalb besaßen die größeren Tempel ihren heiligen See, in dem sich an jedem Morgen (= Symbol für den Weltbeginn) die Schöpfung wiederholen sollte. Mehrere Inschriften bezeichnen das Wasser des heiligen Sees als Urwasser, in dem der Sonnengott täglich sein Antlitz reinigt. Als Symbol der aufgehenden Sonne ließ Amenophis III. am Tempelsee zu Karnak den großen steinernen Skarabäus aufstellen. In dem Wasser der heiligen Seen fanden die Ritualwaschungen der Priester statt; auch der Tote begehrte in ihnen gereinigt zu werden. Nachbildungen dieser Teiche findet man – mit der Funktion als Libationsschale – auf den Opfertafeln, die dem Toten auf das Grab gestellt werden. Den künstlichen Gartenteichen entsprechend hatten die heiligen Seen meist rechteckige Form. Der heilige See zu Herakleopolis soll aus dem Blut und Eiter des Osiris (oder auch des Herischef) entstanden sein. Im Pfortenbuch wird ein rechteckiges Gewässer als «See des Lebens» bezeichnet; an seinem Rand stehen zwölf schakalköpfige Gottheiten.

Seele

Zum vollständigen Wesen eines Menschen gehören neben dem Körper, dem Namen und dem Schatten noch der Ka, der Ach und der Ba. Die drei letztgenannten Begriffe sind nicht immer klar definiert und haben im Lauf der ägyptischen Geschichte oft verschiedene Bedeutungen. Während der Ba in Gestalt eines Vogels mit Menschenkopf dem griechischen Begriff Psyche am nächsten kommt, bezeichnet der – hieroglyphisch durch das Bild eines Schopfibis ausgedrückte – Ach einfach die Verklärtheit. In diesem Seinszustand befinden sich die Götter, aber auch die durch den Totenkultus «verklärten» Toten. In einem Pyramidentext (474) heißt es: «Der Ach gehört zum Himmel, der Leichnam zur Erde.»

Die Seelen eines verstorbenen Ehepaares am Rand eines Teiches mit Lotosblumen. Über ihnen die Baumgöttin, die den Toten Speise und Trank spendet.

Wenn bei der Übersetzung ägyptischer Schriften das Wort «Seele» vorkommmt, so ist gewöhnlich an den Ba zu denken, so wenn von den schakalköpfigen Seelen von Hierakonpolis oder von den falkenköpfigen von Buto die Rede ist. In beiden Fällen ist die über den Tod hinaus dauernde geistige Individualität der verstorbenen Könige dieser Städte gemeint.

Selket

Von den Griechen Selkis genannt. Die ursprüngliche Namensform lautet Serket-hetu, d. h. «die, die Kehlen atmen läßt». Wer aber atmen läßt, der schützt auch das Leben. So wurde Selket zur Schutzgöttin; ihr Symboltier ist der Skorpion, der schon in früher Zeit dem König als ein vor Unheil bewahrendes Zeichen beigegeben wurde. Besonders schützt sie – zusammen mit Neith, Isis und Nephthys – den Toten und seine Eingeweide; im Neuen Reich werden die vier Göttinnen mit ausgebreiteten Flügeln an die Ecken der Särge und Eingeweidekästen gesetzt. Dem Sonnengott hilft Selket mit Zaubersprüchen gegen seine Feinde; wegen ihrer magischen Kräfte ist sie später mit Isis zusammengestellt worden.

Sepa → Tausendfuß

Serapis

Der Name Serapis ist die gräzisierte Form von Osiris-Apis, dem zum Osiris erhobenen Stiergott Apis, und bezeichnet einen Gott, der erst unter dem aus Makedonien stammenden König Ptolemaios I. in das ägyptische Pantheon eingeführt wurde. In seinem Kult hofften die hellenistischen Herrscher, daß Griechen und Ägypter sich zusammenfinden könnten. In seinem Wesen vereinigt Serapis Züge des Osiris (so als Herr des Nils und Gatte der Isis) mit denen der griechischen Götter Pluton (Unterwelt) und Zeus (Allgott). Als Herr der Fruchtbarkeit trägt er einen von Ähren umwundenen Kalathos (korbähnliche Kopfbedeckung). Von seinem Tempel (Serapeum) in Alexandria aus hat sich die Verehrung des Serapis und der Isis über das ganze römische Reich ausgebreitet.

Serech

An der Spitze der königlichen Titulatur steht ein Name, der den Herrscher als «Horus» bezeichnet. Dieser Horusname befindet sich in einem länglich-rechteckigen Schild, auf dem der Falke des

Namensschild mit Palastfassade, darüber der Horusfalke.

Horus steht; manchmal ist auch das Tier des Seth auf dem Schild entsprechend dem zeitweiligen Eindringen Seths in die Königssymbolik. Das Schild deutet im unteren Teil eine Palastfassade (Serech) an, die in späterer Zeit nicht mehr als Architekturteil, sondern einfach als Postament für den Horusfalken verstanden wird. Die überlieferte Aussage von Königen, daß Re ihren Falken auf das Serech gesetzt habe, soll zum Ausdruck bringen, daß sie selbst vom Sonnengott in ihr Amt eingesetzt wurden. Im Neuen Reich nimmt das Serech regelrecht die Bedeutung des Thrones an.

Seschat

Unter dem Epitheton «die dem Bücherhaus vorsteht» wird die Göttin der Schreibkunst namens Seschat verehrt. Bei der Grün-

Die Göttin Seschat mit Griffel und Schreibpalette.

dung der Tempel legt sie oder einer ihrer Priester mit einem Meßstrick den Grundriß fest; damit ist sie auch «Herrin der Bauleute». Ihre bedeutendste Funktion ist, die dem König zugemessenen Regierungsjahre und Jubiläen aufzuschreiben. Ihr nicht näher bestimmbarer Kopfschmuck ähnelt einem siebenstrahligen Stern mit einem Bügel (oder einer Mondsichel?) darüber, oft von zwei Falkenfedern bekrönt. In der Hand hält sie gewöhnlich eine Palmrippe; über dem Gewand trägt sie häufig ein Pantherfell.

Seth

Eines der häufigsten Beiworte Seths war «Groß an Kraft». In einem Pyramidentext (1145) heißt es, daß die Kraft des Königs die des Seth sei. Der Gott erscheint als (oberägyptischer) Partner des (unterägyptischen) Königsgottes Horus. Der ägyptische König selbst vereinigt «als Erbe der beiden Brüder» die «Ämter des Horus und Seth». Am Bug des Sonnenschiffes stehend, bekämpft Seth die Apophisschlange; auch gibt es Darstellungen, bei denen das Sonnenschiff statt von den üblichen Schakalen von Seth-Tieren gezogen wird. Zur Zeit der Hyksos galt Seth als Hauptgott, in der 19. und 20. Dynastie war er Schutzgott der Ramessiden, daher auch der Königsname Sethos.

Seth vertritt immer die eine Hälfte im dualistischen Weltbild der alten Ägypter. Vor allem galt er als Herr der Wüste und erscheint so als Widersacher des Vegetationsgottes Osiris; während man letzteren mit dem lebenspendenden Nil verglich, wurde das mörderische Meer als Erscheinungsform des Seth aufgefaßt. Im Gegensatz zum Himmelsgott Horus stehen die chthonischen Züge des Seth; durch seinen Atem kommen die Würmer aus dem Innern der Erde hervor. Er ist Herr der Metalle; die Eisenerze werden «Knochen des Seth» genannt. Mit dem Überhandnehmen des Osirisglaubens tritt eine zeitweise Verfemung Seths ein. Horus schwingt sich zum Rächer seines Vaters auf; im folgenden Kampf verliert Seth die Hoden, Horus ein Auge. Doch

Der Wüstengott Seth.

in den Herzen der Streitenden «hat Thot beschwichtigt die glühende Wut» (Totenbuch, Kap. 183). Als Seth zugehörige Tiere wurden neben dem Esel und der Antilope vor allem Schwein, Nilpferd, Krokodil und Fische betrachtet. Als Herr der Wüste, als «roter» Gott, wurde Seth auch zum Herrn aller nichtägyptischen Länder; zur Zeit der Fremdherrschaften – besonders ab dem Einfall der Assyrer – wurde er dadurch zum Landesfeind und zur Symbolfigur alles Bösen.

Seth-Tier

Der Gott Seth wurde in Gestalt eines Tieres verehrt, das zoologisch nicht genau bestimmbar ist. Deutungsversuche reichen vom Erdferkel über Okapi und Canide bis zur Antilope. In ältester Zeit scheint es nach Abbildungen am meisten Ähnlichkeit mit einem Esel zu haben. Charakteristisch sind der nach oben stehende, pfeilähnliche Schwanz und die aufgerichteten, oben eckig abgeschnittenen Ohren. Seth selbst wurde in älterer Zeit anthropomorph, aber mit dem Kopf seines Tieres, darauf die ägyptische Doppelkrone,

Das Seth-Tier.

dargestellt. Der eigentliche Ausgangspunkt der Seth-Verehrung dürfte der 11. oberägyptische Gau gewesen sein, der das Tier als Gauzeichen führte. Auf jeden Fall verkörperte sich bei den oberägyptischen Jägernomaden in diesem Tier die Macht ihres Regenten, während es bei den bäuerlichen Deltabewohnern ein Sinnbild des Unheils war. Wie der Gott war auch sein Tier der Wüste zugeordnet.

Sichelschwert

Wer das Schwert führt, ist Herr über Leben und Tod; so war es Attribut mehrerer altorientalischer Gottheiten. In der Säulenhalle des Tempels von Abu Simbel zeigt ein Relief, wie Amun-Re dem König das Sichelschwert als Symbol der Stärke überreicht. Der siegreiche Ramses III. ließ sich darstellen, wie er mit der rechten Hand das Sichelschwert schwingt, während die andere Hand die um Gnade flehenden Gefangenen (Sinnbild der unterworfenen Völker) am Haarschopf packt.

Sistrum

Das kultische Musikinstrument dürfte auf den Brauch zurückgehen, zu Ehren der Göttin Hathor ein Bündel Papyrusdolden zu pflücken und durch rituelles Schütteln in rauschende Bewegung zu versetzen. Zu unterscheiden sind Bogen- und Naossistren. Die letzteren sind bis in das Alte Reich zurückzuverfolgen. Der Handgriff des Naossistrums endet in einem Hathorkopf, auf dem ein

Naos steht, umrahmt von zwei oben eingerollten Drahthenkeln (Andeutung der Kuhhörner der Göttin?). Öfters erscheint im Naos ein Uräus; Schlangenform haben bei beiden Sistrenarten in der Regel die drei oder vier Rasselstäbe. Auch das Bogensistrum war ein Kultsymbol der Hathor. In Liedertexten wird beschrieben, wie die Göttin über ihr Instrument (als Mittler) Segnungen austeilt. Das Sistrum ging auch in den Kult Amuns und in der Spätzeit in den der Isis ein.
Die Klänge des Sistrums sollten die Mächte der Finsternis vertreiben. Nach Plutarch soll der Bügel (des in der späteren Zeit vorherrschenden Bogensistrums) die weltumspannende Mondbahn darstellen, das Doppelgesicht der Hathor (vor- und rückwärts) sinnbilde Isis und Nephthys als Leben und Tod, und die vier Rasselstäbe seien Hinweis auf die vier Elemente.

Skarabäus

Der heilige Käfer war ein Bild für die Selbstschöpfung, da der Ägypter glaubte, der Käfer entstünde von selbst aus einer Mistkugel (die in Wirklichkeit nur dem Schutz der Eier und der Larven dient). So wurde der anthrazitfarbene Mistkäfer unter dem Namen Chepre, d. h. «der aus Erde Entstandene», verehrt und schon früh dem Schöpfergott Atum gleichgesetzt und als eine Form des Sonnengottes betrachtet. Wie der Käfer eine Mistkugel vor sich herschiebt, so dachte man, daß Chepre die Sonnenkugel über den Himmel hinwegrollt. Der Licht und Wärme spendende Sonnenkäfer (aus Speckstein oder Fayence) wurde zu einem beliebten Amulett und den Toten als Symbol neuen Lebens mitgegeben. (Abb. siehe Seite 191.)

Skorpion

Wie den anderen gefährlichen Tieren, so erwies man auch dem Skorpion göttliche Ehren. Sieben Skorpione sollen der Isis gegen ihre Feinde geholfen haben. In der Frühzeit wurden kleine Figürchen dieses Tieres als Amulett getragen. In Gestalt eines Skorpions wurde die Göttin Selket (griechisch Selkis) verehrt. Sie galt als Schützerin der Lebenden und der Toten. Zusammen mit Neith, Isis und Nephthys hält sie an der Leiche des Osiris Wache. Ebenso schützen die vier Göttinen die Eingeweide des Toten und sind deshalb häufig auf den Kanopenschreinen dargestellt; Selket trägt dabei den Skorpion auf ihrem Haupt (z. B. beim Kanopenschrein Tut-ench-Amuns).

Sobek → Suchos

Sokaris

Am Rand der Wüste bei Memphis wurde Sokaris verehrt, der zunächst ein Erd- und Fruchtbarkeitsgott gewesen sein dürfte. Bei seinem Fest wurde ein Stein (sein Kultbild?) in einer auf einem Schlitten befestigten Barke über die Felder gezogen, dabei folgten die Leute mit Zwiebelkränzen um den Hals. Da der Kultbereich des Sokaris die Nekropole war, wurde er zum Totengott. In Angleichung der Gottheiten an den König übernahm Sokaris die Gestalt des Himmelsfalken und wurde nun auf einem Stein sitzend dargestellt. Bereits in den Pyramidentexten (620) ist der Gott in Beziehung zu Osiris gebracht. Nach dem Amduat (5. Stunde) wohnt Sokaris, «der auf seinem Sande ist», in einer geheimen Höhle der Imhet (Totenreich); er ist anthropomorph, aber mit einem Falkenkopf dargestellt.

Sonne

In der solaren Symbolik zeigt sich die Vielfalt und Kompliziertheit ägyptischen Denkens. Zwischen Symbolerscheinung (Sonne) und Symbolträgern (Sonnengötter) gibt es zahlreiche Querverbindungen. Der Name des Gestirns lautet Re, ebenso heißt auch der es personifizierende Gott. Neben ihm gibt es noch andere Sonnengottheiten. Harachte ist der Gott der Morgensonne, ebenso Chepre im Bild des geflügelten Käfers. Atum und widderköpfige Götter (z. B. Chnum) gelten als Herren der Abendsonne.

Die drei wichtigsten Tagesbilder der Sonne sind am Morgen der Käfer, am Mittag die Sonnenscheibe (also Re selbst), am Abend der Widder. In der Spätzeit wurde der Sonne für jede Stunde des Tageslaufes eine eigene Gestalt zugewiesen; in der 1. und 2. Stunde ist es je ein Kind; in der 7. Stunde ein Affe, der einen Pfeil (= Sonnenstrahl) abschießt; in der 11. und 12. Stunde ein alter, auf einen Stock gestützter Mensch (oft mit Widderkopf). Eine Darstellung im Grab von Ramses IX. zeigt für die ersten Stunden je ein Krokodil; dem liegt die Vorstellung zugrunde, daß der Sonnengott morgens in Krokodilgestalt aus dem Himmelsozean auftauchte. Sonnentiere sind weiter Falke, Löwe und Greif. Das Bild der aufgehenden Sonne ist oft verbunden mit Kuhhörnern (Himmelskuh!), mit zwei Sykomoren, mit der Lebensschleife oder mit dem Djedpfeiler.

Im Totenbuch ist bereits die Verbindung des Sonnengottes mit dem Urlotos vollzogen, wie sie dann bis in die ausgehende Spätzeit zu beobachten ist; er ist das «Kind..., das aus dem Lotos aufgegangen ist». Auf einem Ostrakon der 20. Dynastie trägt der Sonnengott den Beinamen «großer Lotos, der aus dem Nun erschien». Nach einer Inschrift zu Dendera bringt der König «dem, der im Lotos aufging» (gemeint ist hier Horus) einen Lotos als Opfer dar; in dem Blumenopfer sind solare Symbolik und kosmogonische Reminiszenzen miteinander verknüpft.

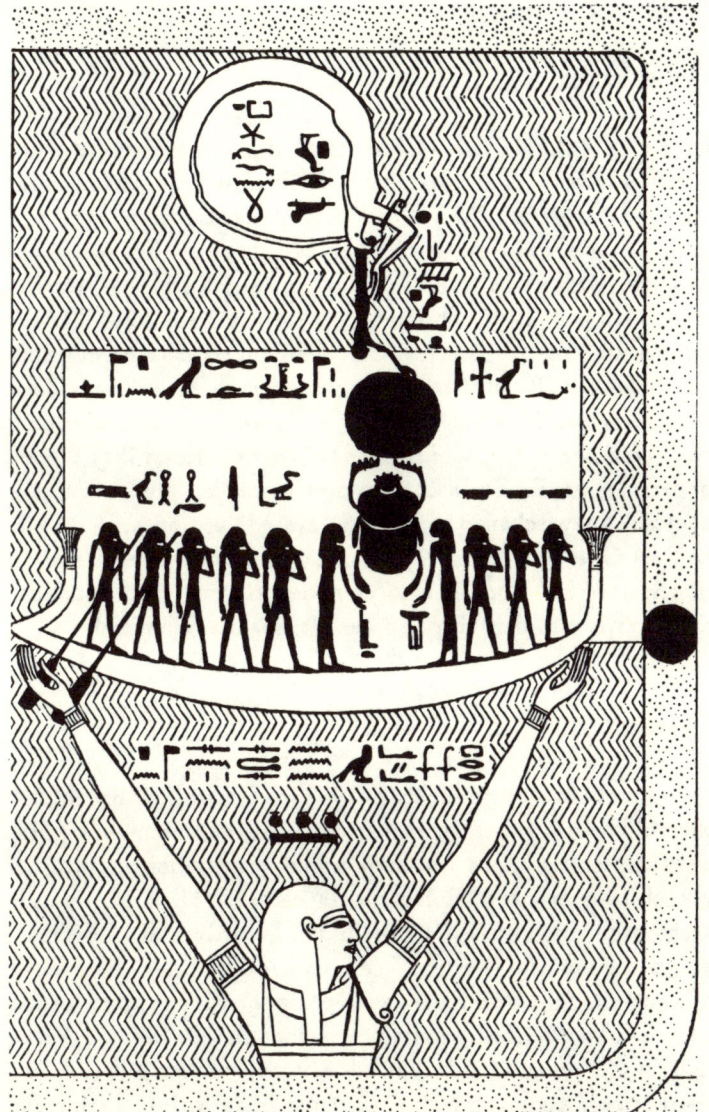

Darstellung der täglichen Sonnenbahn. Das getüpfelte äußere Band ist das die Welt begrenzende Randgebirge, das die Zick-Zack-Linien des Urgewässers umschließt. Von unten hebt der menschengestaltige Nun (= Urozean) die Morgenbarke hoch. Durch den Skarabäus ist die Sonne als «werdende» gekennzeichnet. Isis und Nephthys halten ihre Arme unter den Skarabäus; die über ihm befindliche Sonnenscheibe wird von Nut in Empfang genommen. Die Himmelsgöttin steht auf dem Haupt des in sich zurückgekrümmten Osiris, «der die Unterwelt umschließt». Die beiden durch Ruder gekennzeichneten Götter ganz links auf der Sonnenbarke sind Sia und Hu, es sind die Repräsentanten der Kräfte, durch die Re die Welt leitet.

Sonnenauge

Die Sonne galt als das rechte Auge des Himmelsgottes, der nach alter nomadischer Vorstellung als über die Erde schwebender Falke gedacht wurde. So war die Sonne zunächst das rechte Auge des Falkengottes Horus, wurde aber bald als «Auge des Re» angesprochen. Das Sonnenauge ist nicht nur ein Körperteil des Re, sondern kann auch als selbständiges Wesen auftreten. Es gibt Mythen, wonach das Auge sich von Re entfernt, sei es in Ausführung eines Befehls (z. B. zur Vernichtung von Feinden), sei es aus Zorn gegen Re selbst. Eine Verknüpfung beider Motive der Entfernung bringt eine Erzählung, wonach das seinen Auftrag erfüllt habende Sonnenauge zu Re zurückkehrte und feststellen mußte, daß ein anderes – inzwischen nachgewachsenes – Auge an seiner Stelle war. Der Gott versöhnte das Sonnenauge, indem er es als Uräus an seine Stirn setzte. Nach einem Pyramidentext (705) ist die Sonnenscheibe zwischen den Hörnern der Hathor das Sonnenauge.

Sonnenschiff

Der Vorstellung des Himmels als Gewässer entspricht das mythische Bild von Barken, in denen die Gestirne dahinfahren. Am bedeutendsten ist das «von Gold erstrahlende» Sonnenschiff. Eigentlich sind es zwei Schiffe: die Tagesbarke (Manezet) und die Nachtbarke (Mesektet). Es gibt Bilder, auf denen die Göttinnen des Ostens und des Westens – jeweils auf dem Ende einer Barke stehend – die Scheibe mit dem widderköpfigen Sonnengott austauschen. Durch die Gleichsetzung der beiden Barken mit den Augen des Himmelsherrn und die aus der Seitensymbolik entspringende Assoziation (Westen = rechts; Osten = links) wurde die im Westen (Unterwelt, Totenreich, Finsternis) fahrende Nachtbarke zum rechten Auge (= Sonne und damit Manezet) und die im Osten aufsteigende Tagesbarke zum linken Auge (= Mond und damit Mesektet). Modelle von Sonnenschiffen wurden in Gräbern gefunden; sie sind Ausdruck für den Wunsch, an der Fahrt des Re teilzunehmen. Ob die bei der Cheops-Pyramide gefundenen zwei Barken Sonnenschiffe sein sollten (wie meistens angegeben wird), steht nicht fest; vielleicht sollten sie nur des Toten Wunsch ermöglichen, zu den großen Götterfesten des Landes zu reisen.

Sopdu

Der im 20. unterägyptischen Gau verehrte Gott hieß Sopdu. Sein Schriftbild und sein Kultbild zeigten ihn als hockenden Falken. Sonst erscheint er anthropomorph mit einer Krone aus zwei Falkenfedern und dem Schesemetgürtel. Nicht geklärt ist eine in den Pyramidentexten mehrfach erwähnte Beziehung zu den Zähnen

Der Gott Sopdu.

der Toten. Sopdu erlangte über seinen Gau hinaus Bedeutung als Gott der Grenze und des Ostens und wurde schon im Mittleren Reich mit Horus verbunden, was im Neuen Reich zu der Namensform Har-Sopdu führte.

Sothis

Mit Sothis gaben die Griechen den ägyptischen Namen Sopdet wieder; die Göttin ist eine Personifikation des Sirius (Hundssterns). Da bei der Einführung des ägyptischen Kalenders das Wiedererscheinen des Gestirns (nach der Periode der Unsichtbarkeit) mit dem Anfang der Nilüberschwemmung zusammenfiel, glaubte man, daß der Göttin selbst die Überschwemmung und die durch diese verursachte Fruchtbarkeit zu verdanken seien. Zwar verschob sich der kalendermäßige Jahresanfang und auch das Steigen des Nils von dem astronomischen Siriusaufgang, aber trotzdem «hielt die religiöse Dogmatik an dem Zusammenhang dieser Erscheinungen fest» (Bonnet).

Sothis blieb die «Herrin des Neujahrs». Nach einem Pyramidenspruch (1428) reinigt sie als Göttin des belebenden Wassers auch den Toten. Später geht sie in die Gestalt der Isis über, die als Sirius-Stern ihrem im Orion verkörperten Osiris nachfolgt. Darstellungen aus hellenistisch-römischer Zeit zeigen, wie die Isis-Sothis auf einem Hund reitet, der auf dem Kopf einen Stern trägt. In Elephantine schob sich Sothis an die Stelle der Satis, wozu außer der Namensähnlichkeit auch beider Funktion als Wasserspenderin beigetragen haben mag.

Speichel

Im ganzen Orient ist der Speichel ein altes mythisches Symbol der Belebung; der Speichel des babylonischen Gottes Marduk wurde «Speichel des Lebens» genannt. Der ägyptische Urgott Atum erzeugt aus sich selbst heraus Schu und Tefnut. Ersterer ist der Gott der Luft (= Atemhauch), Tefnut ist die Feuchtigkeit (= Speichel). Als mythischen Geburtsort haben wir hier den Mund: «Ich ergoß aus meinem eigenen Munde. Ich spie aus als Schu und spuckte aus als Tefnut.» In den Pyramidentexten findet sich eine Stelle, nach der die Erde aus dem Speichel des käfergestaltigen Urgottes Chepre hervorgekommen ist. Die Heilkraft des Speichels zeigt sich in der Sage vom verlorenen und wiedergefundenen Mondauge, welches Thot bespie und wieder «füllte» (Bild für das Zunehmen des Mondes).

Sphinx

Die weit zurückreichende Metapher vom König als Löwen führte zu der Sphinxgestalt, bei welcher das Löwenhaupt durch das des Königs ersetzt ist. Der Sphinx (maskulin im Gegensatz zum femininen Sprachgebrauch der Griechen) wurde im Alten Reich als Symbol der königlichen Macht an Tempeleingängen dargestellt und sank schließlich in der Spätzeit zu einem reinen Grab- und Tempelwächter herab. Der bekannteste Königssphinx ist der des Chephren zu Gizeh; spätere Geschlechter verehrten ihn als Bild des «horizontischen Horus». Während der Übergang des Tierkörpers in das menschliche Haupt meistens durch das Königskopftuch verdeckt wird, ist bei dem Typ des sogenannten Tanis-Sphinx aus dem Mittleren Reich das Gesicht von einer Löwenmähne umrahmt. Die Sphinxgestalt wurde im Neuen Reich besonders dem König unter den Göttern, dem Sonnengott Amon-Re, zugeschrieben, wobei anstelle des Menschenhauptes ein Widderkopf tritt; bekannt ist die Widdersphingenallee zu Karnak.

Spiegel

Die Form der Spiegel war ziemlich gleichbleibend: eine flache, fast linsenförmige Scheibe aus poliertem Kupfer mit hölzernem oder beinernem Griff. Als Vorbild der Spiegelplatte diente mindestens seit dem Mittleren Reich die Sonnenscheibe. Einigen Göttinnen (z. B. Hathor und Mut) wurden im Kult zwei Spiegel als Opfergabe dargebracht.

Spirale

Bereits in vorgeschichtlicher Zeit wurden Spiralen auf Tongefäße aufgemalt (so z. B. in der Kulturstufe von Negade II); einige Forscher vermuten in ihnen die Andeutung von zusammengerollten Schlangen. Auf den gleichen Gefäßen angebrachte Wellenlinien wären dann kriechende Schlangen. Vom Mittleren Reich an tragen Skarabäen den Königsnamen statt in einer Kartusche des öfteren in einer Spirale oder in einem flechtbandartigen Kranz. Hier dürfte die Symbolbedeutung sicher sein: Die Spirallinie ist die Lebenslinie, wie sie sich deshalb auch auf den Amuletten findet. Die Spirale sinnbildet den Kreislauf von Werden und Vergehen, von Geburt und Tod und erhält so ihren Sinn über das nur Dekorative hinaus in den Grabmalereien des Mittleren und Neuen Reiches.

Vielleicht ist es mehr als nur Zufall, daß der Kopfschmuck der Göttin Meschenet, die eine Personifikation des Gebärziegels ist und auch in der Stunde des Totengerichts gegenwärtig gedacht wurde, aus einem in einer Doppelspirale auslaufenden Stab (Halm?) besteht. Es ist durchaus denkbar, daß der spiralförmig gedrehten Locke des göttlichen Kindes, nämlich des Horusknaben, in der späteren Zeit eine magische Wirksamkeit und eine symbolische Bedeutung beigemessen wurde.

Spitzmaus

Für die religiöse Bedeutung legen nicht nur die antiken Autoren (wie z. B. Plutarch!) Zeugnis ab, sondern auch die Mumien der Tiere, ihre für Weihzwecke bestimmten Nachbildungen und ihre inschriftliche Erwähnung in der religiösen Literatur. Die Bronzeplastiken von Spitzmäusen sind häufig mit solaren Symbolen bedeckt: geflügelter Skarabäus, Flügelsonne, Falke, Uräus. Charakteristisch für die Spitzmaus ist die lange Schnauze mit verlängerter Nase; die Beine sind bei den Plastiken immer parallel, also das Tier wie stehend wiedergegeben im Unterschied zum Ichneumon mit den schreitend dargestellten Beinen. Die Spitzmaus wurde in Letopolis als heiliges Tier des Horus verehrt; sie dürfte (nach E. Brunner) ihrer natürlichen Eigenschaft als schlecht sehende, unterirdisch lebende Maus entsprechend die Nachtseite des Lichtgottes

Die Spitzmaus bei der Neuerschaffung der Sonne.

repräsentiert haben, während das oberirdisch lebende Ichneumon die Sehseite des Horus darstellt. In einem demotischen Zauberpapyrus verwandelt sich der Zauberer in eine Spitzmaus ('m'm-Tier), die in Letopolis lebt; daraufhin kann er Blindheit und Tod verursachen. Im Grabe von Ramses VI. findet sich an der Nordwand der Sargkammer die Spitzmaus in Szenen zur Neugeburt der Sonne während der Nacht.

Standarte

Auf hölzernen Stangen befestigte Embleme lassen sich bis in die prähistorische Zeit nachweisen. In der Kulturstufe Negade II sind auf Tongefäßen und Felsbildern Schiffe mit Standarten dargestellt. Die Bedeutung der einzelnen Embleme ist noch nicht eindeutig geklärt. In geschichtlicher Zeit lassen sich nach ihrer Verwendung drei Arten von Standarten aufzeigen:
1. Die Götterstandarten mit den Bildern und Symbolen der einzelnen Gottheiten. Sie spielten im Königskult eine große Rolle und wurden bei Prozessionen von Priestern mitgetragen. Wenn ein König starb, wurde er auf seinem letzten irdischen Weg von den

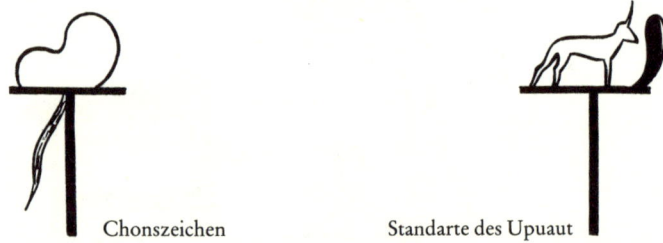

Chonszeichen   Standarte des Upuaut

Götterstandarten zum Grab geleitet, diese Standarten wurden «Horusgeleit» genannt. Vorausgetragen wurde die Standarte des Upuaut, des göttlichen «Wegöffners» (im Bild eines Caniden), es folgten ein hockender Falke, ein stehender Ibis, ein schreitendes Seth-Tier, ein sogenanntes Min-Zeichen (Harpune mit zwei Spitzen?) und ein sogenanntes Chons-Zeichen. Für letzteres sind zwei Deutungen nennenswert: Sitzkissen des königlichen Thrones und Behälter für die Placenta des Königs, die als Zwillingswesen des Herrschers betrachtet worden sei.
2. Die Gaustandarten bestanden aus einem Traggestell und dem Gauzeichen, das gewöhnlich das Bild des Gaugottes oder eines – nach dem Glauben damaliger Zeit – machtgeladenen Gegenstandes darstellte.
3. Die Heeresstandarten, die als Zeichen der Macht und des Sieges ebenfalls Götterbilder trugen.

Stein

Der mit den Mächten der Natur so eng verbundene Ägypter erblickte in der Härte und Unveränderlichkeit der Gesteine eine Manifestation der absoluten Seinsweise, dem schwankenden und brüchigen Dasein des Menschen entgegengesetzt. Berge, Felsen und Steine sind in ihrer Unberührbarkeit ein Bild der Dauer, der Ewigkeit. Wenn der menschliche Körper verweste, sollte sein in Stein gehauenes Bild und sein eingeritzter Name noch ein Weiterleben verbürgen. Die Statuen der Götter und Könige wie auch die Obelisken sollten Monolithe sein (so z. B. die ohne Sockel 15 m hohen Memnonskolosse).

Als Bild der Dauer und Unverrückbarkeit kann der Stein auch zu einem Symbol des Zentrums, der heiligen Mitte werden, wo alle Seinsebenen (Himmel, Erde und Unterwelt) einmünden. Heliopolis besaß einen kegelförmigen Steinfetisch namens Benben, der als Erscheinungsort des Urgottes verehrt wurde. Im Amun-Tempel zu Napata war ein mit Ornamenten und Götterbildern gezierter Steinkegel aufgestellt. In der Oase Siwa hatte der von den Griechen Ammon genannte Gott (d. i. Amun) ein kegelförmiges Steinsymbol, das von einem römischen Schriftsteller mit einem «umbilicus» (= Erdnabel) verglichen wurde.

Sterne

Die Sterne waren «Bewohner der Duat», der Unterwelt, des Reiches der Toten. Sie werden deshalb auch «Gefolgsleute des Osiris» genannt, der ja Herr der Verstorbenen ist. Nach altem Glauben lebten in den Sternen die Toten weiter, und es war ein frommer Wunsch vieler Ägypter, als kleine Lampe unter den nächtlichen Gestirnen weiterleben zu dürfen; daher auch die Ornamentierung der Särge mit Sternen. In besonderem Ansehen standen die Zirkumpolarsterne, die als «die Unvergänglichen» galten, weil sie im Westen nicht versanken. Das Hauptsternbild des Südhimmels, der Orion, wurde von den Ägyptern Sah genannt; schon früh wurde er mit Osiris gleichgesetzt. Und in religiösen Texten findet sich der Gedanke, wie die trauernde Isis in Gestalt des Sirius (ägyptisch Sopdet, in griechischer Verballhornung Sothis) dem Orion, der «herrlichen Seele des Osiris» nachwandelt. Der Himmelskreis wurde von den Ägyptern in 36 Teile gegliedert, von denen jeder unter dem Zeichen eines Sternes oder Sternbildes steht, von den Ägyptern «Dienersterne», von den Griechen Dekane genannt. Die Dekane wurden oft als «die 36 Götter des Himmels» bezeichnet, von denen jeder über einen zehntägigen Zeitraum regiert. Die in griechisch-ägyptischen Zauberpapyri erläuterten wechselseitigen Beziehungen zwischen den Gestirnen einerseits und Metallen, Tieren und menschlichen Körperteilen andererseits dürften aus dem Vorderen Orient übernommen worden sein. Von dort her sind wohl auch die Anregungen zu der Tierkreisdarstellung im Tempel zu Dendera gekommen.

Steuerruder

Das Steuer von Schiffen wurde entweder von einem einzigen Heckruder gebildet oder von zwei Rudern beiderseits des Hinterdecks, die dann vom Steuermann je nach der gewünschten Fahrtrichtung mit einem Seil gehoben wurden. Bei der Bedeutung von Barke und Schiff in Kult, Sonnenmythen und Totenglauben überrascht es nicht, daß auch das Steuerruder als sinnträchtiges Bild erscheint. So wurde Amun als der im Lufthauch Wirkende, als Herr der Winde und Stürme, zu einem Schutzpatron der Seefahrer (nach Morenz); sein Name wurde amulettartig auf Steuerruder geschrieben, und in einer Anrede an ihn heißt es: «Pilot, der das Wasser kennt, Amun, du Steuerruder.» In hellenistischer Zeit erhielt Isis in ihrer Eigenschaft als Schutzherrin der Seefahrer ein Steuerruder als Attribut. Im Totenglauben können vier Steuerruder («die schönen Ruder») das sichere Geleit in die vier Richtungen des Himmelsozeans gewährleisten; so ist ihre Darstellung z. B. im Grab der Königin Nofretari zu verstehen.

Stier

Schon in der Frühzeit wurde der Stier in einer besonderen Beziehung zum Himmel gedacht. Ein Pyramidenspruch (470) berichtet von einem vierhörnigen Stier als Wächter über die Himmelswege. Mond und Sonne haben das Epitheton «Stier des Himmels». Der Symbolwert des Tieres fand in den über das Land verstreuten Stierkulten seinen Ausdruck. Drei unterägyptische Gaue führen als Gauzeichen einen Stier. Der heilige Mnevis-Stier galt als Mittler des Gottes Atum, der Apis als «herrliche Seele» des Ptah. In dem in Hermonthis verehrten Buchis erblickte man «das lebende Bild des Month», er galt aber auch als Herold des Re; seine Begräbnisstätte wurde von Nektanebos II. angelegt.

Als der große Befruchter ist der Stier Träger der Lebenskraft und Übermittler des Lebenswassers. Der Personifikation des kosmischen Wassers, Nun, wurde ein Stierhaupt als Zeichen beigege-

Der siegreiche König als Stier.

ben. Die für die Fruchtbarkeit des Landes wichtige Nilüberschwemmung konnte unter dem Bilde des Stieres erscheinen; eine spätere Bezeichnung der Überschwemmung lautete einfach «Gabe des Stieres». Die ithyphallischen Götter Min und Amun werden Kamutef genannt, d. h. «Stier seiner Mutter». Die Könige des Neuen Reiches führen häufig das Beiwort «starker Stier», während in der Frühzeit der Herrscher regelrecht im Bild eines Stieres dargestellt wurde; auf der Narmer-Palette stößt der König mit seinem Gehörn die Mauer einer Stadt ein und wirft mit seinen Hufen deren Verteidiger zu Boden.

Strick

Seil und Strick sind ganz allgemein Bilder für das Gebundensein. Auf der Narmer-Palette wird durch einen Strick in der Hand eines Falken (Horus) die Gefangennahme der Bewohner des Papyruslandes (Zeichen für Land mit 6 Papyrusstauden und mit links auslaufendem Kopf) angedeutet. Der göttliche Onuris, die Personifi-

Das Volk aus dem Land der Papyrusstauden am Strick der Gefangenschaft.

kation des königlichen Jägers, fängt mit einem Strick die Feinde des Horus und tötet sie mit der Lanze. Im Pfortenbuch (9. Stunde) erscheinen die Feinde des Osiris als mit Stricken Gebundene; schließlich wird (in der 10. Stunde) auch der Sonnenfeind Apophis mit Speer und Seil bekämpft. In Unterweltsbildern und -texten kann der Strick auch die Bedeutung eines Schicksalssymbols haben. Selbst Götter und Dämonen werden mit einem Strick gezogen, oder ihr Boot wird getreidelt. Manchmal ersetzt ein Schlangenleib das Seil. Schicksalbestimmende Wesen haben oft die Bezeichnung «Feldvermesser» und tragen ein spiralig gerolltes Seil. Zum Schicksal gehörig ist die Zeit. Im Pfortenbuch (11. Stunde) ist das Seil in Händen der zwölf Stundengöttinnen, die Re in seiner Barke durch Himmel und Unterwelt geleiten. Eine andere Darstellung zeigt zwölf Götter, die in den Schlingen eines doppelt gedrehten Seiles stehen; die Götter heißen «Die den Doppeltgewundenen tragen, aus dem die Stunden herauskommen».

Suchos

Der Name des Gottes Suchos (in der fraglichen ägyptischen Form Sobek) bedeutet «Krokodil». Seine Hauptkultorte waren Krokodilopolis im Fayum und Kom Ombo in Oberägypten. Besonders die im Fayum residierende 12. Dynastie begünstigte den Kult des Suchos, dessen Verehrung noch in der 13. Dynastie zur Namensbildung des Herrschers diente (z. B. Sebekhotep = Sucho ist gnädig). Auf die Verbindung des Suchos mit dem Königsgott Horus

Der krokodilköpfige Gott Suchos (Sobek).

gehen Darstellungen von Krokodilen zurück, die einen mit der Doppelkrone geschmückten Falkenkopf tragen. Eine weitere Identifizierung mit Re führte zu der Krokodilsgestalt mit der Sonnenscheibe auf dem Kopf. Die Griechen zeigten Suchos allgemein als Helios mit Strahlenkranz, in der Hand ein Krokodil als Attribut. Verständlicherweise ist Suchos auch ein Gott des Wassers – aus seinem Schweiß kommt der Nil hervor –, er «macht das Kraut grünen» und rückt damit auch an die Gestalt des Osiris heran.

Sykomore

Am östlichen Tor des Himmels, aus dem Re alltäglich am Morgen hervorgeht, stehen «zwei Sykomoren aus Türkis» (Totenbuch, Kap. 109). In einem Pyramidentext (916) wird gesprochen von «jener hohen Sykomore am östlichen Himmel..., auf der die Götter sitzen». Die Sykomore wird zum Himmelsbaum und gilt als Erscheinungsform der Himmelsgöttin Nut, die den toten Osiris «schirmen und seine Seele in ihren Zweigen verjüngen» soll. Sykomorenblätter hatten amulettartige Bedeutung, da sie zu «vielen guten Dingen» verhelfen. Eine spätägyptische Kultstätte des Krokodilgottes Suchos heißt «Haus der Sykomore». Zu den ältesten Baumkulten gehört der der «Hathor, Herrin der Sykomore» unweit von Memphis.

Tanz

Wohl bei allen alten Völkern ist der Tanz sakralen Ursprungs. Nach dem römischen Schriftsteller Lucian wollten die Ägypter in den Tänzen die Geheimnisse ihrer Religion zum Ausdruck bringen. Bei der Prozession des Min traten Tanzende als Götter auf. Am «Feste der Trunkenheit» tanzte der König in Gestalt des Schu vor Hathor, um «ihren Grimm zu vertreiben»; der Tanz ist der Göttin «Herzensnahrung». Im Totenkult wird der Tanz zu einem Symbol der Auferstehungshoffnung. «An der Tür des Grabes» eilen die mit einer Schilfkrone geschmückten Muu-Tänzer dem Toten, der Osiris gleichgesetzt ist, entgegen und begrüßen ihn mit Jauchzen.

Tausendfuß

In den Pyramidentexten (z.B. 244a) heißt es, daß die Schlange dem Himmel, der Tausendfuß der Erde gehöre. In Heliopolis wurde unter dem Namen seines Tieres der Gott Sepa verehrt. Er wurde in Beschwörung gegen bösartige Tiere und gegen Götterfeinde angerufen. Dem chthonischen Charakter des Tausendfußes entsprechend, stand Sepa mit der Totenstadt in Verbindung und wurde mit Osiris als Totengott gleichgesetzt.

Tefnut

Tefnut und ihr Bruder Schu wurden von dem Urgott Atum aus sich selbst erschaffen. Mit ihnen tritt aus der primordialen Einheit die Zweiheit hervor, und damit beginnt der Kreislauf der Geschlechter. In Leontopolis wird das Geschwisterpaar mit den beiden dort verehrten Löwen identifiziert. Durch die Verschmelzung Atums mit Re werden Schu und Tefnut zu Kindern des Sonnengottes, sie gelten als die Augen des Himmelsherrn; Tefnut wird zunächst dem Mondauge gleichgesetzt, kann aber durch verschiedene mythische Querverbindungen auch zum Sonnenauge und über dieses zur Uräusschlange werden. So hat Tefnut die Beinamen «Herrin der Flamme» und «Stirnschlange am Haupte aller Götter». In Buto werden Schu und Tefnut in den flamingogestaltigen «Kindern des unterägyptischen Königs» verehrt, d. i. ein mythisches Bild für Sonne und Mond.

Tekenu

Ältere Darstellungen des Tekenu zeigen einen hockenden Mann, der bis auf den Kopf in ein Fell gehüllt ist; in jüngeren Wiedergaben handelt es sich entweder um ein birnförmiges Bündel oder um einen unbekleideten Mann mit angezogenen Beinen und Armen. Der Tekenu kann als Zeremonialgegenstand bezeichnet werden, der noch aus der archaischen Begräbnisstätte herrührt (Tierfellumwicklung und Hockerlage). Nicht ganz geklärt ist die in historischer Zeit dem Tekenu zugelegte Bedeutung. Man dachte schon an ein symbolisches (d. h. hier stellvertretendes) Menschenopfer. Andere erblicken im Tekenu einfach ein Ersatzbild des Toten, das sich als eine Art Sündenbock den unheimlichen Mächten des Jenseits stellen soll. Für wahrscheinlicher halten wir, daß der Tekenu als Erscheinungsform des Verstorbenen galt, durch die der Verklärte zu den lebenverheißenden Stätten geführt werden soll, zum «See des Chepre» und zur «Stadt der Tierhaut».

Tempel

Die von Priestern gegebenen Vorschriften zum Tempelbau wurden auf den Gott Thot zurückgeführt. Die Urform der Tempel bilden Schilfhütten mit geschweiften Dächern und einem vorgelagerten Hof, an dessen Eingang zwei Stangen mit je einem dreieckigen Tuch (später das Schriftzeichen für Gott) stehen. Die in der Folgezeit auf vier vermehrten Flaggenmasten (bei den Pylonen des

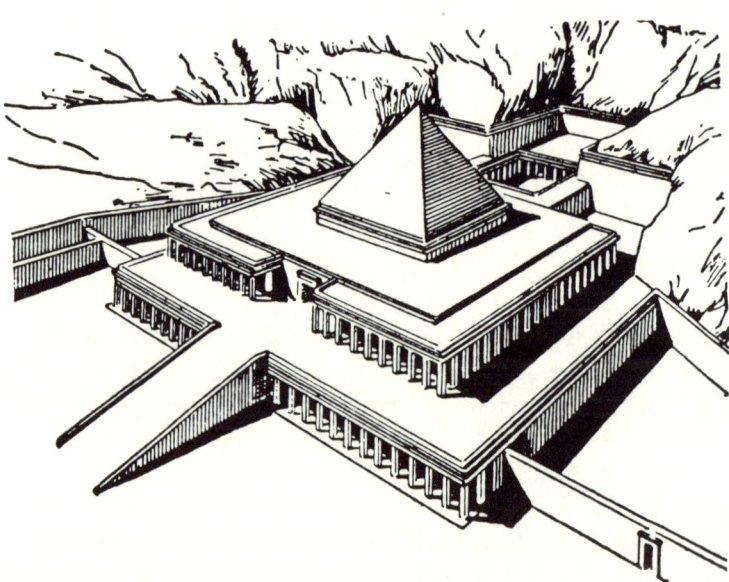

Rekonstruktion des von Mentuhotep I. errichteten Tempels im Felsenkessel von Der el Bahri.

Reichstempels zu Karnak waren es sogar acht) hatten apotropäische Bedeutung. Schon in der Frühzeit ist das «Gotteshaus» (hat nuter) durch eine Dreigliederung gekennzeichnet: Kapelle, Vorraum und Hof. Die quadratische oder rechteckige Kapelle enthält den Schrein mit dem Götterbild; hier werden auch die Kultsymbole (wie Götterstab und Keule) und oft die tragbare Barke aufbewahrt. Um dieses Allerheiligste gruppieren sich Nebenkapellen für die Beigötter.

Je mehr die übrigen Tempelräume sich vom Allerheiligsten entfernen, desto weiter und höher werden sie, desto mehr öffnen sie sich dem Licht. Die Pylonen wurden als Isis und Nephthys bezeichnet, die «den Sonnengott emporheben, der am Horizonte erstrahlt». Der ganze Tempel ist ein steinernes Symbol der Welt. Der untere Teil sinnbildet die Erde, aus der drei Pflanzen (Papyrus, Lotos und Palme in Säulenform) hervorsprießen; die Decke ist das Himmelsgewölbe und deshalb mit Sternen und Göttervögeln bemalt.

Tet-Zeichen → Isisblut

Thot

In der Gestalt des Thot sind schon früh verschiedene Überlieferungen verschmolzen. Die Bedeutung seines Namens (ägyptisch Dehuti) ist unklar. Die Ibisköpfigkeit des Gottes weist auf das Delta als seine Heimat; der 15. unterägyptische Gau führt das Bild des Ibis als Gauzeichen. In geschichtlicher Zeit war der Hauptkultplatz des Thot das mittelägyptische Hermopolis, wo er mit dem früher ansässigen Paviansgott Hez-ur verschmolz und dessen Gestalt annahm. Thot ist Herr des Mondes; in der Spätzeit erhielt er das Epitheton «Silberner Aton». Ob und inwieweit die Ägypter im Mond einen hockenden Pavian erblickten (analog unserem Mann im Mond) und im Schnabel des Ibis einen symbolischen Hinweis auf die Mondsichel, ist nicht zu erweisen.

Thot, der ibisköpfige Herr des Mondes.

Eine Mythe erzählt, daß Thot aus dem Kopf des Seth entsprungen sei, nachdem letzterer versehentlich den Samen des Horus verschluckt habe. Der kosmische Hintergrund dieses Bildes wird von dem Ägyptologen Bonnet klar erkannt: «Durch die Kraft des Lichtgottes bricht die volle Mondscheibe aus Seth, der Macht des Dunkels, hervor.» Die Beziehung zum Mond läßt Thot zum «Herrn der Zeit» und zum «Rechner der Jahre» werden. Ein Schreibgerät oder auch eine Palmrippe sind daher häufig seine Attribute. Verschiedentlich wird Thot als Zunge oder Herz des Re bezeichnet. Als Schützer des Osiris wird er auch zu einem Helfer der Toten, was zu seiner Gleichsetzung mit Hermes in der interpretatio graeca führte.

Thron

Der Thron als Symbol der Herrscherwürde entsprach orientalischem Denken. Ja, nach einer alten Vorstellung aus dem Kreis der «Göttermutter» hat der – weiblich gedachte – Thron den König hervorgebracht (so nach Helck). Isis ist die personifizierte Macht des Thrones, den sie in ihrer anthropomorphen Gestalt als Wortzeichen auf dem Haupt trägt. Das polsterartige Chons-Zeichen, das bei Königsaufzügen als Standarte mitgeführt und von «Dienern des Thrones» getragen wurde, könnte ursprünglich ein Thronkissen gewesen sein.

Das Fundament des Thrones hat gewöhnlich die Form der Maat-Hieroglyphe, wodurch angedeutet werden soll, daß jede Thronbesteigung einer Erneuerung der kosmischen Ordnung gleichkommt. Der Thronsockel der Sitzstatue von Ramses II. im Tempel zu Luxor zeigt ein Relief mit gefesselten Feinden, die sich damit zu Füßen des Königs befinden. Am Sockel des Götterthrones sind öfters Anch-Zeichen, Uasszepter und Djedpfeiler friesartig aneinandergereiht: Ausdruck für Leben, Heil und Dauer, die mit ihrer Herrschaft verbunden sind. Auf der Seite des Thronsitzes wird die symbolische Darstellung der Vereinigung Ober- und Unterägyptens gezeigt.

Tier

Der Tierkult dürfte zunächst durch die Furcht des Menschen vor dem Tier und durch den Nutzen, den es bringt, motiviert sein. Das Tier wurde zum Offenbarungsträger und Mittler übermenschlicher Kräfte und archetypischer Eigenschaften; so symbolisiert der Stier die Zeugungskraft, die Kuh die Mütterlichkeit. Möglicherweise wurzeln verschiedene altägyptische Gaugötter in tiergestaltigen Schutzgeistern prähistorischer Häuptlinge. In allen Orten gab es durch Tabu geschützte heilige Tiere, die als Erscheinungsform eines Gottes galten; nur selten – so etwa in den religiösen Verfallszeiten – erblickte man die Gottheit selbst in dem Tier. Das Einzeltier ist nur ein irdisches Abbild des transzendenten Urbildes, dessen theriomorphe Gestalt eine bestimmte Seite göttlicher Wesenheit ausdrückt. So sind die heiligen Tiere die «äußere Seele» (wie es der Ethnologe Frazer bezeichnet) oder mit einem ägyptischen Ausdruck, der Ba des Gottes. Z. B. ist der Widder die Seele des Amon-Re, der Apisstier die des Ptah, und das Krokodil ist der Ba des Suchos.

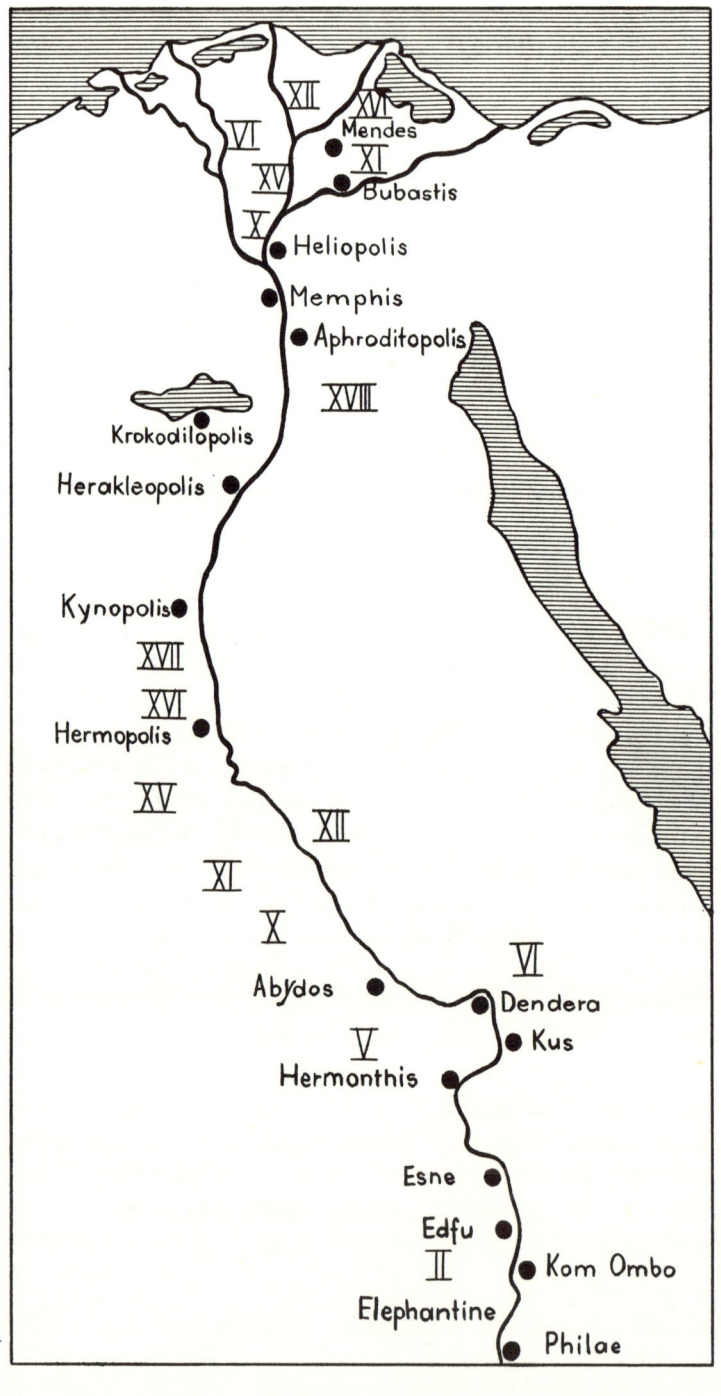

Tierverehrung · Tiere als Gausymbole:

Oberägyptische Gaue:
  II Falke
  V Zwei Falken
  VI Krokodil
  X Schlange
  XI Tier des Seth
  XII Bergviper
  XV Hase
  XVI Gazelle
  XVII Hund (Schakal?)
  XVIII Fliegender Falke

Unterägyptische Gaue:
  VI Bergstier
  X Schwarzer Stier
  XI Heseb-Stier
  XII Kuh mit Kalb
  XV Ibis
  XVI Fisch
  XX Hockender Falke

Orte mit berühmtem Tierkult (von Norden nach Süden):

Mendes · Widder
Bubastis · Katze
Heliopolis · Stier (Mnevis)
Memphis · Stier (Apis)
Aphroditopolis · Kuh
Krokodilopolis · Krokodil
Herakleopolis · Widder
Kynopolis · Hund
Hermopolis · Ibis

Abydos · Ibis
Dendera · Kuh
Kus · Falke
Hermonthis · Stier
Esne · Widder
Edfu · Falke
Elephantine · Widder
Philae · Falke

Durch die mit der geschichtlichen Zeit einsetzende Vermenschlichung des Gottesbildes hat sich in manchen Fällen nur der Tierkopf erhalten. Mit dem ausgehenden Neuen Reich nahm der Tierkult überhand. Durch besondere Zeichen erkennbare Individuen einer sakralen Gattung wurden im Tempel inthronisiert, so der Apisstier in Memphis oder der heilige Falke auf Philae. Nicht nur die inthronisierten Exemplare, sondern auch die freilebenden der heilig gehaltenen Gattung wurden nach ihrem Tod in vorgeschriebener Form mumifiziert und beigesetzt.

Tieropfer

Jedem Opfer lag der Gedanke der Speisung zugrunde. Da Götter und Tote sich jedoch nur am «Wesen» der Opfergaben befriedigten, konnte die Opfermaterie mehreren Empfängern gereicht werden, bis sie zum Schluß von einem Priester gegessen wurde. Das Opfertier galt als symbolische Verkörperung eines Gottesfeindes. Bei einem Stieropfer zu Ehren des Osiris wurde folgender Spruch rezitiert: «Ich schlage dir den, der dich schlug, als Rind.» Das Opfertier wird also mit Seth gleichgesetzt. Die gebräuchlichsten Opfertiere waren Gänse, Ziegen, Rinder und Antilopen. Letztere standen dem göttlichen Widersacher Seth durch die gemeinsame Heimat der Wüste besonders nahe. Vor dem Schlachten wurden die Tiere auf ihre Reinheit hin geprüft und dann festlich geschmückt. Das Zerlegen des durch einen Schnitt in die Halsschlagader getöteten Tieres erfolgte mit einem Messer aus Feuerstein.

Toeris

Die Nilpferdgöttin wurde schon seit der Frühzeit mit menschlichen Armen und Brüsten dargestellt (in aufrechter Haltung). Als Attribut hält sie die Sa-Schleife in ihren Händen, manchmal auch

Die Nilpferdgöttin Toeris fächelt dem neugeborenen Sonnenkind frische Luft zu.

die Lebensschleife oder eine Fackel, deren Flamme die typhonischen Mächte verjagen soll. Toeris hilft besonders den Frauen bei der Entbindung. Das Bild der Schutzgottheit ist an Betten, Kopfstützen und Toilettengeräten angebracht, findet sich aber auch in den Vignetten der Totenbücher und sogar auf Tempelreliefs.

Tränen

Zu den mythischen Vorstellungen gehört, daß die ersten Menschen aus den Tränen des Schöpfergottes hervorgegangen sind. Nach der Kosmogonie von Heliopolis sind die Menschen aus den Tränen des Atum entstanden. Der Mythos ist etymologisch fundiert: Die Bezeichnungen für Mensch/Menschheit (remt, remtet) und Träne (remit) waren in ihrem konsonantischen Bau fast identisch; nach ägyptischer Überzeugung aber bekundet und begründet «die Gleichheit der Wörter einen Zusammenhang der Sachen» (Morenz). Eine andere Mythe erzählt, wie der Sonnengott Re weinte, die Tränen auf den Boden fielen und sich in Bienen verwandelten.

Trauer

Auf dem Weg zur Grabstätte wird der Verstorbene seit dem Alten Reich von zwei Klagefrauen geleitet, eine bei seinem Haupt, die andere zu seinen Füßen. Sie vertreten auf irdischer Ebene die Göttinnen Isis und Nephthys, die den toten Osiris beweinen. Während die Männer ihren Schmerz meistens nicht oder nur wenig zeigen, haben die weiblichen Angehörigen bei der Totenklage aufgelöstes Haar und ein über der Brust aufgerissenes Kleid. Die Trauerbezeichnungen waren dieselben wie im übrigen Orient. Man streute sich Staub aufs Haupt und schlug sich auf die Brust. Pyramidentexte schildern die Trauer um Osiris: «Sie schlagen für dich ihr Fleisch, sie schlagen dir ihre Hände, sie öffnen ihr Haar.» Für das Trauergewand war verschiedentlich blaue Farbe vorgeschrieben.

Treppe

Bereits im alten Ägypten waren Leiter und Treppe Symbole der Himmelfahrt. Eine frühe Darstellung zeigt Osiris als «Gott auf dem obersten Ende einer Treppe», womit seine Auferstehung nach dem Tode symbolisiert wurde. Wahrscheinlich stellt die Stufenpyramide des Djoser zu Sakkara eine Treppe dar, um so dem verstorbenen König den Aufstieg in den Himmel zu erleichtern. Auch der Urhügel, mit dessen Auftauchen aus dem Urozean die Weltschöp-

Die Totenbarke mit einer siebenstufigen Treppe als Symbol des Aufstiegs zum Himmel.

fung einsetzt, konnte als Treppe dargestellt werden. Ein dem Toten mitgegebenes Amulett war die Nachbildung einer Treppe, sicher ein symbolischer Ausdruck des Urhügels und der mit ihm verknüpften Hoffnung auf ein neues Leben. Im Totenbuch (Ende des Kapitels 153) heißt es: «Nun beginn ich die Stufen zu erklimmen der himmlischen Treppe, welche Re, mein göttlicher Vater, für mich seit langem vorbereitet.»

Triade

Mit dem Bestreben, die verschiedenen lokalen Gottheiten einander zuzuordnen, sie in Systemen zusammenzufassen, entstanden die Götterkreise wie die Achtheit und die Neunheit (siehe die betreffenden Artikel). Besonders naheliegend waren Zusammenstellungen zu dreigliedrigen Götterfamilien, bestehend aus Vater, Mutter und Sohn. Am bekanntesten ist die Dreiheit Osiris, Isis und Horus; von den ortsgebundenen seien Amun, Mut und Chons in Theben und Ptah, Sachmet und Nefertem in Memphis erwähnt. In Latopolis (dem heutigen Esne) wurde neben der Götterfamilie

Chnum, der löwengestaltigen Menhit und beider Sohn Hike (personifizierte Zauberkraft) auch eine kultische Dreiheit verehrt, bestehend aus Chnum und seinen beiden Gemahlinnen Menhit und Nebetu, der «Herrin des Feldes». Wie eine Familie eine Ganzheit bildet, so können auch andere Götter in einer Dreiergruppe zusammengestellt werden als Ausdruck ihrer allumfassenden Macht. Die Verbindung Ptah-Sokaris-Osiris bedeutet, daß sie die alleinigen Herrscher des Totenreiches sind. Die Triade kann als Einheit aufgefaßt werden. Die Sonne bzw. der Sonnengott erscheint morgens als Chepre, mittags als Re, abends als Atum. In einem Text aus der Ramessidenzeit heißt es: Osiris ist Apis, Atum und Horus zugleich. Im Leidener Amunshymnus besagt eine Stelle, daß der seinen Namen verbergende Amun in seinem Gesicht Re und in seinem Leib Ptah ist.

Tür

Die Schwelle der Tür ist Grenze wie Übergang. Die Tür ist ein Doppelsymbol für Abwehr und Einlaß. Um die Tempel vor den typhonischen Mächten zu schützen, stellte man an ihre Eingänge häufig Löwenfiguren oder gab den Türriegeln Löwenform. Eine besondere Rolle spielen die Pforten auf der Jenseitswanderung des Toten. Es gibt ein eigenes «Pfortenbuch» (ohne Titel überliefert), das den Weg des Sonnengottes durch die Unterwelt beschreibt, wobei immer wieder von feuerspeienden Schlangen und anderen Dämonen bewachte Tore überwunden werden müssen. Eine schöne Darstellung der 12 Unterweltsorte findet sich im Grab des Königs Amenophis II. im Tal der Königsgräber. Sicher wurde auch den Sargkammertüren und den Tempeltoren eine symbolische Bedeutung zuerkannt. In den meisten Pyramiden weisen in dem Durchgang zwischen der Vorkammer und der Sargkammer Inschriften auf ein «hohes Tor», das öfters als «Tor der Nut» (also Himmelstor!) bezeichnet wird. Im Kult galt das Öffnen der Türen des Götterschreins als eine symbolische Öffnung der Himmelspforten.

Uasszepter

Der Uas war in früher Zeit eine Art Fetisch, in dem man die Heilskräfte eines hunde- oder fuchsähnlichen Schutzdämons eingeschlossen wähnte. Der Uas besteht aus einem unten gegabelten Stock, der am oberen Ende in einem Tierkopf (wohl dem eines Caniden) ausläuft. In den Händen der Götter wird er zu einem beliebten Szepter und zu einem Symbol für Heil und Glück. Bis ins Mittlere Reich hinein gab man dem Toten hölzerne Uasszepter ins Grab mit, um ihn so in den Genuß göttlichen Wohlergehens zu versetzen.
Später wurden die Gerätefriese der Särge mit diesem Symbol geschmückt. Ein durch alle Zeiten beliebtes Motiv war die Darstel-

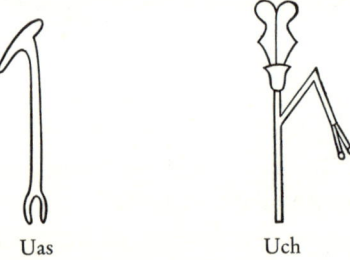

Uas   Uch

lung zweier Uasszepter, die ein Bilder- oder Inschriftenfeld an den Seiten einrahmen und mit ihren Köpfen das Ideogramm für «Himmel» stützen. Mit Band und Feder geschmückt war das Uasszepter Zeichen des thebanischen Gaues und hatte den Namen Uaset.

Uch

Der in Kusae verehrte Stabfetisch wurde durch einen Papyrusstengel dargestellt, der von zwei Federn gekrönt war. «Uch» bedeutet eigentlich «die Säule» und wird u. a. als Symbol des Himmelspfeilers gedeutet. Fest steht lediglich, daß der Uch dem Kult der Hathor zugeordnet war.

Umkehrung

Eine uralte Vorstellung vom Totenreich ist, daß dieses auf dem Kopf steht. Aus Sargtexten und dem Totenbuch weiß man, daß die Ägypter sich fürchteten, in der Unterwelt auf den Kopf gestellt zu werden. Im «Höhlenbuch» sind mehrere Szenen mit auf dem Kopf stehenden Götterfeinden, teils um Gnade flehende oder gefesselte Frauengestalten, teils kopflose Bösewichter oder Ba-Vögel als selbständige Manifestationen der Toten; sie alle sind in der «Urfinsternis» und können die Strahlen der Sonne nicht sehen. Für die Toten ist das Jenseits eine verkehrte Welt. So heißt der Fährmann der Unterwelt in den Pyramidentexten «Hintersichschauer», da er in die verkehrte Richtung blickt. Bei der Gerichtsszene im Amduat (5. Stunde) sind über dem thronenden Osiris vier umgedrehte Antilopenköpfe mit dem Namen «Brüllende» als Symbol strafender Mächte. Im «Pfortenbuch» (12. Stunde) – so auch auf dem Sarkophag von Sethos I. – steht die abendliche Himmelsgöttin (= Eingang zur Unterwelt) mit den Füßen nach oben auf dem Haupt des die Totenwelt umschließenden Osiris.

Gerade in der Umkehrung liegt aber auch die Jenseitshoffnung des Toten. Ging sein irdisches Leben vom Kindes- zum Greisenalter, von der Geburt zum Tod, so erhofft er sich jetzt die Verjüngung, den rücklaufenden Weg vom Tod zum Leben. Im «Buch von der Erde» wird das Wunder der Neugeburt am Beispiel der Sonne gezeigt, die in ihrer Barke – in verkehrter Richtung mit dem Heck voran – aus dem Reich der Nacht einem neuen Morgen entgegenfährt.

Upuaut

In der Gestalt eines stehenden Caniden (Schakal oder Wolf) wird der Gott von Lykopolis dargestellt. Der Name Upuaut bedeutet «Wegöffner» und dürfte sich auf ein siegreiches Vorausgehen im Kampf bezogen haben. Dem kriegerischen Charakter des Gottes entsprechen auch seine Attribute Keule und Bogen. Als «Leiter der Götter» eröffnet Upuaut mit seiner Standarte den königlichen Festzug. Aber nicht nur dem König, auch dem Osiris schreitet der schakalähnliche Gott voraus. Ausgelöst durch die spekulativen Gedanken des abydenischen Osirismysteriums und der darin enthaltenen Auferstehungssymbolik ließen viele Ägypter ihren Wunsch auf den Grabstein setzen: «Die Schönheit des Upuaut bei dem ersten Auszug zu sehen.» Schließlich zieht der Gott in Abydos im Bilde zweier Standarten dem Leichenzug voraus und hält dann – im Grab aufgestellt – bei dem Toten Wache.

Uräus

Die griechische Lautform Uraios geht wohl auf ein ägyptisches Wort zurück, das «die sich Aufbäumende» bedeutet. Der Uräus war die vom König an einem Diadem oder seit dem Mittleren Reich an der Krone getragene Stirnschlange, die als aufgebäumte Kobra mit aufgeblähtem Hals wiedergegeben wurde. Ein Ägyptologe möchte das am Haupt getragene Emblem auf die bei altliby-

Fries mit der heiligen Uräusschlange.

schen Stämmen getragene Stirnlocke zurückführen. Andere betrachten die Schlange als Symboltier eines prähistorischen Reiches von Buto, dessen Göttin Uto sich in Gestalt des Uräus auf den Scheitel des Königs setzt. Der Uräus ist Symbol des Königtums, und so wird er auch von den Königsgöttern Horus und Seth getragen. Die alles Böse abwehrende glutspeiende Schlange wird als feuriges Auge des Sonnengottes Re bezeichnet. Durch ihre Gleichsetzung mit dem Sonnenauge kann Hathor als Uräusschlange angerufen werden, so z. B. in Sargtexten. Tefnut trägt in ihrer Sonderfunktion als Feuergöttin (namens Upes) einen Uräus auf dem Haupt.

Urhügel

Das Auftauchen des Urhügels aus dem Urgewässer bezeichnet die Weltentstehung. Der Schöpfergott läßt sich auf dem Urhügel nieder; ja in Pyramidentexten (z. B. Spruch 1587) wird Atum selbst als «Hügel» angesprochen. Die Stadt Memphis schuf in Gestalt des Tatenen – d. h. «das erhabene Land» – eine eigene Personifikation des Urhügels. In Heliopolis wurde der heilige Benbenstein mit dem Urhügel gleichgesetzt. Später behauptete Theben, den «herrlichen Hügel des Uranfangs» zu besitzen und damit älter zu sein als jede andere Stadt. In der Osiris-Symbolik wird der Urhügel zum Grab des Gottes erklärt. Die in verschiedenen Orten angelegten Osirisgräber befanden sich gewöhnlich auf einer Insel; das Steigen und Fallen des Wassers sollte auf Sterben und Auferstehen hinweisen.

Uschebti

Unter Uschebti versteht man kleine, gewöhnlich mumienförmige Figürchen, die dem Toten mitgegeben wurden, damit sie an seiner Stelle im Jenseits die nötige Arbeit verrichten. Die sprachliche Herkunft des Wortes ist unbekannt; die Ägypter selbst deuteten es seit dem ausgehenden Neuen Reich als «Antworter». Wenn der Tote im Jenseits gerufen wird «zu besäen die Felder, zu füllen die Kanäle mit Wasser, den Sand von Osten nach Westen zu bringen», dann soll der Uschebti rufen: «Hier bin ich» (Totenbuch, Kap. 6). Damit der Uschebti alle Arbeiten erfüllen kann, gab man ihm in älterer Zeit kleine Modelle der notwendigen Werkzeuge mit, später werden die Geräte auf die Figuren aufgemalt; in den über der Brust gekreuzten Händen halten die Uschebtis gewöhnlich eine Hacke. In mehreren Gräbern waren 365 «Antworter» aufgestellt, für jeden Tag einen.

Uto

Der Name der Göttin von Buto bedeutet die «Papyrusfarbene», d. i. die «Grüne». Zugleich war dies eine allgemeine Bezeichnung für die Kobra, die – als Uräusschlange – das heilige Tier der Göttin war. In späterer Zeit wurde ihr auch das Ichneumon zugeordnet. Als feuerspeiende Schlange wurde Uto mit dem Uräus des Königs gleichgesetzt und damit schließlich zum «Auge des Re». Durch ihre solare Beziehung kann Uto ab und zu ein Löwenhaupt mit aufgesetzter Sonnenscheibe und Uräus annehmen. Meistens ist sie jedoch rein menschlich gestaltet und trägt die unterägyptische Krone oder Geierbalg und Uräus. Als Landesgöttin Unterägyptens bildet Uto das Gegenstück zur oberägyptischen Nechbet, der sie verschiedentlich ihre Schlangengestalt aufdrängt. Eine Darstellung aus der Spätzeit – zu Dendera – zeigt beide Göttinnen in Schlangengestalt auf je einer Papyruspflanze sitzend. Nach einem Pyramidentext soll die Papyruspflanze aus der Göttin hervorgegangen sein. Als «Grüne» verkörpert Uto die Kräfte des Gedeihens; als «Herrscherin, die auf ihrem Papyrus ist, ... die ihren Sohn Horus im Delta aufzog», wird sie der Gestalt der Isis angenähert.

Uzatauge

Das nach dem Raub durch Seth zurückgekehrte Mondauge wurde von Thot geheilt und hieß nun «das Heile». Es ist Sinnbild der Kraft des Lichtgottes und daher ein beliebtes Amulett. Es gibt Uzataugen, die mit einem Arm versehen sind und die Lebensschleife oder den Papyrusstab (Symbol für «Gedeihen») tragen. Das Uzatauge diente auch als Schutzmittel gegen den bösen Blick.

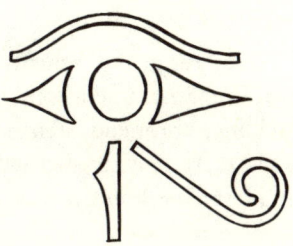

Das Uzatauge, in seine Teile zerlegt.

Seit dem späten Alten Reich ist ein Paar Uzataugen an den Türnischen der Gräber angebracht, ebenfalls apotropäische Bedeutung haben sie auf den Särgen des Neuen Reiches.

Die einzelnen Teile des Uzatauges entsprechen bestimmten Bruchzahlen, die zusammengezählt 63/64 ergeben. Das eine Vierundsechzigstel hat angeblich Thot verschwinden lassen.

Vereinigung

Das historische Ereignis der «Vereinigung der beiden Länder» (Ober- und Unterägypten) wurde bei jeder Königskrönung symbolisch wiederholt, gleichsam als Rückgriff auf die Urzeit. Sind es doch die Götter selbst, die dem Herrscher «alle Flachländer und alle Bergländer unter die Füße legen». Die symbolische Darstellung der Vereinigung wurde gewöhnlich am Thronsitz der Herrscherstatuen angebracht: Im Bild ihrer Wappenpflanzen (oberägyptische Binse oder Lilie und unterägyptischer Papyrus) werden die beiden Länder von Horus und Seth um die Hieroglyphe sma

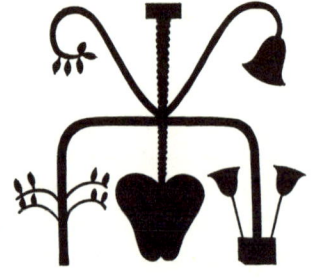

Symbolische Darstellung der Vereinigung von Oberägypten (Binse) und Unterägypten (Papyrus).

(= Vereinigung; das Schriftzeichen besteht aus einer Lunge mit Luftröhre) zusammengeschlungen; der König nimmt, über diesem Geschlinge thronend, stehend oder durch seine Kartusche vertreten Platz. Ab und zu wird Seth durch den Gott Thot ersetzt; neben dem Herrscher können noch die Landesgöttinnen Uto und Nechbet dargestellt sein.

Verkehrte Welt → Umkehrung

Verwandlung

Osiris ist der neb cheperu, der «Herr der Gestaltungen», der alle Seinsformen in sich birgt; er offenbart sich im Wasser des Nils, im aufsprießenden Korn und in den zum Himmel ragenden Bäumen. Osiris ist selbst die Symbolfigur des «Stirb und Werde», dessen toter Körper neues Leben (sein Sohn Horus) zeugt.

Die Verwandlungsfähigkeit des Verstorbenen ist symbolischer Ausdruck für seine Unsterblichkeit. Immer wieder finden sich im Totenbuch entsprechende Belege. So wenn der Tote sich als «kosmisches Ei» bezeichnet (Kap. 54), als «goldenen Falken» (Kap. 77), als «geheiligte Lotosblüte» (Kap. 81) oder als «königlichen Phönix» (Kap. 83). Raum und Zeit sind für den Toten aufgehoben: «Ich bin das Heute. Ich bin das Gestern. Ich bin das Morgen. Meine wiederholten Geburten durchschreitend bleibe ich kraftvoll und jung.» Als löwenköpfiger Re ergreift er Besitz von seinem himmlischen Erbteil.

Vier

Vier ist die Zahl der Himmelsrichtungen, so bereits in einem Pyramidentext (470), wo von einem kosmischen Stier mit vier Hörnern gesprochen wird, der über die Himmelswege wacht. Vier mit Kuhhörnern versehene Gesichter bilden den oberen Abschluß der Narmer-Palette; es ist die Himmelsgöttin, die von allen Seiten auf den Sieg ihres Sohnes (= der König) herabblickt. Die Universalität des Schöpfergottes Chnum zeigt sich in der Vierheit seines Wesens; er ist der Ba des Re (Himmel), des Schu (Luftraum), des Geb (Erde) und des Osiris (Unterwelt); als Ba der gleichen Gottheiten wird auch der Widder von Mendes bezeichnet. Weiter ist die Zahl vier im Totenkult von Bedeutung: Vier Männer ziehen den Sarg, alle Werkzeuge und Gefäße sind vierfach, ebenso die Kanopen mit des Verstorbenen Eingeweiden, die von den vier Horussöhnen bewacht werden; vier Göttinnen (Isis, Nephthys, Neith und Selket) beschützen den Kanopenschrein.

Die Horussöhne sind mit den Himmelsrichtungen verbunden: Der menschengestaltige Imset im Süden, Hapi mit einem Affenkopf im Norden, Duamutef mit einem Schakalkopf im Osten und der falkenköpfige Kebechsenef im Westen. Der Tiefenpsychologe C. G. Jung weist auf die Analogie zur Ezechiel-Vision, wo vier Cherubim (einer menschengestaltig, drei mit Tiergesicht, davon einer mit dem Antlitz eines Vogels) die vier Kardinalpunkte des Himmels bilden.

Wasser

Der Gedanke des Lebenswassers zeigt sich in der Symbolik der Reinigung, die nicht nur äußerlich gedacht wurde, sondern auch göttliche Segenskräfte vermitteln sollte. Das Wasser ist der Urstoff, der «alle lebenden Dinge hervorbringt». Im Zweibrüdermärchen wird das Herz Batas durch das Eintauchen in kühles Wasser zu neuem Leben erweckt. Das Wasser gehört zur Symbolik des Weiblichen. Als Urwasser ist es zeugend und gebärend, mythologisch durch das Paar Nun und Naunet wiedergegeben, die zusammen eine androgyne Einheit bilden. Bei dem im Monat der Hathor gefeierten Osirisfest wurden die Nachbildung eines Phallus (Osiris!) und eine Vase mit Wasser (Isis!) an der Spitze des Prozessionszuges getragen; beide zusammen sind die Symbole der Fortpflanzung und deuten in einem sublimeren Sinn auf die Unvergänglichkeit des Lebens. Als Vegetationsgott galt Osiris selbst als Herr des Nilwassers, während Isis sich in dem Fruchtland manifestierte; die für Ägypten so wichtige Überschwemmung war somit die Vereinigung der beiden Daseinspole. Im Totenkult war mit dem bei der Libation (Trankopfer) verwendeten Wasser der Gedanke der Wiederbelebung verbunden. Als «Ausfluß, der aus Osiris hervorging», befreit das Wasser aus der Todesstarre.

Weg

Im Lauf der Sonne erblickte der Ägypter den sichtbarsten Hinweis für seinen eigenen Lebensweg und schöpfte zugleich Hoffnung auf ein Weiterleben nach dem Tode. Wie der Sonnengott auf seinem Weg durch die Unterwelt zahlreiche Gefahren zu bestehen hat, so auch der Tote. Es gibt mehrere Bücher, die den Verstorbenen mit den topographischen Beschaffenheiten des Jenseits vertraut machen sollen; so zu Beginn des Mittleren Reiches das «Zweiwegebuch» und im Neuen Reich das «Unterweltsbuch» (Amduat). In schauerlichen Visionen – mit Feuertoren, Dämonen und der Schlange Apophis – wird der nächtliche Weg der Sonne dargestellt und dient als Gleichnis der menschlichen Jenseitswanderung. Als Sinnbild des durch die Unterwelt führenden Weges diente das Brettspiel, dessen Name senet «Durchgang» bedeutet. Das Wandern auf gekrümmten Pfaden war den Ägyptern ein Bild für das Durchgangs-, das Übergangsstadium. So konnte der Weg im Diesseits auf die Initiation hinweisen und im Hinblick auf das Jenseits den Läuterungsweg der Seele andeuten.

Weidenbaum

Die Weide ist dem Osiris heilig, sie beschattet seinen Sarg, während seine Seele als Phönix auf ihr weilt. Im Fest des «Aufrichtens der Weide» im Tempel wird dem König von den Göttern die Fruchtbarkeit der Felder und das Gedeihen der Bäume versprochen. Im Neuen Reich ist die Zeremonie des Aufrichtens der Weide auch in den Kult des Amun übernommen worden.

Weihrauch → Räucherung

Wein

Nach einer Mythe wurde Isis durch den Genuß von Trauben (kosmischer Weinstock = Baum des Lebens) schwanger und brachte Horus zur Welt. Nach anderer Version soll durch die gleiche Parthenogenesis Osiris gezeugt worden sein. «Herr des Weines» war Osiris (Pyramidentext 820); in einem griechischen Zauberpapyrus wird der Wein geradezu als Wesensteil des Vegetationsgottes angesprochen. Als lebenerhaltendes Getränk reicht der Keltergott Schesmu den Toten Wein, den Sündern aber reißt er die Köpfe herunter und preßt sie in seiner Kelter aus. Von Horus heißt es, daß er im Wein das Blut seiner Gegner trinkt.

Weiß

In seiner Farblosigkeit wurde das Weiß zu einem Ausdruck überirdischer Machtfülle, zu einem Kennzeichen für geweihte Dinge wie die «Weiße Mauer» (d. i. Memphis), die «Weiße Kapelle», die «Weiße Salbe». Bei kultischen Anlässen wird von weißen Sandalen gesprochen. Weiß war die Farbe der Reinheit und der Heiligkeit. Der weiße Geier, Symboltier der oberägyptischen Schutzgöttin Nechbet, schwebt über des Pharao Haupt. Weiß wurde zur Wappenfarbe Oberägyptens, dessen Krone als «weiße» bezeichnet wurde, obwohl sie eigentlich aus grünem Schilf bestand. Eigenartig, daß der Ägypter dem Augenzentrum, nämlich der Pupille, die Bezeichnung «weiß» gab, obwohl gerade dieser Augenteil nicht weiß erscheint. Weiß galt auch als Farbe der Freude; so konnte das frohe Wesen eines Menschen mit «weiß» charakterisiert werden.

Westen

Die Himmelsrichtung, in der die Sonne untergeht, wurde von den Ägyptern mit dem Tode verbunden. Im Westen ist das Reich der Toten, dort beginnt die Unterwelt. Die Verstorbenen wurden als «die Westlichen» bezeichnet, und der hunde- oder schakalköpfige Gott der Nekropole von Abydos hatte den Namen Chonti-amentiu oder einfach Chontamenti, d.h. «der an der Spitze der Westlichen». Wenn Osiris der Beiname «Herr des Westens» zugelegt wurde, dann kam darin sein Anspruch auf die Herrschaft im Reich der Toten zum Ausdruck. In einem Pyramidentext (1469) wird dem Gottkönig verheißen, daß er von seinem Vater Re zum Himmel genommen werde, «damit er lebt, wie der lebt, der Eintritt hat im Westen des Himmels und herausgeht im Osten des Himmels» – ein treffendes Bild für Tod und Wiedergeburt.

Widder

Der Schafswidder galt neben dem Stier als Symbol der Fruchtbarkeit. In Elephantine und Esne wurde er als Chnum verehrt, in Herakleopolis als Herischef, in der Gegend von Letopolis als Cherti. Auch Amun konnte in der Gestalt eines Widders erscheinen. Der Amun-Widder unterscheidet sich durch seine nach unten abgebogenen Hörner von den anderen heiligen Widdern, deren Hörner horizontal ausladend und spiralig gedreht sind. Letztere Art gehörte der zuerst in Ägypten beheimateten Schafrasse (Ovis longipes) an, die seit der 12. Dynastie immer mehr von dem Fettschwanzschaf (Ovis platyra) mit Amunsgehörn verdrängt wurde. Der ohne besonderen Namen in Mendes verehrte Widder wurde mit dem Aussterben der älteren Rasse durch einen Ziegenbock ersetzt. In Inschriften aus der Ramessidenzeit heißt es von Ptah, daß er in Gestalt des Widders von Mendes der Königin beigewohnt habe. Schon im Mittleren Reich wird der Widder von Mendes als Ba (= Seele) des Osiris bezeichnet; da er gleichzeitig auch als «Leben des Re, Leben des Schu und Leben des Geb» gilt, wird er zur Verkörperung einer kosmischen Vierheit und sein Bild zu einem Gott «mit vier Köpfen auf einem Hals».

Wind

Während andere Völker zur Personifikation des Windes neigten, war dieser bei den Ägyptern nur eine Begleiterscheinung des Göttlichen. Der in dem heißen Wüstenland belebende Nordwind kommt aus der «Kehle Amuns», und von Hathor, der Herrin der Sykomore, heißt es, daß der «Wind des Lebens» aus ihren Lippen hervorgehe. Der eigentliche Herr der Luft aber ist Schu, der in der «Gestalt als guter Nordwind» alles Seiende erhält. Auch der Tote bedarf der Luft, ja in Sargtexten wird er geradezu dem Schu gleichgesetzt und ihm so Macht gegeben «über die vier Winde des Himmels». Ein beliebtes Motiv der Amarna-Kunst waren an Perücken und Gürteln flatternde Blätter – ein Hinweis auf das im Winde sich offenbarende Wirken des Schöpfergottes.

Wohlgeruch

Zum Wesen der Götter gehört, daß sie einen «angenehmen Geruch» haben. Der göttliche Wohlgeruch – mit «Düfte von Punt» umschrieben – offenbart den Königen das Kommen der Himmlischen. Der liebliche Duft verrät der Königin, wenn Amun zum Beilager naht.

Als göttliche Eigenschaft mußte der Wohlgeruch in sich selbst die Kraft des unvergänglichen Lebens tragen, wodurch die Anwendung von Parfum und Salbe über ihre kosmetische Bedeutung hinaus im Kult eine Rolle spielte. In einem alten Text heißt es: «Mein Parfüm ist das Parfum des Horus, mein Geruch ist der Geruch des Horus.» Im Vorraum von Tut-ench-Amuns Grabkammer fand man mehrere verschlossene Gefäße; als man sie 1922 entdeckte und öffnete, offenbarte ein feiner Duft noch immer ihre einstige Bestimmung: dem verstorbenen Herrscher die Wohlgerüche mit ihrer segensreichen Ausstrahlung in die jenseitige Welt mitzugeben.

Wort

Die Ägypter glaubten, daß dem Wort eine Schöpferkraft innewohne. Der Urschöpfer Ptah ruft die Dinge durch sein Wort, das «vom Herzen gedacht ist und durch die Zunge hervorkommt», in das Sein. Von Re heißt es, daß durch sein Wort die Götter entstanden. Das Wort des Re wurde zu einer eigenen Personifikation, Hu, der zusammen mit Sia, der Verkörperung des Denkens, den Sonnengott begleitet. Aber auch dem König, als Stellvertreter Gottes auf Erden, stehen Hu und Sia zur Seite. Die Schöpfung durch das göttliche Wort ist eng mit der Vorstellung von der Zauberkraft des Namens verknüpft. Wer den wahren Namen eines Dämons weiß, kann ihn beschwören. Durch die Beschwörung werden gefährliche Tiere und Krankheiten gebannt. Durch Identifikation des Beschwörers mit einer bestimmten Gottheit wird der Zauber wirkungsvoller. Eine besondere Form der Wortmagie ist der Fluch, der durch symbolische Handlungen verstärkt werden kann. So wurden in alter Zeit die Namen der Feinde auf Tontafeln geschrieben und mit einer Keule zerschmettert.

Würfelhocker

Das Eingefügtsein einer hockenden Figur in einen Steinblock, nicht im Sinne des Verschmelzens, sondern gegenseitiger Unabhängigkeit, wird als Würfelhocker bezeichnet. Die im Mittleren Reich vorkommende Gestaltung ist nicht nur als Nachahmung eines am Boden hockenden Mannes zu verstehen, sondern ist symbolischer Ausdruck der Auferstehungshoffnung. Der Steinblock nimmt einem Mutterleib gleich den Toten in sich auf, die Hockerstellung ist Hinweis auf die Embryonallage. Westendorf bezeichnet den Würfelhocker als symbolische Form der Muttergöttin Isis.

Wüste

Der Ägypter assoziierte mit dem Begriff Wüste alles, was außerhalb der fruchtbaren schwarzerdigen Niloase lag: ödes Land, Steinbruch, Bergland, Friedhof und alle nichtägyptischen Gebiete. In der unendlichen, im Westen des Niltals gelegenen Wüste glaubte man den Eingang in die Unterwelt, in der sich die Wiedergeburt der Sonne und der Toten vollzieht. Das Totenreich ist in den Darstellungen der Unterweltsbücher von einem breiten Sandstreifen umgeben, dadurch ist die wüstenartige Öde (im «Höhlenbuch» als «Großer Sand» bezeichnet) angedeutet. Im Amduat (11. Stunde) sind vier Göttinnen durch das Zeichen für «Wüste» auf dem Haupt als strafende Mächte gekennzeichnet; ihre Namen lauten: «Die Kochende», «Die Erhitzende», «Die auf ihrem Sand ist» und «Die Vernichtende». Der Gott der westlichen Wüste, Ha, ist menschlich dargestellt und trägt als Attribut das Zeichen der Wüste auf dem Kopf. In der Mythologie erscheint Seth, der «rote» Gott, als Repräsentant der lebensfeindlichen Wüste und ist schon von da aus Widerpart des Vegetationsgottes Osiris.

Zahlen

Die Zahl eins ist sinnbildlicher Hinweis auf den Ursprung, auf die Urzeit, die regelrecht umschrieben wird «ehe noch zwei Dinge in diesem Lande entstanden waren». Die Zwei ist Ausdruck für das Zwiefache und damit für die Schöpfung von Oben und Unten, von Tag und Nacht, Mann und Frau (Dualismus). Bei zahlreichen Völkern ist die Drei die allumfassende Zahl; das elementare Verhältnis von Vater, Mutter und Kind ist Spiegelbild der göttlichen Welt. Als Beispiel sei die Triade von Theben (Amun, Mut und Chons) angeführt oder des Osiris Familie mit Isis und Horus. Auf Grund der Dreiteilung des Tages (Morgen, Mittag und Abend) wurden Gebete und Opfer dreimal täglich vollzogen. Die Vier kennzeichnet das Streben nach Erfassung des Raumes. Im Sonnenkult von Heliopolis waren die vierseitigen Altäre nach den Himmelsgegenden ausgerichtet. Die Verdoppelung der Vierzahl führte zu der Achtheit von Hermopolis, in der vier urzeitliche Götterpaare zusammengefaßt sind.

In Magie und Mythos ist vielleicht die bedeutendste Zahl die Sieben. Es ist die Zahl der Vollkommenheit. Re besitzt sieben Bas, ja selbst von einzelnen Göttern wird behauptet, daß es sie siebenfach gibt, so von Hathor und Maat. Die Zahl von 42 Totenrichtern ist auf ein Vielfaches der Sieben zurückzuführen. In der Neunzahl faßte der Ägypter die Gesamtheit der Menschen zusammen. Neun Bogen sinnbilden die dem König untertanen Völker. Der Terminus «Neunheit» bezeichnet eine allumfassende Göttergemeinschaft, am bedeutendsten war die von Heliopolis, der auch Isis und Osiris angehören. Für die Universalität des Begriffes spricht, daß es auch eine Neunheit mit 7 Gottheiten (in Abydos) und eine mit 15 Gottheiten (in Theben) gab.

Die Zahl Tausend (als Ideogramm eine Lotosblume) ist symbo-

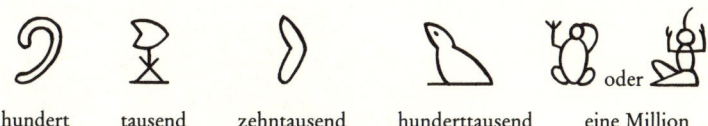

| hundert | tausend | zehntausend | hunderttausend | eine Million |

lischer Ausdruck für eine große Menge und findet sich in diesem Sinn häufig in Opferlisten. Die Hieroglyphe für 100 000 ist eine Kaulquappe, die im Nilschlamm in ungeheuren Mengen vorkommt. Für eine Million dient das Bild des knienden Gottes Hah; oft ist er als Symbolfigur für eine unendliche Vielheit von Jahren (= Ewigkeit) an Geräten und Schmucksachen angebracht und trägt in diesem Fall in seinen ausgestreckten Händen je eine Palmrippe.

Zentrumssymbolik

Wie die Babylonier und die Israeliten, glaubten auch die Ägypter ihr eigenes Land im Zentrum der Erde. Nach einem alten Text (Leidener Amunshymnen) war Theben «eher vorhanden als jede andere Stadt», hier entstanden die ersten Menschen, die dann alle anderen Städte gründeten. Als besonderes Mittelpunktssymbol muß der aus dem Wasser des Urozeans aufsteigende Urhügel der heliopolitanischen Kosmogonie genannt werden – eine Vorstellung, die auch von anderen politisch bedeutsamen Städten (vor allem Memphis) in Anspruch genommen wurde. Als Stadt des Schöpfergottes Chnum wird Esne zum «göttlichen Hügel, der sein Haupt aus dem Nun hervorstreckte». Wie man den Weltanfang nach Ägypten verlegte, so dachte man sich dieses auch als Zentrum der Erde. Um seinen Regierungsantritt auf allen Seiten der Erde zu verkünden, ließ der neue Herrscher vier Vögel in die einzelnen Himmelsrichtungen fliegen. Sicher reicht das auf einem Sarkophag des 4. vorchristlichen Jahrhunderts (Metropolitan Museum, New York) dargestellte Weltbild weiter zurück: Die Himmelsgöttin beugt sich über die als Scheibe dargestellte, von dem Ka-Zeichen

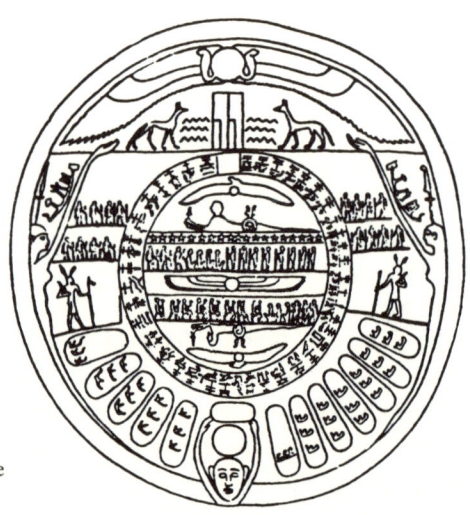

Als Scheibe dargestellte Erde.

hochgehaltene Erde; der sie umgebende äußere Ring dürfte als Ozean zu interpretieren sein, der nächste Ring – zwischen der Göttin des Ostens und der des Westens – stellt die Fremdländer dar, und im dritten Ring schließlich sind die 41 Standarten der ägyptischen Gaue. Noch Horapollon (4. nachchristl. Jh.) ist sich bewußt, daß Ägypten die Mitte der bewohnten Erde bildet, genauso wie die Pupille die Mitte des Auges.

Im Gegensatz zu anderen altorientalischen Völkern ist bei den Ägyptern die Vorstellung vom Weltbaum weniger ausgeprägt. Nach einer Überlieferung aus Heliopolis (Metternichstele) kam am Anfang der Welt die Sonne in Gestalt eines Vogels herangeflogen und ließ sich auf dem Urbaum, einer Weide, nieder. Als Erscheinungsort des Sonnengottes können Palme und Obelisk die Bedeutung der Weltachse annehmen.

Zerstückelungsmotiv

Eine Zerstückelung der Leiche scheint durch mehrere vor- und frühgeschichtliche Gräberfunde belegt, erweist sich aber bei näherer Untersuchung doch als fragwürdig, da es sich meistens um sekundäre Beschädigungen handelt (z.B. wenn Grabräuber die Knochen durcheinanderwerfen) oder um eine Skelettierung. In letzterem Falle wurde das vergängliche Fleisch vom Knochengerüst entfernt – eine dem Jenseitsglauben dienende Maßnahme. Ein echtes Zerstückelungsmotiv haben wir im Osirismythos. Das Zerreißen des lunaren Gottes in 14 Teile deutet auf die 14 Tage des abnehmenden Mondes. Die letzte Mondsichel wird dabei als Bein interpretiert. Nun wurde bei den alten Völkern das Wachstum der Pflanzen mit den Mondphasen in Verbindung gebracht. Die Zerstückelung war eine Vorbedingung zur Auferweckung des Getöteten bzw. zum Hervorsprießen der Pflanzen aus seiner Leiche. Bilder zeigen, wie aus dem toten Körper des Vegetationsgottes eine neue Saat hervorwächst. Ob der im 11. unterägyptischen Gau verehrte Stier mit dem Namen «der Zerstückelte» (heseb) im Zusammenhang mit Osiris steht, ist ungeklärt. Plutarch stellt Osiris dem griechischen Gott Dionysos gleich, der in seiner Tiergestalt (als Stier) Zagreus hieß und von den Titanen in Stücke gerissen wurde.

Ziege

Als Opfertier des kleinen Mannes hat die Ziege keine große religiöse Bedeutung erlangt. Lediglich in der Stadt Mendes (ägyptisch Dêdet) gab es einen bedeutenden Ziegenkult. Der heilige Ziegenbock Ba-neb-dêdet, d.h. «Bock, Herr von Dêdet», wurde von den Ägyptern meist als Widder dargestellt. Der Bock war Symbol der Fruchtbarkeit, besonders der Zeugungskraft; Frauen beteten zu ihm um Kindersegen. Nach ihrem Tode wurden die heiligen Ziegenböcke einbalsamiert.

Anbetung eines heiligen Ziegenbocks, der dem Gott Amun geweiht ist.

Zunge

Nach der Götterlehre von Memphis ist die Welt durch das Wort des Ptah entstanden. Seine Schöpferorgane sind Herz und Zunge; was er sich im Herzen erdacht hat, entläßt er über die Zunge in das Leben. Eine ähnliche Vorstellung findet sich auch bei dem Gott Atum. Die Zunge ist das Sinnbild des kundgegebenen Willens, des gebietenden Ausspruchs und steht damit in einer gewissen Parallele zu Hu, der Personifikation des Befehls. Der kluge Thot gilt als Zunge des Schöpfergottes; er führt den Beinamen «Zunge des Re, Herr der Gottesworte».

Kurze Erklärung der Fremdwörter

abydenisch	Adjektivbildung zum Ortsnamen Abydos
Ambivalenz	Doppelwertigkeit; bei einem Symbol das Nebeneinander von guter und schlechter Bedeutung
analog	entsprechend
androgyn	mann-weiblich; das Wesen beider Geschlechter enthaltend
anthropomorph	menschengestaltig
Aphrodisiakum	den Geschlechtstrieb steigerndes Mittel
archaisch	aus der Urzeit
Archetyp	Urbild
Assoziation	erinnerungsmäßiges Verknüpfen von Vorstellungen
ätiologisch	die Ursache erklärend
bipolar	zweipolig
Caniden	Familie der Hunde (auch Wolf und Schakal)
chtonisch	irdisch; in und unter der Erde hausend
Creator	Schöpfer
Determination	Bestimmung
Determinativ	Deutzeichen in der Hieroglyphenschrift
Dogmatik	wissenschaftliche Glaubenslehre
Dualismus	Lehre von zwei einander entgegengesetzten Prinzipien
Emblem	Verzierung sinnbildlicher Art
Epigonen	Nachfolger; (unschöpferische) Nachahmer großer Vorbilder
Epitheton	Beiname
erigiert	aufgerichtet
euphemistisch	beschönigend, verhüllend
Fascinosum	das in den Bann Ziehende, das Bezaubernde
Feliden	Familie der Katzen (auch Leopard und Löwe)
Fetisch	lebloser Gegenstand, dem übernatürliche Kräfte zugeschrieben werden und der religiöse Verehrung genießt
Ideogramm	Bildzeichen
imaginativ	bildhaft, aus einer inneren Wesensschau heraus
Initiation	Einweihung
Inkarnation	Verkörperung

interpretatio graeca	griechische Deutung; Übertragung in die griechische Mythologie
Inthronisation	Einsetzung in königliche Ehren
intuitiv	durch ahnendes Erkennen gewonnene Einsicht
Irrationalität	Auffassungs- und Vorstellungsweise, die sich nicht auf Verstandesgründe stützt
ithyphallisch	mit erigiertem Phallus
Kanope	Gefäß (Krug) zur Aufbewahrung der Eingeweide
kathartisch	reinigend
Komplement	Ergänzung
kontaminieren	verschmelzen
Korrespondenz	Übereinstimmung
Libation	kultische Darbringung einer Flüssigkeit
lunar	auf den Mond bezogen
Magna Mater	Archetyp des Weiblichen; Göttermutter
membrum vivum	lebendes Glied
Metapher	bildhafter Ausdruck
Monolith	Gebilde aus einem einzigen Stein
Naos	Tempelinneres; Raum (auch Schrein) mit dem Kultbild
Nekropole	Totenstadt, Begräbnisstätte
Neolithikum	Jungsteinzeit
Numen	göttliches Wesen
Ostrakon	als Schreibmaterial verwendeter Tonscherben oder Kalksteinsplitter
Pantheon	die Zusammenfassung aller Götter
pars pro toto	ein Teil für das Ganze
participation mystique	mystische Teilhabe; magisches Verbundensein von Mensch und Natur
Pendant	Gegenstück
Phallus	männliches Glied
Plazenta	Mutterkuchen; wird bei der Geburt erst einige Zeit später als das Kind ausgestoßen
primordial	ursprünglich
Psychopompos	Seelengeleiter
Rezitation	kunstvoller Vortrag
Ritus	religiöser Brauch
sakral	heilig
solar	auf die Sonne bezogen
sublimieren	verfeinern; in eine höhere Sphäre erheben
Synkretismus	Vermischung religiöser Vorstellungen
Synonym	sinnverwandtes Wort; Parallelausdruck

Synoptikum	Zusammenschau
Tabu	Gebot der Unberührbarkeit
Terminus	Fachwort; wissenschaftlicher Ausdruck
theriomorph	tiergestaltig
topographisch	geographische Orte (Länder) beschreibend
transzendent	die Grenze (der Erfahrung, des Irdischen) überschreitend
Tremendum	das Erschreckende; das zum Erschauern Führende
Triade	Dreiheit; Götterfamilie
typhonisch	böse, gefährlich (griechische Gleichsetzung des Seth mit Typhon)
vegetabilisch	Pflanzen und pflanzliche Stoffe betreffend
Vignette	kleine bildartige Verzierungen, besonders zu Beginn einer Seite oder eines Kapitels
Vulva	weibliche Scham
Zella (Cella)	innerer Tempelraum; Standort des Kultbildes

Literaturverzeichnis

Abou-Ghazi, D.: «Die Katze in Religion und Leben im alten Ägypten», in: Altertum 9/1963, 7–16.
Anthes, R.: Ägypten. München 1953 (Historia Mundi. Ein Handbuch der Weltgeschichte. Bd. 2).
Assmann, J.: Liturgische Lieder an den Sonnengott. Untersuchungen zur altägyptischen Hymnik 1. Berlin 1969 (Münchner Ägyptologische Studien 19).
Assmann, J.: Der König als Sonnenpriester. Ein kosmographischer Begleittext zur kultischen Sonnenhymnik in thebanischen Tempeln und Gräbern. Glückstadt 1970 (Abhandlungen des Deutschen Archäologischen Instituts Kairo. Ägyptolog. Reihe 7).
Assmann, J.: Ägypten. Theologie und Frömmigkeit einer frühen Hochkultur. Stuttgart 1984 (Urban Tb 366).
Barguet, P.: Le Livre des Morts des anciens Egyptiens. Introduction, Traduction, Commentaire. Paris 1967.
Barta, W.: «Der Königsring als Symbol zyklischer Wiederkehr», in: Zeitschrift für ägyptische Sprache und Altertumskunde 98/1970, 5–16.
Baumann, H.: «Betrachtungen über die Symbolik der Pyramiden», in: Die kulturelle Bedeutung der komplexen Psychologie. Festschrift für C. G. Jung, 327–348. Berlin 1935.
Beckerath, J. v.: Handbuch der ägyptischen Königsnamen. München 1984.
Beltz, W.: Die Mythen der Ägypter. Düsseldorf 1982.
Blecker, C. J.: Egyptian Festivals. Enactments of Religious Renewal. Leiden 1967 (Studies in the History of Religions, Supplements to NUMEN XIII).
Blok, H. P.: «Zur altägyptischen Vorstellung der Himmelsleiter», in: Acta Orientalia 1927, 257–269.
Bonnet, H.: «Die Symbolik der Reinigungen im ägyptischen Kult», in: Angelos 1/1925, 103 ff.

Bonnet, H.: Reallexikon der ägyptischen Religionsgeschichte. Berlin 1952.

Brier, R.: Zauber und Magie im alten Ägypten. München 1984 (Heyne Tb 7242).

Brunner, H.: Die Geburt des Gottkönigs. Studien zur Überlieferung eines altägyptischen Mythos. Wiesbaden 1964.

Brunner-Traut, E.: «Spitzmaus und Ichneumon als Tiere des Sonnengottes», in: Nachrichten der Akademie der Wissenschaften in Göttingen. Phil.-hist. Kl. 1965, 7, 123–163.

Brunner-Traut, E.: Die Alten Ägypter. Verborgenes Leben unter Pharaonen. 3. Aufl. Stuttgart 1981.

Brunner-Traut, E.: Kleine Ägyptenkunde. Stuttgart 1982.

Brunton, P.: Geheimnisvolles Ägypten. Berg.-Gladbach o. J. (Bastei-Lübbe Tb 63040).

Buhl, M. L.: «The Goddess of the Egyptian Tree Cult», in: Journal of Near Eastern Studies 6/1947, 80–97.

Campbell, J.: Der Heros in tausend Gestalten. Frankfurt/M. 1953.

Champdor, A. und Lurker, M.: Das Ägyptische Totenbuch. Kult und Religion im alten Ägypten. München 1980 (Knaur Tb 3626).

Clark, R. T.: Myth and Symbol in Ancient Egypt. London 1959.

Cramer, M.: Das altägyptische Lebenszeichen im christlichen (koptischen) Ägypten. Eine kultur- und religionsgeschichtliche Studie auf archäologischer Grundlage. Wiesbaden 1955.

Daumas, Fr.: Les Dieux de l'Egypte. 2. Aufl. Paris 1970.

Decker, W.: Sport und Spiel im Alten Ägypten. München 1986.

Derchain, P.: «Mythes et Dieux lunaires en Egypte», in: Sources orientales 5, S. 19–68. Paris 1962.

Derchain, P.: «Le Rôle du Roi d'Egypte dans le Maintien de l'Ordre cosmique», in: Annales du Centre des Religions I, Brüssel 1962, S. 61–73.

Dessenne, A.: Le Sphinx. Etude iconographique. Paris 1957 (Bibliothèque des Eçoles françaises d'Athènes et de Rome, 186).

Dondelinger, E.: Der Obelisk. Ein Steinmal ägyptischer Weltanschauung. Graz 1977.

Edwards, I. E.: Die ägyptischen Pyramiden. Wiesbaden 1967.

Erman, A. und Grapow, H.: Ägyptisches Handwörterbuch. Neuausgabe. Darmstadt 1961.

Erman, A.: Ägypten und ägyptisches Leben im Altertum. Reprint der Ausgabe von 1923. Hildesheim 1981.

Fortova-Samalova, P.: Das ägyptische Ornament. Prag 1963.
Gamer-Wallert, I.: Fische und Fischkulte im Alten Ägypten. Wiesbaden 1970 (Ägyptologische Abhandlungen 21).
George, B.: Zu den altägyptischen Vorstellungen vom Schatten als Seele. Bonn 1970.
Givean, R.: «Resheph in Egypt», in: The Journal of Egyptian Archaeology 66/1980.
Goff, B. L.: Symbols of Ancient Egypt in the Late Period. Berlin 1980.
Gottschalk, G.: Die großen Pharaonen. Herrsching 1986.
Griffith, J. G.: The Conflict of Horus and Seth. From Egyptian and Classical Sources. A Study in Ancient Mythology. Liverpool 1960.
Habachi, L.: Die unsterblichen Obelisken Ägyptens. Mainz 1982.
Hart, G.: A Dictionary of Egyptian Gods and Goddesses. London 1986.
Helck, W.: «Die Mythologie der alten Ägypter», in: Wörterbuch der Mythologie, Bd. 1, 313–406. Stuttgart 1965.
Helck, W. und Otto, E.: Kleines Wörterbuch der Ägyptologie. Wiesbaden 1956; 2. verb. Aufl. 1970.
Helck, W.: «Betrachtungen zur Großen Göttin und den ihr verbundenen Gottheiten», in: Religion und Kultur der alten Mittelmeerwelt in Parallelforschungen, Bd. 2, München 1971.
Hermsen, E.: Lebensbaumsymbolik im Alten Ägypten. Köln 1981.
Hornung, E.: «Licht und Finsternis in der Vorstellungswelt Altägyptens», in: Studium Generale 18/1965, 73–83.
Hornung, E.: «Die Bedeutung des Tieres im alten Ägypten», in: Studium Generale 20/1967, 69–84.
Hornung, E.: «Gedanken zur Kunst der Amarnazeit», in: Zeitschrift für ägyptische Sprache und Altertumskunde 97/1971.
Hornung, E.: Ägyptische Unterweltsbücher. Übers. u. komm. Zürich/München 1972; 2. Aufl. 1984.
Hornung, E.: Der Eine und die Vielen. Ägyptische Gottesvorstellungen. Darmstadt 1973.
Hornung, E.: «Seth – Geschichte und Bedeutung eines ägyptischen Gottes», in: Symbolon N.F. 2/1974.
Hornung, E.: Totenbuch der Ägypter. Übers. u. komm. München 1979.
Ions, V.: Ägyptische Mythologie. Wiesbaden 1968.
Kaiser, O.: «Die mythische Bedeutung des Meeres in Ägypten, Ugarit und Israel», in: Zeitschrift für die alttestamentliche Wissenschaft, Beiheft 78. Berlin 1959.
Kákosy, L.: «Das Krokodil als Symbol der Ewigkeit und der Zeit», in:

Mitteilungen des Deutschen Archäologischen Instituts, Abt. Kairo 20/1965, 116–120.

Kees, H.: «Bemerkungen zum Tieropfer der Ägypter und seiner Symbolik», in: Nachrichten der Akademie der Wissenschaften in Göttingen. Phil.-hist. Kl. 2, 1942.

Kees, H.: «Farbensymbolik in ägyptischen religiösen Texten», in: Nachrichten der Akademie der Wissenschaften in Göttingen. Phil.-hist. Kl. 11, 1943.

Kees, H.: Der Götterglaube im alten Ägypten. 2. Aufl. Berlin 1956.

Kees, H.: Totenglaube und Jenseitsvorstellungen der alten Ägypter, 2. Aufl. Berlin 1956.

Kees, H.: «Herz und Zunge als Schöpferorgane in der ägyptischen Götterlehre», in: Studium Generale 19/1966, 124–126.

Kolpaktchy, G.: Ägyptisches Totenbuch. Übers. u. komm. 6. Aufl. München 1979.

Lauer, J. P.: Le Problème des Pyramides d'Egypte. Paris 1948.

Lefebvre, G.: «L'Oeuf divin d'Hermopolis», in: Zeitschrift für ägyptische Sprache und Altertumskunde 23/1923, 65–67.

Lexa, F.: La Magie dans l'Egypte antique. Paris 1925.

Lurker, M.: «Hund und Wolf in ihrer Beziehung zum Tode», in: Antaios X/1969, 199–216.

Lurker, M.: «Der Baum im Alten Orient. Ein Beitrag zur Symbolgeschichte», in: In memoriam Eckhard Unger. Beiträge zu Geschichte, Kultur und Religion des Alten Orients, 147–175. Baden-Baden 1971.

Lurker, M.: «Zur Symbolbedeutung von Horn und Geweih unter besonderer Berücksichtigung der altorientalisch-mediterranen Kulturen», in: Symbolon N.F. 2/1974.

Mayassis, S.: Mystères et Initiations de l'Egypte ancienne. Compléments à la Religion égyptienne. Athen 1957.

Moffett, R. K.: Wunder und Rätsel der Pyramiden. Das geheime Wissen der alten Ägypter neu entdeckt. München 1978 (Goldmann Tb 11192).

Moftah, R.: «Die uralte Sykomore und andere Erscheinungen der Hathor», in: Zeitschrift für ägyptische Sprache und Altertumskunde 92/1965, 40–47.

Montet, P.: «Hathor et le Papyrus», in: Kêmi 14/1957, 92–101.

Morenz, S. und Schubert, J.: «Der Gott auf der Blume», in: Artibus Asiae. Supplementum XII. Ascona 1954.

Morenz, S.: «Rechts und links im Totengericht», in: Zeitschrift für ägyptische Sprache und Altertumskunde 82/1957, S. 62–71.

Morenz, S.: Ägyptische Religion. Stuttgart 1960.
Morenz, S.: «Die Begegnung Europas mit Ägypten», in: Sitzungsberichte der Sächsischen Akademie der Wissenschaften zu Leipzig, Phil.-hist. Kl. 113,5. Berlin 1968.
Morenz, S.: Gott und Mensch im alten Ägypten. 2. erw. Aufl. München 1984.
Müller, D.: «Der gute Hirte. Ein Beitrag zur Geschichte ägyptischer Bildrede», in: Zeitschrift für ägyptische Sprache und Altertumskunde 86/1961, 126 ff.
Müller, H.: «Darstellung von Gebärden auf Denkmälern des Alten Reiches», in: Mitteilungen des Deutschen Instituts für ägyptische Altertumskunde in Kairo 7/1937, 57–118.
Munro, P.: «Nefertem und das Lotos-Emblem», in: Zeitschrift für ägyptische Sprache und Altertumskunde 95/1968.
Otto, E.: Beiträge zur Geschichte der Stierkulte in Ägypten. Nachdruck der Ausgabe Leipzig 1938. Hildesheim 1964.
Otto, E.: Der Weg des Pharaonenreiches. Stuttgart 1955.
Otto, E.: Osiris und Amun. Kult und Heilige Stätten. München 1966.
Piankoff, A.: La Création du Disque solaire. Kairo 1953 (Bibliothèque d'étude 19).
Piankoff, A. und Rambova, N.: Mythological Papyri. 2 Bde. New York 1957.
Posener, G.: Knaurs Lexikon der ägyptischen Kultur. München 1960 (auch Knaur Tb 7574).
Reymond, E. A. E.: The Mythical Origin of the Egyptian Temple. Manchester 1969.
Ricke, H.: «Bemerkungen zur ägyptischen Baukunst des Alten Reiches», in: Beiträge zur ägyptischen Bauforschung und Altertumskunde 5, 1–128. Kairo 1950.
Riemschneider, M.: Augengott und Heilige Hochzeit. Fragen zur vorgeschichtlichen Religion. Leipzig 1953.
Ringgren, H.: «Light and Darkness in Ancient Egyptian Religion», in: Liber amicorum. Studies in Honor of C.J. Bleeker, 140–150. Leiden 1969.
Roeder, G.: Volksglaube im Pharaonenreich. Stuttgart 1952.
Roeder, G.: Die ägyptische Religion in Texten und Bildern. 4 Bde. Zürich 1959–61.
Rudnitsky, G.: Die Aussage über das Auge des Horus. Kopenhagen 1956 (Analecta Aegyptiaca V).

Saleh, A.-A.: «The so-called ‹Primeval Hill› and other Related Elevations in Ancient Egyptian Mythology», in: Mitteilungen des Deutschen Archäologischen Instituts, Abt. Kairo 25/1969, 110–120.

Sauneron, S. und Yoyotte, J.: «La Naissance du Monde selon l'Egypte ancienne», in: Sources orientales. Paris 1959. (Deutsche Ausgabe: Einsiedeln/Zürich 1964.)

Schäfer, H.: «Die ‹Vereinigung der beiden Länder›. Ursprung, Gehalt und Form eines ägyptischen Sinnbildes», in: Mitteilungen des Deutschen Instituts für ägyptische Altertumskunde 12/1943, 73–95.

Schäfer, H.: Von ägyptischer Kunst. 4. Aufl. Bearbeitet u. herausgegeben v. E. Brunner-Traut. Wiesbaden 1963.

Scharff, A. und Moortgat, A.: Ägypten und Vorderasien im Altertum. München 1950.

Schenkel, W.: «Amun-Re», in: Studien zur altägyptischen Kultur 1/1974.

Schott, S.: «Bemerkungen zum ägyptischen Pyramidenkult», in: Beiträge zur ägyptischen Bauforschung und Altertumskunde 5, 135–221. Kairo 1950.

Schott, S.: Hieroglyphen. Untersuchungen zum Ursprung der Schrift. Wiesbaden 1951.

Schott, S.: «Symbol und Zauber als Grundform altägyptischen Denkens», in: Studium Generale 6/1953, 278–288.

Schulze, P. H.: Herrin beider Länder. Hatschepsut: Frau, Gott und Pharao. Berg.-Gladbach 1976.

Schulze, P. H.: Auf den Schwingen des Horusfalken. Die Geburt der ägyptischen Hochkultur. Berg.-Gladbach 1980.

Schweitzer, U.: Löwe und Sphinx im alten Ägypten. Glückstadt/Hamburg 1948 (Ägyptologische Forschungen 15).

Sethe, K.: «Das Papyruszepter der ägyptischen Göttinnen und seine Entstehung», in: Zeitschrift für ägyptische Sprache und Altertumskunde 64/1929, S. 6–9.

Sethe, K.: Übersetzung und Kommentar zu den altägyptischen Pyramidentexten. 6 Bde. Glückstadt 1939–62.

Spiegel, J.: Das Werden der altägyptischen Hochkultur. Heidelberg 1953.

Spiegelberg, W.: «Die Symbolik des Salbens bei den Ägyptern», in: Archiv für Religionswissenschaft IX/1906.

Spiegelberg, W.: «Der heilige Widderkopf des Amon», in: Zeitschrift für ägyptische Sprache und Altertumskunde 62/1926, 23–27.

Stadelmann, R.: Die ägyptischen Pyramiden. Vom Ziegelbau zum Weltwunder. Mainz 1985.

Staehelin, E.: Ägyptens heilige Pillendreher. Von Skarabäen und anderen Siegelamuletten. Basel 1982.
Stricker, B. H.: De geboorte van Horus. Leiden 1975.
Thausing, G.: «Das Symbol der Spirale im alten Ägypten», in: Wiener Zeitschrift für die Kunde des Morgenlandes 56/1960, 241–249.
Thausing, G.: «Der Tierkult im alten Ägypten», in: Antaios 5/1964, 309–323.
Thausing, G. und Kerszt-Kratschmann, T.: Das Große Ägyptische Totenbuch (Papyrus Reinisch) der Papyrussammlung der Österreich. Nationalbibliothek. Kairo 1969 (Schriften des Österreich. Kulturinstituts Kairo I).
Tompkins, P.: Cheops. Die Geheimnisse der Großen Pyramide. Bern/München/Wien 1973 (auch Knaur Tb 3591).
Valbelle, D.: Satis et Anoukis. Mainz 1981.
Wallert, I.: Die Palmen im Alten Ägypten. Eine Untersuchung ihrer praktischen, symbolischen und religiösen Bedeutung. Berlin 1962 (Münchner Ägyptologische Studien 1).
Westendorf, W.: Altägyptische Darstellungen des Sonnenlaufes auf der abschüssigen Himmelsbahn. Berlin 1966 (Münchner Ägyptologische Studien 10).
Westendorf, W.: Das alte Ägypten. Baden-Baden 1968.
Westendorf, W.: «Symbol, Symbolik», in Lexikon der Ägyptologie, Bd. VI. Wiesbaden 1984.
Weyersberg, M.: «Das Motiv der ‹Himmelsstütze› in der altägyptischen Kosmologie», in: Zeitschrift für Ethnologie 86/1961, 113–140.
Wild, R. A.: Water in the Cultic Worship of Isis and Sarapis. Leiden 1981.
Woldering, I.: Götter und Pharaonen. Herrsching 1975.
Wolf, W.: Die Kunst Ägyptens. Gestalt und Geschichte. Stuttgart 1957.
Wolf, W.: Kulturgeschichte des Alten Ägypten. 2. Aufl. Stuttgart 1977.
Zabkar, L. V.: A Study of the Ba Concept in Ancient Egyptian Texts. Chicago 1968 (Studies in Ancient Oriental Civilization 34).

Register

Kursiv gesetzte Zahlen verweisen auf Abbildungen.

Abdu 73
Ach 181
Achet 100
Achtheit 37, 144, 176, 214, 230
Acker 37f., siehe auch → Feld
Affe 37, 38, 104, 155, 190, 223
Ägis 38f.
Aha 56
Akazie 39, 52
Aker *40*, 128
Amaunet 37, 41
Amentet 117, *118*
Amenti 67
Ammit 63
Amon-Re 42, 187, 195, 209
Amulett 20, 40f., 48, 67, 73, 81, 90, 92, 109, 114, 126, 132, 180, 188, 189, 200, 214, 221
Amun 16, 27f., 37, 41f., 54, 57, 63, 67, 70, 76, 85, 89, 90, 99, 101, 112, 115, 117, *118*, 122, 124, 129, 137, 138, 141, 154, 156, 160, 167, 168, 176, 188, 199, 200, 201, 214, 225, 226, 227, 228, 230, 231, *234*
Anat 42, 46, 111
Anch-Zeichen *124*f., 209
Androgynität 42f., 91
Anezti *78*f., 83, 99, 122, 149
Anhuret 99, 117, *118*, 147
Antilope 43, 60, 80, 170, 186, 211, 217

Antworter, Der → Uschebti
Anubis *44*, 96, *97*, 107, 123, 150, 172, 179, 180
Anuket 43, 79, 117, *118*
Apis 29, 45, 50, 66, 123, 183, 201, 209, 211, 215
Apophis *45*f., 72, 105, 112, 133, 166, 167, 176, 185, 202, 224
Asklepios 106
Astarte 42, 46
Atefkrone *29*, 92, 117, 119, *122*
Aton 28, *46*f., 207
Attar 43
Atum 38, 39, 42, 47f., 61, 90, 117, *118*, 121, 143, 146, 155, 160, 177, 188, 190, 194, 201, 205, 213, 215, 219, 234
Auferstehungssymbolik → Wiederauferstehung, Wiedergeburt
Auge 29, 48f., 96, 108, 170, 192, 226, siehe auch → Horusauge, → Mondauge, → Uzatauge

Ba 28, *49*f., 53, 68, 69, 121, 156f., 181f., 209, 217, 223, 227, 230, siehe auch → Seele
Bachstelze 156
Bakhau 54
Barke 23, 39, 40, 49, 50, 53, 66, 108, 115, 140f., 152, *156*, 157, *165*, 174, *179*f., 189, *191*, 192f., 200, 202, 207,

245

214, 217, siehe auch → Sonnenschiff
Bart 51, 70
Bastet 14, 51 f., 112, 128, 154
Bat 93
Bat mit den zwei Gesichtern 60
Bata 52, 58, 82, 224
Baum 39, 50, 52, 64, 76, 114, 150, 153, 182, 204, 222, 225, 232, siehe auch → Akazie, → Myrrhe, → Palme, → Sykomore, → Weidenbaum
Begräbnis 53 f., 150
Behdet 78 f.
Behedti 75
Bein 54, 96 f., 150
Benben 146, 156, 199, 219
Benu 156
Berg(e) 54, 159
Bes 40, 55 f., 63, 70, 169
Biene 56, 213
Bild 57
Bildner, der belebt 62
Bildner der Erde 158
Binse 25, 38, 56, 96 f., 221 f.
Blau 51, 70, 124, 213
Blumen 57 f., 76, 127, siehe auch → Lotos
Blut 46, 58, 67, 96
Bogen 59, 142, 155, 175, 187, 217
Brettspiel 59, 96 f., 224
Brot 60, 70, 97 f., 119, 146, 148
Buchis 137, 201
Bukranien 60
Buntgefiederte, Der 75

Cheker-Zeichen 61
Chentechtai 121
Chepre 61, 100, 145, 146, 173, 188, 190, 194, 206, 215
Chepreschkrone 122
Cheribakef 52, 140
Cherti 226
Chespisiches 63

Chnum 27, 43, 62, 90, 95, 101, 110 f., 113, 115, 118, 158, 170, 190, 215, 223, 226, 231
Chons 28, 63, 117, 118, 134, 136, 138, 198, 214, 230
Chontamenti 75, 172, 179, 226
Chromis 73

Dämonen 55, 63 f., 68, 71 f., 117, 202, 215, 216, 224, 228
Dattelpalme → Palme
Dehuti → Thot
Dienersterne 200
Djed 17, 41, 64 ff., 85, 98, 99, 109, 149, 150, 158, 190, 209
Doppelkrone 69, 70, 122, 138, 186, 203
Dualismus 17, 25, 66, 102, 230
Duamutef 104, 223
Duat 23, 67, 199
Dumpalme → Palme
Dumuzi 80
Durchwandler, Der 63

Ei 67, 80, 90, 131, 222
Eiebt 117, 118
Elende in Nilpferdgestalt, Der 110
Erdhacken 67, 220
Erdküssen 80
Erste der Fische, Der 73
Esel 68, 133, 186
Ewigkeitssymbol → Ring

Fächer 68, 172
Fackel 71, 85, 213
Falke 13, 27, 39, 44, 47, 48, 63, 67, 69, 74, 78 f., 86, 91, 93, 96, 97, 101 f., 104, 115, 121, 137, 150, 160, 165, 178, 182, 183 f., 185, 189, 190, 192, 193, 196, 198, 202, 203, 211, 222, 223
Farben 70, 84, 87, siehe auch → Blau, → Grün, → Rot, → Schwarz, → Weiß

Feld 37 f., siehe auch → Acker
Fell 55, 70 f., 106, 125 f., 205
Feuer 64, 71 f., *97*, 103, 127, 166, 167
Finsternis 45, 66, 72, 126, 136, 139, 147, 188, 217
Fisch 73, 78 f., 186, 211
Flamingo 96, 205
Fliege 73
Flügel *74*, 101
Flügelsonne 13, *74* f., 102 f., 169, 196
Frosch 13, 37, 75, 95, 115, 144
Fruchtbarkeitssymbolik 45, 75, 144, 153, 180, 201, 226, 233
Fürstin der Götter 79

Gans 28, 41, 76, 80, 96, *97* f., 117, 212
Garten 76 f.
Gauzeichen 24, 43, 52, *77* ff., 92, 119, 135, *143*, *151* f., 173, 175, 187, 198, 201, 207, 211, 216
Gazelle 43, 56, 79 f., 119, 164, 211
Geb 11, 16, 27, 58, 62, 67, 80, 117, 121, 129, 143, 145, 150, *177* f., 223, 227
Gebärden 80 f., 113
Gebärziegel 81, 196
Gefäß 81 f., 94
Geier 17, 29, 39, 82 f., 84, *97* f., 117, 119, 138, 139, 141 f., 145, 169, 220, 226
Geißel 26, 29, 63, 83, 99, 115, 149
Geste → Gebärde
Getreide → Korn
Gold *83* f., 97
Götterschrein → Naos
Gottesstab *84* f., 207
Grab 85, 219
Grabbeigaben 86, 134, 219 f.
Greif 86 f., 173, 190
Große Grüne, Der 87
Große Haus, Das 17
Große Schnatterer, Der 76
Große Weiße, Der 38
Grün 87, 96

Grundriß 87 f.
Grüne, Die 220

Ha 117, *118*, 165, 229
Haar 88
Hah *89* f., 99, 117, *118*, 154, 231
Halle der Gerechtigkeit 100
Halskragen → Ägis
Hand 90, *97* f.
Hapi 43, 90 f., 100, 104
Harachte 37, 91, 100, 103, *118*, 128, 141, 160, siehe auch → Re-Harachte
Harendotes 102
Haroeris 103
Harpokrates 76, 102, 113
Harpune *77* f., 85, 91 f., 104, 198
Harsaphes 92
Harsiese 102, 113
Harsomtus 58
Har-Sopdu 193
Hase 92 f., *97*, 211
Hathor 21, 27, 46, 52, 55, 58, 62, 66, 69, 73, 83, *93* f., *97*, 101, 108, 111, 117, *118*, 123, *131* f., 134, 138 f., 148, 153, 154, 156, 158, 170 f., 187 f., 192, 195, 204, 216, 219, 224, 227, 230
Hathorsäule 60, *171*
Hatmehit 73, *78* f.
Hauhet 37
Haus 94, *96* f.
Haus der Biene 56
Haus der Verschlingung 94
Haus des Beines 54
Haus des Horus 93, 94
Hebsed 18 f.
Heket 62, 75, 95
Hemsut 117, *118*, 155, 175
Herischef 92, 181, 226
Herr der Gestaltungen 222
Herr der Jubiläen 157
Herr der Keule 113
Herr der Speisen 103
Herr der Zeit 208

Herr des Ansehens 92
Herr des heiligen Landes 44
Herr des Lebens 169
Herr des Schutzes 167
Herr des Stabes 85
Herr des Weines 225
Herr des weißen Landes 179
Herr des Westens 226
Herrin der Bauleute 185
Herrin der Flamme 205
Herrin der Pferde und Wagen 46
Herrin der Scheunen 164
Herrin des Feldes 215
Herrin des Fruchtlandes 164
Herrin des Großen Hauses 94
Herrin des Hauses 94, 119
Herrin des Himmels 79
Herrin des Neujahrs 194
Herrin des Parfums 138
Herrin von Elephantine 43, 170
Herrin von Punt 138
Herz 95, 130, 158, 234
Hesat-Kuh 107, 123
Heseb-Stier *78* f., 211, 233
Hetep 147 f.
Hez-ur 38, 207
Hieroglyphen 19, 26, 40, *96* f.
Hike 10, 215
Himmelskuh 123, 131, 134, 190
Himmelsleiter 98
Himmelsozean 136, 160, 164, 190, 200
Himmelspforte 215
Himmelssau → Schwein
Himmelssymbolik 69, 123, 124, 141, 169
Himmelsträger 54, 99, 216
Hinrichtungsgerät → Richtgerät
Hintersichschauer, Der 217
Hirte 99
Höhle 100
Horhekenu 167
Horizont 61, 96, 100, 145
Horn, Hörner 66, 101, 111, 227
Horus 16 f., 27, 30, 39, 44, 48, 52, 54, 63, 66, *69*, 74 f., 80, 83, 85, 86, 91, 92, 93, 94, 95, 96, *97*, 100, 101 ff., 103, 104, 105, 107 f., 110, 113, 115, 117, *118*, 121, 122, 127, 128, 136, 141, 144, 150, 153, 158, 160, 161, 162, 165, 167, 179 f., *183* f., 185, 190, 192, 193, 195, 197, 202, 203, 208, 214, 215, 219, 220, 221, 222, 225, 228, 230
Horusauge 48, 54, 60, *103*, 113, 136, 150, 168
Horusfalke *183* f.
Horusgeleit 198
Horuskind 43, 76, 87, 88, *102* f., *113* f., 142, 173, 196, 212
Horusname → Serech
Horus-Sched 173
Horussöhne 104, *106*, 169, 223
Horusspeer 104 f., 130
Hu 58, *191*, 228, 234
Huh 37
Hund 44, 172, 179, 180, 211, 226
Hüter des Geheimnisses 14

Ibis 27, *78* f., 105, 181, 198, *207* f., 211
Ichneumon 105, 196 f., 220
Ideogramm 98
Ihi 132
Imhotep 105 f.
Imiut *106* f.
Imset 43, 104
Inmutef 94, 99
Ischedbaum 52, 107
Isis 21, 28, *29*, 43, 53, 58, 66, 74, 80, 81, 84 f., 88, 93, 94, 96, *97*, 101, 102, *107* ff., 113, 115, 117, *118*, 123, 129, 134, 136, 141, 143, 147, 150, 159, 164, 169, 178, 180, 182, 183, 188, 189, *191*, 194, 200, 207, 208, 213, 214, 220, 223, 224, 225, 229, 230
Isisblut *109*, 114, 166

Jagd 109 f.
Jagdfalle 162
Jaru-Feld 38, 131

Jenseitsgericht *106*, 120, 133, 172, 179, 180, 196, 217
Jenseitssymbolik 59, 66, 67, 68, 72, 95, 157, 159, 173, 219 f., 224 f.
Jenseitswanderung 23, 224 f.
Joh 136
Jubiläumsfest 18, 154
Jun 110

Ka 39, 57, 62, 81, *110* f., 113, 114, 115, 155, 173, 175, 181, 231
Kadesch 27, 111
Käfer 9, 61, 82, 98, 169, 174, 188, 190, siehe auch → Skarabäus
Kalathos 183
Kamutef 112, 201
Kanopengötter → Horussöhne
Kartusche *116*
Katze 14 f., 29, 52, 112, *130*, 211
Kauket 37
Kebechsenef 104, 223
Kebhut 82
Kematef 37, 42, 176
Kesbetbaum 52
Keule 79, 98, 113, 165, 207, 217
Kneph 37
Kind 58, 88, 113 f., siehe auch → Horuskind
Knochen des Seth 185
Knoten 61, 114
Kobra *218* f., 220
Königsring *116*
Königssymbolik 12, 16 ff., 51, *56*, 65, 69, 74, 75, 82, 86, 97, 99, 102, 107, 114 ff., 119, 125, 132, 135, 140, 142, 150, 155, 159, 160 f., 163, 168, 172, 174, 176, 182, 183 f., 195, 198, *201*, 208 f., 218 f., 221 f., 225, 226
Kopf 116 f.
Kopfschmuck 101, *117* f., 175
Kopfstütze 41, 56
Kopftuch 99, 119
Korn 67 f., *119* f., 150, 222

Kornmumie 119 f.
Kranz 120 f., 196
Krokodil 53, 63, 121, 141, 142, 175, 186, 190, *203*, 204, 209, 211
Krone(n) 25, 41, 43, 46, 49, 69, 70, 75, 101, 114, 117 ff., *121* f.
Krug 81 f.
Krummstab 26, 29, 63, 99, 122 f., 149
Kuh 9, 23, 27, 53, 60, 67, *78* f., 93 f., 101, 111, *123* f., 134, 149, 209, 211, 212, 223
Kuk 37, 72

Lapislazuli 51, 73, 124
Latos 73
Lattich 124, *135*
Lebensbaum 52
Lebensschleife 29, 41, 47, 57, *96* f., 109, 120, *124* f., 149, *166*, 212, 221
Lebenssymbolik 57 f., 75, 76, 87, 95, 110 f., 119 f., 124 f., 129, 140, 161, 196
Lebenswasser 16, 52, 82, 223 f.
Leiter der Götter 217 f.
Leopard 125 f.
Lepidotos 73, *78* f.
Licht 66, 72, 98, *126* f., 136, 174, 208, 221
Lichtsymbolik 71 f., 156 f., 190 f., 197
Lilie 25, 66, *96* f., 221
Lotos 13, 21, 58, 72, 76, 81, *102* f., 104, *106*, 113, 119, 127, 131, 142, 149, 170, *182*, 190, 207, 222, 230
Löwe 14 f., *40*, 51, 55, 71, 86, 96, 110, 111, 138, 142, 147, 167, 177, 190, 195, 205, 215, 220
Luft 125, 129, 194

Maat 12, 91, 117, *118*, 129 f., 160, 209, 230
Maati → Sonnenschiff

Machtsymbole 83, 101, 107, 113, 116, 121 f., 155, 174, 180
Mafdet 104, 125, *130*, 165
Malachit 87, 131
Mammisi 56
Manezet 192
Männlichkeitssymbole 82, 155 f., 161, 233
Manu 54
Marduk 194
Mastaba 159
Meer 127, 129, 131, 134, 144, 177, 232
Mehen *176*
Mehit 128, 147, 214 f.
Menat *93*, *131* f.
Menschenopfer 132 f., siehe auch → Opfergaben
Meret 66, *118*
Meschenet 81, *117*f., 196
Mesektet 192
Messer 133 f., 138, 165, 177
Methyer 134
Milch 134
Min 58, 68, 83, 94, 112, 119, 124, *135*, 153, 156, 179, 198, 201, 204
Miysis 51
Mnevis-Stier 201, 211
Mond 93, 101, 103, 110, 117, 133, 136, 146, 150, 161, 177, 180, 188, 192, 194 f., 201, 205, *207* f., 233
Mondauge 52, 54, 103, *126*, 136 f., 194, 205, 221
Mondgötter 28, 38, 48, 54, 59, 63, 66, 134, 136
Month 69, 137, 143, 201
Mumiengestalt 39, 67, 69, 117, 135, 142 f., 150 f.
Mundöffnung 71, 125, *137*f., 168
Musikinstrumente 56, 132, 187 f.
Mut 43, 63, 82, 119, 128, 138, 167, 195, 214, 230
Mutter ihres Erzeugers 43

Muu-Tänzer 204
Myrrhe 138 f., 167

Nacht 139
Name 139 f.
Naos 50, 96, 135, 140, *143*, 157, 187, 188
Natron 141
Naunet 37, 158, 224
Nebetu 215
Nechbet *15*, 17, 59, 74, 82, 94, *118*f., 122, 141 f., 220, 222, 226
Nefertem 103, 119, 127, 141, 167, 214
Nehebkau 176
Neith 43, 56, 59, 73, 74, 83, 96, 97, 104, *118*f., *142*f., 155, 175, 182, 189, 223
Neper 119, 164
Nephthys 53, 74, 84, 94, 96, *97*, 107, *108*, 115, *118*f., 143, 147, 159, 169, 182, 188, 189, *191*, 207, 213, 223
Neschmet 50
Neunheit 143 f., 214, 230
Nilsymbolik 21, 53, 54, 62, 75, 90 f., 100, 121, 131, 150, 183, 222, 224, siehe auch → Hapi, → Überschwemmung
Nilpferd 64, 70, 71, 85, 91 f., 104 f., 133, 144, 186, *212*,
Nun 37, 90, 127, 131, 144, 158, 181, *190* f., 201, 224, 231,
Nut 11, 16, 27, 52, 59, 61, 74, 80, 82, 85, 94, 99, *118*f., 129, 143, *145*, 153, 169, 174, *177*f., 180, *191*, 204, 215

Obelisk 27, 110, 146, 156, 232
Ohr 146, 161
Öl 146 f., 167
Onnophris 140
Onuris 92, 99, 147, 175, 202
Opfergaben 18, 37, 60, 67, 68, 73, 81, 82, 92, 103, 111, 124, 132 f., 134, 139, 147, 166, 173, 181, 190, 195, 205, 211, 224, 230 f., siehe auch → Menschenopfer

Opfertafel 147 f.
Orientation 148
Ornamente 12, 149, 199
Osiris 14, 16 ff., 21 f., 24, 27 ff., 38, 40, 43, 44, 45, 47, 48, 50, 52, 53, 54, 57, 62, 64, 65 ff., 72, 73, 74, 77, 80, 83, 87, 88, 92, 93, 94, 95, 96, *97*, 98, 99, 100, 102, 103, *106*, 107, 108, 109, 110, 113, *118* f., *120*, 121, 123, 124, 129, 134, 136, 140, 141, 143, *149* ff., 156, 158, 161, 166, 168, 169, *171*, 175, 178, 179 f., 181, 183, 185, 189, *191*, 194, 199 f., 202, 203, 204 f., 208, 211, 213, 214 f., 217, 218, 219, 222, 223, 224, 225, 226, 227, 230, 233
Osirisfest 68
Osiris-Symbol 121, *151*
Osten 78 f., 104, 117, 148, 152, 192, 226
Oxyrhinchos 73
Ozean → Meer

Palme 76, 153, *170* f., 207, 232
Palmrippe 90, 117, 153 f., 165, 185, 208, 231
Panther 13, 55, 71, 125 f., 185
Papyrus 21, 23, 25, 60, 66, 76, 87, 96, 98, 106, 153, *154*, 170, 187, 202, 207, 216, 220, *221* f.
Parfum → Wohlgeruch
Pavian 38, 54, *126*, 136, 153, 207, siehe auch Affe
Perseabaum 58, 112
Peseschkaf 138
Pfeil 18, 96, 119, 142, 155, 175, 190
Pfeiler → Djed
Pfeiler seiner Mutter 99
Phallus 43, 94, 135, 150, 155 f., 224
Pharao → Königssymbolik
Phönix 50, *156* f., 163, 178, 222, 225
Phragos 73
Prozession 84, 124, *157* f., 168, 198, 224
Pschent → Doppelkrone
Psychopompos 172

Ptah 12, 27, 41, 42, 45, 46, 65, 67, 83, 90, 95, 106, 119, 141, 143 f., *158*, 167, 201, 209, 214 f., 227, 228, 234
Pylon 159, 207
Pyramide 13, 105, 159, 214

Räucherung 86, 147, 160
Re 16 f., 27 f., 50, 52, 53, 56, 59, 60, 61, 62, 67, 69, 83, 86, 91, 92, 98, 99, 100, 103, 105, 107, 108, 115, 116, 126, 128, 130, 131, 133, 137, 138, 139, 142, 144, 145, 147, 153, *156*, 159, *160* f., 164, *165*, 167, 170, 172, 174, 175, 177, 184, 190 f., 192, 201, 202, 203, 204, 205, 208, 213, 214, 215, 219, 220, 223, 226, 227, 228, 230, 234
Rechner der Jahre 208
Rechts – links 161 f.
Re-Harachte (auch -Horachti) 37, 39, 47, 91
Reichsheiligtum 61, 162
Reiher 13, 156, 162 f., 178
Reinigung 139, 141, 158, *163* f., 167, 168, 170
Renenunet 164
Reschef 80, 111, *118* f., 164 f., 175
Richtgerät 130, *165*
Rind → Kuh
Ring *165* f., siehe auch → Königsring
Rot 70, 96
Ruder → Steuerruder
Ruti 128

Sachmet 14, 51 f., *118*, 128, 167, 214
Sah 199
Salbung 139, 167
Sand 168, 229
Sandale 125, 168, 226
Saosis 39
Sapat 24
Sarg 48, 74, 82, 96 f., 104, 125, 145, 168, 169
Sa-Schleife 56, *166*, 169 f., 212

251

Satis 43, *118*f., 170, 194
Sau →Schwein
Sau, die ihre Ferkel frißt 145
Säule *170*f., 178, 216
Schakal *44*, 85, 96, 104, 136, 139, 172, 179, 181, 182, 185, 211, 217f., 223, 226
Schatten 172
Sched 173
Scheintür 173
Schenkel 173 f.
Schesemetgürtel 174, 193
Schesmu 225
Schiff 174, 200
Schild 142, 175
Schildkröte 175
Schlange 10, 17f., 37, 42, *45*f., 47f., 54, 56, 58, 64, 72, 73, 75, 87, 100, 108, 111, 112, 139, 141, 149, 154, 164, *176*f., 188, 196, 202, 204, 211, 215, *218*f., 220, 224, siehe auch →Apophis, →Uräus
Schu *11*, 42, 48, 62, 63, 89, 90, 99, *118*, 119, 128, 129, 136, 143, *145*, 147, *177*f., 194, 204, 205, 223, 227
Schutzsymbole 75, 105, 107, 116, 167, 169f., 172, 175
Schwalbe 98, 178
Schwarz 70, 178 f.
Schwarze und das Rote, Das 21
Schwein 120, 145, *179*f., 186
Sebekhotep 203
Sechem *180*
Sedfest 154
See, heiliger 181
Seele 96, 172, 181 f., siehe auch →Ba
Seil →Strick
Sekht-Hotep 67
Sekht-Jaru 67
Selbstbegattung 48
Selket (Selkis) 74, 119, 143, 182, 189, 223
Senet 224

Sepa 204 f.
Serapis 45, 183
Serdab 86
Serech *183* f.
Serket-hetu 182
Seschat 107, *118*f., *184*f.
Seth 14, 21 f., 27, 43, 45, 46, 52, 66, 67, 68, 71, 73, 76, 80, 86, 87, 96, 102, 110, 121, 127, 128, 133, 134, 143, 144, 150, 166, 167, 179, 180, 184, *185*f., 208, 212, 219, 221, 222, 230
Seth-Tier 185, *186*f.
Sia 58, *191*, 228
Sichelschwert 187
Sistrum 46, *93*f., 111, *132*, 187 f.
Sitz des Auges 149
Skarabäus 40, 47, 61, 112, 181, 188, *191*, 196
Skorpion 119, 182, 189
Sobek →Suchos
Sokar-Höhle 166
Sokaris 67, 69, 140, 158, 168, 189, 215
Sonne 74 f., 92, 93, *96*f., 100, 101, 102f., 108, 111, 117, 146, 149, 150, 152, 157, 159, *160*f., 177, *190*f., 195, 197, 203, 217, 224
Sonnenauge 112, 147, 192
Sonnengötter *11*, 42, 45, 46, 48, 50, 67, 71 f., 83, 91, 92, 100, 112, 115, 122, 126, 128, 131, 134, 137, 138, 142, 145, 152, 153, 156, 158, 159, *160*f., 162, 170, 172, 175, 176, 177, 181, 182, 184, 188, 190ff., 205, 213, 215, 224, siehe auch →Horus, →Re
Sonnenkind →Horuskind
Sonnenschiff 46, 50, 53, 66, 73, 130, *176*, 185, 192 f., siehe auch →Barke
Sonnensymbolik 38, 69, 74f., 83 f., 98, 112, 127, 128, 146, 153, *154*f., 156, 188, 196 f.
Sopdet 108, 194, 200
Sopdu 78 f., 174, *193*
Sothis 12, 108, 194

Speer→Horusspeer
Speichel 194
Sphinx 128, 195
Spiegel 195
Spirale 196
Spitzmaus *196* f.
Standarte 24, 84, 92, *198*, 209, 218, 232
Stätte des Auges 48
Stein 199
Stern(e) 85, 119, 145, 180, 185, 194, 199 f., 207
Steuerruder *156*, 200
Stier 20, 45, 48, 53, 66, 73, *78* f., 94, 99, 101, 110, 112, 115, 123, 137, 183, *201*, 209, 211, 212, 223, 226, 233
Strick *202*
Suchos *118*, 121, 142, *203*, 204, 209
Sykomore 52, 76, 133, 152, 153, 204, 227
Szepter→Krummstab, →Uasszepter

Tamariske 52
Tanis-Sphinx 195
Tanz 204
Tatenen 219
Tausendfuß 204 f.
Tefnut 42, 48, 51, 90, 128, 143, 177, 194, 205, 219
Tekenu 71, 205 f.
Tempel 56, 61, 75, 87 f., 100, 148, 154, 159, 163, 170, *206* f.
Tet-Zeichen→Isisblut
Thermuthis 164, 176
Thot 19, 27, 38, 54, 59, 81, 105, 107, 115, *126* f., 134, 136, 153, 160, 175, 186, 195, 206, *207* f., 221, 222, 234
Thron 96, 107, 114, 117, 128, *129*, 184, 198, 208 f.
Tiersymbolik 27 ff., 37, 40, 42, 68, 70, 97, 99, *109* f., 205, *209* ff., 212, 228
Toeris 40, 71, 133, 144, 169, *212* f.
Töpferscheibe *62*, 67, 114, 158
Totengötter 44, 45, 93 f., 143, 150, 172, 189, 205, 208

Totenreich 22 f., 40, 44, 50, 53 f., 57, 58, 66, 72, 87, 100, 126, 150 f., 161 f., 169, 174, 176 f., 189, 205, 217, 222, 229
Tränen 213
Trauer 53, 213
Treppe 135, *214*
Triade 214 f.
Tür 215

Uaset *118* f., 155, 216
Uasszepter 115, 119, 120, 158, 209, *216*
Überschwemmung 62, 150, 194, 201
Uch 216
Umkehrung 217
Unterwelt 23, 40, 45, 54, 61, 62, *64*, 70, 72, 116, 123, 162, 168, 172, 199, 202, 215, 217, 224, 226, 229
Unut 192
Upes 219
Upuaut 52, 113, 172, *198*, 217 f.
Uräus 18, 39, 48, 71, 75, 80, 82, 91, 101, 105, 115, 119, 122, 128, 141, 151, 164, 167, 176, 188, 196, 205, *218* f., 220
Urhügel 47, 72, 131, 133, 151, 159, 181, 214, 219
Urozean→Meer, →Methyer, →Wasser
Urwasser→Nun→Wasser
Uschebti 85, 219 f.
Uto *15*, 17, 58, 87, 105, 122, 141 f., 154, 219, 220, 222
Uzatauge 29, 48, 147, 221

Vater der Götter 91, 144
Vater der Väter 62
Vereinigung *221* f.
Verwandlung 222 f.
Vier(heit) 223, 227, 230

Waage 95, 130
Wamemti 72
Wappenpflanze *15*, 25, 66, 170, 221
Wasser 17, 21, 41, 58, *97* f., 100, 154, 159, 203, 222, 231
Weg 224 f.

253

Wegöffner, Der 217
Weidenbaum 225, 232
Weihrauch →Räucherung
Wein 225
Weiß 70, 225
Wennofer 150
Westen 104, 117, 139, 148, 174, 192, 226
Widder 11, 28, 40, 41, 62, 92, 101, 190, 195, 209, 223, 226 f., 233
Wiederauferstehung, Wiedergeburt 53, 61, 71, 75, 76, 81, 84, 98, 120, 127, 128, 136, 145, 150 f., 162, 179, 229
Wind 96 f., 200, 227
Wohlgeruch 167, 228
Wolf 217

Wort 228
Würfelhocker 229
Wüste 54 f., 102, 117, 185, 186, 229 f.

Zahlensymbolik 19, 37, 66 f., 143 f., 223, 230
Zauberreiche, Die 167
Zebauti 163
Zeder 52
Zentet-Kuh 123
Zentrumssymbolik 231 f.
Zerstückelungsmotiv 233
Ziege 67 f., 120, 212, 227, 233, 234
Zunge 143, 158, 234
Zunge des Re 234